新编

新编高职高专旅游管理类专业规划教材
谢彦君　总主编

LÜYOU JINGGUAN JIANSHANG

旅游景观鉴赏

范德华　主　编

周　洁　刀　丽　杨亚娜　焦云宏
庞　馨　余宏刚　沈明珠　蔡　琳　参　编

北京·旅游教育出版社

新编高职高专旅游管理类专业规划教材编委会

总序

经过将近三年的策划与组织，旅游教育出版社的“新编高职高专旅游管理类专业规划教材”终于要整体付梓印行了。本套丛书不管是在编写宗旨的确立还是在撰著者的遴选方面，都经历了一个较为严谨而细致的过程，这也为保证丛书的质量奠定了一个良好的基础。

中国的高等旅游教育和旅游产业发展，已经度过了三十多个春秋。从20世纪70年代末的筚路蓝缕到今天已蔚为大观的局面，这当中包含了几代学人和业者共同努力、共同创业的艰辛。在今天看来，尽管在这个知识和行业共同体中曾经并依然存在着观点、思想和认识上的碰撞和摩擦，但一路前行的步伐却始终没有停止过。这也是中国旅游教育界、旅游产业界呈现于世人的最令人鼓舞的风貌和景观。

在整个高等旅游教育体系中，职业教育的发展，只是在最近的十几年中才真正被政府纳入到大力发展的战略框架当中，并在今天形成了占据旅游高等教育半壁江山的势头。如果站在整个旅游高等教育的视野来审视旅游职业教育和普通教育在整个旅游高等教育中的局面，大家会有一个基本的共识：旅游高等职业教育在人才培养方面，无疑更加体现了专业细分、供需对接、学为所用的人才培养效率和效果，并不像旅游本科教育那样，每年的毕业生有70%以上流入其他行业或领域，从而造成社会教育资源的极大浪费。这个问题学界多有认识、阐述和呼吁，并一致认为，其根源在一定程度上是由本科专业目录管理过于僵化的行政机制所造成。值得欣慰的是，最新的本科专业目录调整方案中，已经增设了饭店管理专业，这一举措借鉴了旅游专业高等职业教育按照旅游大类进行专业细化的成功方面，昭示了旅游大类下设专业（二级学科）进一步有限度地细化的趋势。

不过,尽管旅游专业的高等职业教育有其成功的地方,但也不是没有问题。在专业格局有了科学规划的前提下,人才培养的质量就取决于具体的人才培养方案了。在这当中,各个学校所拥有的教学资源、师资队伍、教材、教学法等方面的准备,就成为关键的教育因素。如果仔细盘点目前我国旅游专业高等职业教育在这一方面的家底,其实还很不容乐观。在我看来,由于我们对职业教育在认识上还不够成熟,准备上还不够充分,操作上还有待完善,加之旅游职业教育向来多以接待服务为教育的主体内容,缺乏硬技术、高门槛,因此,中国的旅游职业教育,依然显得离岗位培训距离不远、差异不大。在知识体系和职业技能的衔接方面,始终没有找到最好的途径和策略。因此,旅游职业教育在培养人的职业深度发展空间方面,始终有浅薄无力的缺欠。这是一个需要警觉,同时也是一个需要时间才能加以解决的问题。

旅游教育出版社在策划本套丛书的初期,就曾意识到这个问题,并有努力解决这一问题的想法。在本套丛书的书目确定、作者遴选、写作宗旨的厘定等方面,都试图对上述问题作出回应。从各位作者所作的努力来看,本套丛书还是在一定程度上解决了这个问题。整套丛书中,不乏在这方面做得很好的,也有在其他方面展现了充分特色的著作。因此,希望本套丛书的面世能够给旅游职业教育提供一套比较适用的教材资源。

本套丛书的作者都来自职业教育工作的教学与科研第一线,他们在各自所长的学科领域也都多有建树。作为本丛书的主编,我十分感谢他们在编写过程中所作出的巨大努力以及展现出来的合作与奉献精神。

由于水平所限,加之本人对旅游职业教育的理解缺乏深度,因此,本套丛书还是会存在总体架构、基本思想和具体编写工作方面的诸多不足甚至错谬。希望广大读者和其他人士对本书的缺欠不吝赐教,以图再版时予以修正,避免贻误学生。

是为序。

谢彦君

2011 年 7 月 22 日于灵水湖畔

前言

《旅游景观鉴赏》是为高职高专旅游专业及与旅游相关专业的学生编写的一本专业基础课(或专业选修课)教材。本书首先介绍了旅游景观的概念及鉴赏的相关方法、原则,然后从地质地貌景观、水文水体景观、气象气候景观、植物动物景观、建筑景观、宗教景观、园林景观、民俗景观、革命纪念地景观等九个方面,介绍了旅游景观的鉴赏方法,并选取世界上的典型景观来进行分析,让学生学会如何将所学的知识灵活运用到实际中去。在每章最后的单元测试环节配有相关案例,让学生进一步锻炼分析能力和实践能力。

本书的总体结构设计及最后统稿由云南旅游职业学院范德华老师完成,具体分工如下:范德华老师完成绪论、前言及第三章,蔡琳老师完成第一章,周洁老师完成第二章,余宏刚老师完成第四章,焦云宏老师完成第五章,刀丽老师完成第六章和第七章,杨亚娜老师完成第八章,庞馨老师完成第九章,沈明珠老师完成第十章。

在编写过程中我们参考了很多著述及网络资源,在此对相关作者表示感谢。对本书不足之处,欢迎大家提出宝贵意见,谢谢!

编者

二〇一三年七月

目录

绪论

一、旅游景观的相关概念

（一）景观的相关概念

“景观”在不同的学科中内涵不尽相同：生态学强调景观是一个生态系统，结构包括斑块、廊道、基质；地理学认为是一种地表景象，为视觉观察范围内所见；美学认为景是人们的审美对象。其他学科对景观也有自己的见解。

综上所述，景观是由地貌、水文、气候、植被、动物等自然要素，以及社会、经济、文化、民俗等人类活动要素组成的地域综合体。具有空间异质性、地域性、可辨识性、可重复性和季节性等特征，有尺度性和范围的约束。

“景观”一词含义广泛，人们从不同的角度对景观进行分类。如从人类开发利用的角度景观可分为自然景观、建筑景观、园林景观、文化景观等。但一般来说，景观分为自然景观与人文景观两大类型。自然景观指受到人类间接、轻微或偶尔影响的，地球表面的各种自然要素构成的景观；人文景观相对于自然景观而言，指那些受到人类活动直接影响和长期作用的，悠久的历史、灿烂的文化、众多的民族等，它是人类长期劳动实践和艺术创造的结晶。人文景观美既区别于自然景观美，同时又与自然景观有密切的关系。

（二）旅游景观的相关概念

旅游学科是在20世纪七八十年代时，才将“景观论”引入，出现“旅游景观”这一概念，它将一定地域内具有可供旅游发展的景色、景象和形态结构，可供欣赏的景致、建筑和可供享受的娱乐场所等客观实体，以及能让游客感受、体验的文化精神现象和区域存在的优美的环境条件以及旅游接待服务等内容泛指为旅游景观，值得注意的是旅游景观的核心是旅游吸引力。

旅游景观学是一门建立在广泛的自然科学和人文艺术学科基础上的应用学科，是多学科共同研究的交叉领域，包括旅游学、建筑学、城市及区域规划学、地理学、应用生态学、林学、园林学等不同的学科，是集旅游资源、旅游生态、旅游文化、旅游美学于一体的综合学科。因而不同学者对旅游景观的解释不尽相同，如孙文昌教授认为，旅游景观是指一定区域的整体面貌，即各要素组成的相互联系、和谐的综合体；王兴中教授认为，景观是“旅游者主要通过视觉，其次还有听觉等对特定的某一旅游时间、空间场所内具有旅游意义的自然、人文复合物象和现象的感知景象”；钱今昔教授认为，“这种自然旅游资源和人文旅游资源在一定区域范围内的综合表征，就是旅游景观”。

本教材借鉴多方学者的意见，归纳旅游景观定义为：指一定地域内，具有旅游吸引力能被旅游业所利用的各种有机的自然和人文结合体。

旅游景观是一个区域环境的复合系统，是旅游业发展的物质基础。一个地区旅游景观的特色、丰度、分布及目前的状况决定着这个地区旅游业的发展规模和前景。即旅游景观具有景观和旅游资源的双重内涵：一方面指客观存在的景观内容；另一方面包含着旅游的价值，能被旅游开发所应用。但旅游景观还不仅仅是简单的景观和旅游资源，还应注意到，旅游景观是一个具有美学吸引力的、区域环境的，包括自然、经济、社会、文化等子系统在内的复合系统；各个子系统之间是相互联系、相互制约的关系，是相互作用而形成的具有美学吸引力的区域总体环境，具有每个子系统在孤立状态时所不具有的整体功能和结构；旅游景观是动态开放系统，旅游景观需要通过提供一定的设施条件和旅游服务才能实现旅游景观的价值，获取社会效益和经济效益。

二、旅游景观的分类

对旅游景观进行分类是为了更好地研究旅游景观，全面地把握旅游客体，充分认识旅游景观，形成对旅游景观不同的欣赏方法规律。其类型按不同的需要、不同的标准有不同的划分体系。

按景观的成因和本身属性可分为自然旅游景观、人文旅游景观两类。自然旅游景观是指一切具有旅游吸引力和美学观赏价值的自然资源所构成的自然风光景象，为旅游者提供自然美的享受，使人感到心旷神怡，同时这些景观具有科学研究的价值。人文旅游景观是人类活动所创造的物质财富和精神财富的体现，人文旅游景观具有鲜明的历史性、地域性、民族性和艺术性，带有其形成时期的历史环境、艺术思想和审美标准的烙印。

按旅游景观的功能属性，可分为观赏型旅游景观、休闲疗养型旅游景观、娱乐型旅游景观、探险型旅游景观等。

按旅游景观的级别分，有世界级（如世界遗产）、国家级、省级、市（县）级旅游景观之分。

按旅游景观的再生状况，有可再生旅游景观、不可再生旅游景观和人造旅游景观之分。可再生旅游景观具有自然的更新性，可以循环利用，如观潮、观日出等。不可再生旅游景观往往具有唯一性，一旦损坏无法更新，如古城、珍稀物种等。人造旅游景观则是指原本不存在，专为吸引旅游者而创造的景观，如主题公园、游乐场等。

对于旅游景观的划分，不同的标准，划分出的类别也不尽相同，无一定式。但最常见的划分方式，还是分为自然旅游景观、人文旅游景观两类。

三、旅游鉴赏概述

鉴赏是“鉴定”和“欣赏”两个词语的组合。鉴赏是人们对某一事物进行感受、理解和评判的思维活动和过程。这种思维活动和过程一般从具体感受出发，实现由感性阶段到理性阶段的认识飞跃，既受到鉴赏内容的制约，又根据人们自身的生活经历、思想感情、文化涵养对形象加以补充和丰富。在鉴赏过程中，人们运用自己的感知器官、文化知识、思想情感等进行感受、体验、联想、分析和判断，获得审美享受，并做出自己的理解和评判。

具有旅游吸引力的旅游景观，需要旅游者通过不同的方式和方法进行鉴赏。旅游景观的鉴赏离不开时间、地点、角度、距离等条件，旅游景观鉴赏需要通过选择观赏位置、角度，把握观赏时机，抓住景观特色以取得最佳的观赏效果，同时游客还需要提高自身修养、保持良好的心理状态及控制旅游节奏等，这样才能达到旅游鉴赏最佳效果的目的。

旅游鉴赏不仅要欣赏，更要鉴别，即旅游过程中，一方面要寻找美；另一方面要做出自己的评价，鉴别优劣，认识旅游景观的价值。因而，旅游鉴赏依赖一定的文化积累和人生经历，需要鉴赏者具备一定的文化、生活底蕴及鉴赏经验。康德说，“鉴赏乃是判断美的一种能力”，而这种能力是通过后天培养得到的，需要学习。

四、旅游景观鉴赏的基本方法

旅游景观鉴赏是一个极其复杂的过程，与旅游行为的构成要素有密切的联系，旅游主体差异、旅游客体的自身变化和旅游过程中的组织安排都会导致旅游景观鉴赏的差别。比如，旅游主体，即旅游者生活经历的不同，个性文化的不同，甚至情绪的变化都会对旅游景观鉴赏的效果造成细微的变化。

（一）旅游景观内在美鉴赏

旅游景观的内在美即景观的内在表现，也就是景观的内涵。一个景观的内在美，一般包括以下几个方面。

1. 历史背景

不论是自然景观还是人文景观都是历史的产物，都是岁月遗留下的痕迹。要想深入了解一个景观，首先要做到的就是先了解这个景观的历史，探究历史的根源，通过那个时代的特点来对景观进行鉴赏。如北京故宫，是明清两代的都城所在地，通过这两个时代的历史背景，去欣赏故宫的特色；泰山上的摩崖石刻，不同的石刻拥有不同历史来源，体现着那个时代文字的特点。

同时，历史背景往往还反映景观的历史故事性，故事的内容可丰富景观的观赏价值，让游客更形象地了解一个地方的美，这就是为什么不论是自然还是人文景观在旅游开发时，都会相应地寻找的一些历史故事、神话传说来衬托景区的景观特色。

2. 文化内涵

文化，是人类在其社会历史发展中不断创造、总结、积累下来的物质财富与精神财富的总和。因此，文化内涵也是一种历史发展的现象，具有一种极其强烈的、割不断的历史传统性质。其本质是哲学，是价值观、人生观、世界观、生存思想与方法的各方面体现。

要想准确地把握一个景观，关键就是抓住这个景观所呈现出的文化内涵，其内涵把握得准确到位，就能较好地把握这个景观美的一面。如丽江古城是纳西族文化内涵的体现，是东巴文化的载体。

3. 独有特质

每一个事物都会拥有自己独特的特质，而景观也不例外。这种特质是一个景观最大的吸引力，因此，在对景观内在美进行鉴赏时，要充分挖掘景观的独有特质，如人们赋予梅兰竹菊四种植物为“四君子”，就是根据这四种不同植物独有的特质进行的鉴赏。抓住景观独有的特质就是抓住景观最大的亮点。

中国地域内，北方地区偏于干燥，岩石风化程度较低，多高山峻岭，粗犷厚实，阳刚雄壮；南方地区偏于潮湿，岩石风化程度较高，山势低矮平缓，植被覆盖好，阴柔秀丽。这就是不同景观所呈现出的不同特质。

4. 风俗习惯

这里提到的风俗习惯不是生活上的风俗习惯，是一个地区、地域的民族风俗、习惯对景观的影响，不同地域的景观风情各异，而赋予景观的含义也不尽相同。只有了解了一个地区的风俗习惯，才能更好地鉴赏这个地域的景观风情。如我国一些地区的少数民族少女以牙黑为美，只有了解了这一风俗习惯，才能更好地对其进行鉴赏。

（二）旅游景观外在美鉴赏

景观的外在美是通过景观的外部形象、色彩搭配、布局构造等表现出来的，要想更好地欣赏到这些美的景观，就需要掌握正确的鉴赏方法。

1. 时间

观赏景观要把握时间性，时间选择不当，会影响审美效果，甚至看不到美景。

钱塘江大潮如不是在农历八月十八日去看，就看不到最为壮美的大潮景象。一天之内，相同的景观在不同的时间段所呈现出来的特质也是不一样的，如观赏大海，早、中、晚的大海每一个时间段都有不同的一面，千变万化。

季节不同，景观也是不同。"春山如笑，夏山如怒，秋山如妆，冬山如睡。"（清代画家挥南田）就如有人说，要想全面了解九寨沟的美，需在不同的季节去观赏。时间恰到好处，才能欣赏到最美的景致。

2. 角度

观赏景观的角度也对审美效果有影响，角度不对，景观的美就可能体现不出来。苏轼的《题西林壁》一诗写道："横看成岭侧成峰，远近高低各不同。不识庐山真面目，只缘身在此山中。"这首诗就说明不同角度的审美效果不同，从远处、近处、高处、低处不同的位置看庐山，庐山的美变幻莫测。因此，旅游者在鉴赏景观时，要选择适当的角度，如正面、侧面观赏；或是平视、仰视和俯视等方法进行。

总之，鉴赏景观美的角度选择非常重要，不然，从不当的角度就不易看到美，就会感到景观的平淡无奇。

3. 距离

观赏景观，距离也是至关重要的。距离不适当，就欣赏不到景观之美。如要全景观赏的景观，需要距离远些，才能见其全貌和整体之美；局部美，则需要近些。

在鉴赏过程中，有时鉴赏主体需要与鉴赏对象保持适当的距离，这样才能发现美，一切美景都需适当的距离去欣赏，距离可以增加美的魅力，会给人各种想象，增加景观美的感受。

因此，在欣赏景观外在美，要把握鉴赏的时间、角度和距离，这样才能看到景观最美的一面。

（三）观赏的外在条件对景观鉴赏的影响

观赏的外在条件包括景观所处的环境状况、交通状况、服务配套设施及景观的宣传力度、开发程度等。

景观所处的环境状况。如景观所处的位置气候恶劣，道路荆棘，游客身体感到不舒适，身心疲劳，就算再美的景色对于一个劳累、有着极强不适应感的人来说也会造成鉴赏的偏差，影响游客对景观的评价，会使景观的美大打折扣。

交通状况主要指景观的可进入性，可进入性较强的景区比可进入性弱的景区对游客的吸引力更大，因为游客可以花费更少的体力、精力、时间得到美的体验。游客来去方便，自然而然会对景观心生好感。

齐全的服务配套设施对于景观鉴赏是一个加分项。基础服务设施好，游客日常生活方便，自然对景观的满意程度也就增加。

但是我们要注意的是，一般来说，可进入度较差、基础服务设施较差的景观所在地，景观的美的价值要比进入度好、基础服务设施齐全的景观观赏价值更高，这是因为这类景观受到人类的行为影响较少，保持了原始的特色和风貌。

宣传力度的大小，可体现在景观对游客的影响范围上，宣传的力度大、手段先进，较好地突出了景观的特色，就会给游客一种先入为主的好的印象，景观的第一印象对于游客的鉴赏是非常重要的，因为人类心理都有一种优先效应。宣传抓住游客猎奇、求新等心理特征，传达给游客景观希望传达的信息，这样游客看到景观就会联想到宣传的内容，帮助游客更快地抓住景观特质。

景观的开发程度是至关重要的内容之一，开发力度要适中，不要人为地破坏自然形成的景观形象，也不要在开发中过多地流露人为的痕迹，或开发中建设不符合整体背景的景观，破坏原始的风貌。“施法自然，效法自然”是最佳的开发效果。

（四）游客心理对旅游景观鉴赏的影响

游客的心理活动往往决定着对景观印象的好坏程度。当游客处于兴奋、愉快的心理状态时，对景观的美往往给出正面的评价；而当游客疲惫、抑郁时，再美再好的景色也不能激发其兴致，给出的评价也就相对消极。因此，在游客游览景区，观赏景观的过程中，要注意保持游客轻松、愉快、兴奋的状态，这样才能获得景观美欣赏的最佳效果。

第一章 地质地貌景观鉴赏

引　言

我们所居住的地球已有40多亿年漫长的历史,在其发生、发展、演变的过程中留下各种各样的痕迹,雄险的山峰、宽阔的海岸、一望无际的沙漠、造型奇特的溶洞,都是地球上岩浆运动、火山活动等内营力作用和风化剥蚀、物质堆积等外营力作用所留下的痕迹。地球的营力作用为旅游活动提供了丰富多彩的地质地貌景观,吸引着人们去探索、去观赏、去品味。

学习目标

1. 了解地质地貌的概念。
2. 熟悉地质地貌景观的主要类型。
3. 掌握地质地貌景观的鉴赏方法。

第一节　地质地貌景观概述

一、地质地貌的概念

(一)地质

地质,泛指地球的性质和特征,主要是指地球的物质成分、内部构造、各种地质作用等。

(二)地貌

地貌,即地球表面的起伏形态。地球表面形态的形成与发展,是内营力和外营力共同作用的结果。

拓展知识

内营力作用也称内力作用，是指由地球内部能量如放射性元素产生的热能、地球自转产生的旋转能和重力作用形成的重力能等所产生的作用，主要表现为地壳运动、岩浆活动、变质作用和地震。内营力作用主要形成地表基本起伏，塑造了地球表面大的基本构造形态，增加了地表的高差起伏，向着增强地势的趋势发展。

外营力作用也称外力作用，主要由来自地球外部的太阳能所引起。它使地壳表面各种物质成分不断破碎、分解、迁移、沉积，具体表现为风化作用、剥蚀作用、搬运作用、沉积作用和成岩作用。外营力的侵蚀、搬运、堆积等作用过程对高起的地表进行夷平，对凹陷的盆地进行填高，总的趋势是削高填低，趋向于削平地表的基本起伏，使地表趋于和缓，向着减弱地势的趋向发展。

地质地貌景观是水文水体景观和植物动物景观的载体。有些水文水体景观的形象特征首先是地质地貌景观所赋予的，例如江河、瀑布等；而植物动物景观大多是受地质地貌景观造型的控制，例如草原、森林等。因而，了解地质地貌景观、掌握其鉴赏方法对于整体学习旅游景观鉴赏具有重要意义。

（资料来源：李维能，方贤铨. 地貌学. 北京：测绘出版社，1983.）

二、地质景观主要类型

（一）地质构造景观

地质构造景观是指地球内营力作用所形成的地质景观。由于内营力作用，地壳会随之升降或产生水平运动，岩层形状发生改变，构成地质构造景观，主要分为褶皱和断裂两种类型。

特别提示

外营力作用所形成的景观与地貌的关系更为密切，故将其归入地貌景观。

1. 褶皱

褶皱是指岩层受力所产生的连续弯曲状，有背斜和向斜两种基本类型。背斜是岩层向上弯曲；向斜是岩层向下弯曲。在未经外营力作用的情况下，一般是“背斜成山，向斜成谷”。背斜和向斜往往相间排列而形成褶皱，相邻两个背斜之间是向斜，相邻两个向斜之间是背斜。褶皱因坚硬的岩石被弯曲成不同形态而有奇特的观赏价值。例如我国嵩山的褶皱构造，让人们领略到大自然的鬼斧神工。

2. **断裂**

断裂是指岩石所受力超过一定限度时发生破裂,岩层原来的连续性遭到破坏。断裂主要分为节理和断层两种类型。

(1)节理

节理,是岩石受力发生破裂后,破裂面两边岩石没有发生明显位移的断裂构造。表现为岩石上有规律的、纵横交错的裂隙。节理给人沧桑、浑厚的美学感受,非常具有观赏价值,如太行山、贺兰山一些地区悬崖上的节理。

(2)断层

断层是岩石受力发生破裂后,破裂面两边岩石发生显著的相对位移的断裂构造。断层景观峭拔、雄险。如我国庐山的龙首崖绝壁、我国台湾东部的清水断崖、美国西部的圣安德烈斯断层等。

(二)地层景观

地层景观是指由地层形成的具有旅游价值的地质景观。地层是指地壳发展过程中具有时间先后顺序的一切层状岩石体的总称。地层形成于古老而漫长的各个地质历史时期,某一地质时代所形成的一套层状岩石就称为那一时代的地层。不同时期的地层记录着各地区地球演化过程中的各类地质事件,揭示了各个历史阶段古构造演化、古地理变迁、古气候变化等的规律和特征,成为研究地球历史发展演化的一部巨著。

地层景观主要包括具有地区性、区域性和国际性地质对比意义的地层剖面。具体分为标准剖面或层型剖面和界线层型剖面。

1. **标准剖面或层型剖面**

层型剖面是指具有全球意义的地层模式剖面;标准剖面是指区域性的模式剖面。层型剖面代表地球历史某一阶段最为完整的地质记录,即层型剖面完整地记录了某一个地质时代从开始到结束所有的物质记录,而不缺失任何一段地层,如我国云南梅树村寒武纪地层剖面。而标准剖面是层型剖面在其他大陆或地区的延伸,以作为该大陆或地区某一时期地层对比的典型剖面。我国许多地区都建立了标准剖面,例如天津蓟县中晚元古代地层标准剖面,现已被列入国家级自然保护区,每年接待国内外大量的参观者和旅游者。

2. **界线层型剖面**

界线层型剖面,俗称“金钉子”,是指特定地区内,特定岩层序列中的一个专有标志点,借此构成两个年代地层单位之间界线的定义和识别标准,是确定系、统、阶界线的原则和方法。如广西桂林南边村泥盆—石炭系界线层型、云南晋宁梅树村剖面及震旦—寒武系界线层型等。

(三)古生物化石景观

古生物化石景观是指具有旅游价值的古生物化石及其产地。化石是指保存在地层中地质时期的生物遗体、遗物或生物活动的遗迹。在漫长的地质年代里，地球上曾经生活过无数种生物，这些生物死后的遗体或生活时遗留下来的痕迹会被当时的泥沙掩埋，掩埋后某些有机物质会分解殆尽，而坚硬的部分如外壳、骨骼、枝叶等会与围在其周围的沉积物一起经过石化变成石头，但同时它们原来的形态和结构依然保留了下来。同样地，这些生物生活时留下来的痕迹也这样被保留了下来。

古生物化石景观主要包括三大类：古植物化石景观、古动物化石景观和古人类遗址。

1. 古植物化石景观

古植物化石景观是远古地质时代原始森林或树木被泥沙和火山灰等掩埋后在缺氧条件下被硅化、石化而形成的，主要有化石森林、石华林、硅化木等。例如我国新疆的化石森林景观、北京延庆下德龙湾的硅化木林以及美国亚利桑那州的化石森林等。

2. 古动物化石景观

古动物化石景观是指地质时期的动物群遗体被地层掩埋石化后的动物遗体景观，主要有古动物化石公园、动物化石群、恐龙博物馆等。如美国洛杉矶动物化石公园、我国云南澄江动物化石群、四川自贡恐龙博物馆等。

3. 古人类遗址

古人类遗址是指距今约 12000 年旧石器时期以前的古人类遗骨、化石、石器、活动遗迹等。目前，我国发现的古人类遗址有 200 多处，从古猿到直立人、智人各阶段无一缺失。如云南元谋人遗址、陕西蓝田人遗址、北京周口店猿人和山顶洞人遗址及各个遗址出土的古人类头盖骨、牙齿等化石。

三、地貌景观主要类型

（一）岩石类地貌景观

岩石类地貌景观是指特定的地层与岩石分布区在特定的条件下出现的地貌景观类型，主要可分为火山与熔岩地貌景观、花岗岩地貌景观、岩溶（喀斯特）地貌景观、丹霞地貌景观等。

1. 火山与熔岩地貌景观

（1）火山地貌景观是指由地壳内部岩浆喷出堆积成的山体形态。地球内部处于高温和高压的状态，当上覆岩层发生破裂或地壳背斜褶皱升起时，火山地貌地下的炽热岩浆将沿地层的破裂面或背斜轴部喷出地表，形成火山。成群分布的火山称为火山群。火山一般由火山锥、火山口和火山喉管三部分组成。

按火山的变化节奏，火山可以分为：

①活火山:是指有史以来有过活动的火山。如南美洲的图蓬加托火山,夏威夷的冒纳罗亚火山以及我国新疆的卡尔达西火山、黑龙江省的五大连池火山等。

拓展知识

目前全球的活火山数量很多,近400年以来,爆发的活火山就有500多座。其分布可分为三带,即环太平洋火山带(也叫“火环”),大西洋火山带、地中海及非洲火山带。其中,整个太平洋区域的活火山约占世界活火山总数的85%。

(资料来源:陆景冈,等. 旅游地质学. 北京: 中国环境科学出版社, 2003.)

②死火山:有史以来没有活动过的火山。如我国山西省的大同火山群、非洲的乞力马扎罗火山等。

③休眠火山:在人类历史上曾经爆发,后处于平静状态,但还有可能重新喷发的火山。如意大利的维苏威火山、我国东北的白头山、云南腾冲的火山等。

根据火山喷发的特点和形态特征,可以分为:

①盾形火山:由熔岩凝固组成,顶部似盾。夏威夷的冒纳罗亚火山是典型的盾形火山,因此该种火山也被称为夏威夷型火山。

②锥形火山:由火山渣、火山灰和熔岩流相互叠置而成的火山锥体。这种火山是由多次火山活动造成的,火山口内还可形成小的火山锥。锥形火山以意大利的维苏威火山最为典型,因此也称为维苏威式火山。

③马尔式火山:只有低平的火山口,没有火山锥的火山。此类火山多因水汽爆炸而成,火山口常积水成湖。如欧洲的马尔火山、南非的金伯利火山。

(2)熔岩地貌景观是由火山爆发时喷出或地下溢出的熔岩沿地面流动过程中逐渐冷却而形成的地貌景观。常见的形态有以下几种:

①熔岩丘:熔岩流溢出地表冷却成的圆形或椭圆形小丘。

②熔岩垅岗:熔岩流沿地表流动过程中冷却形成的长条形垅岗。

③熔岩盖:在地形平缓地区熔岩流从中心向四周流动冷却成的宽广原野。

④熔岩隧道:熔岩流动过程中,其表面会很快冷却成壳,而其内部却由于能长久保持高温而继续流动,在熔岩内形成空洞,成为熔岩隧道。

⑤熔岩堰塞湖:熔岩流到河谷内,阻塞河道使上游河谷积水成湖。如我国牡丹江上游的镜泊湖。

2. 花岗岩地貌景观

花岗岩是地球上分布最广、最常见的火成岩,由于它是地下深处的岩浆侵入到地壳中冷凝所形成,因此也称侵入岩。花岗岩主要由石英、长石和云母三种造岩矿物所组成,石英和长石的硬度都是矿物中硬度较高的,因此花岗岩的硬度也较大。

拓展知识

花岗岩因其坚硬抗蚀，常被用为旅游景点建设的石材，如海南三亚鹿回头海边的神鹿与广州越秀公园内的城市标志“五羊”（广州古称“五羊城”）等都是用花岗岩雕成的。我国东南沿海各地的“风动石”与“盘陀石”多为花岗岩，虽然石块表面正受风化而变圆，但其中心仍保持坚硬，因此能长久屹立。

（资料来源：史兴民．旅游地貌学．天津：南开大学出版社，2009.）

花岗岩地貌景观是指由花岗岩体所构成的地貌景观，一般分为峰林状花岗岩地貌与丘陵状花岗岩地貌。峰林状花岗岩地貌多由岩株构造的花岗岩体组成，地势高峻，岩石裸露，其景观特点是高峰明显、群峰簇拥、峭拔耸立、怪石林立。如我国华山五峰、天柱山的天柱峰、九华山的观普峰等。丘陵状花岗岩地貌高度小，起伏和缓，常具有红色风化壳，在风化壳被剥蚀后，露出球状石蛋或馒头状岩丘，地势浑圆，形态独特。例如，黄山的花岗岩经风化剥蚀后形成各种天然造型，如“仙人指路”、“姜太公钓鱼”、“猴子观海”、“仙桃石”等，这些景观造型惟妙惟肖、栩栩如生。花岗岩地貌在旅游业中有重大的旅游价值，雄险奇秀的花岗岩地貌景观能让游客体验到欣赏自然美的乐趣。

3. 岩溶（喀斯特）地貌景观

岩溶地貌，也称喀斯特地貌，是指地表水和地下水对可溶性岩石进行溶蚀、侵蚀等作用所形成的地表和地下地貌形态的总称。

拓展知识

大陆地壳约有75%的地区是沉积岩覆盖的，而沉积岩中的15%是由碳酸岩组成（碳酸岩是碳酸盐矿物含量超过50%的沉积岩）。可溶性岩石种类很多，如硫酸盐类岩石、卤化物盐类岩石、碳酸盐类岩石（石灰岩、白云岩）等，其中以碳酸盐类岩石最为重要。碳酸盐在我国分布很广，约占130万平方公里，除内蒙古、宁夏、黑龙江、吉林、福建、台湾等省区为极零星的分布外，其余各省区均有大面积出露，其中主要是石灰岩。

（资料来源：辛建荣，杜远生，冯庆来．旅游地学．天津：天津大学出版社，1996.）

“喀斯特”（Karst）原是南斯拉夫西北部伊斯特拉半岛上石灰岩高原的地名，意思是岩石裸露的地方，那里有发育典型的岩溶地貌。1893年，南斯拉夫学者司威伊奇（J. Cvijic）对这个地区进行了研究，并借用“喀斯特”这一词来形容这一地貌现象。

特别提示

“喀斯特”这一音译的词语本身不能反映石灰岩地貌的形成过程，也不能说明地貌形态特征，因此，我国地学界近年来采用“岩溶”一词来替代“喀斯特”。但国际地学界一直沿用“喀斯特”一词。

根据岩溶地貌的定义，岩溶地貌景观可分为地表景观和地下景观。

（1）地表景观。

①石芽：是在石灰岩等易溶性岩石分布地区，地表水沿着坡面向下溶蚀形成的，凹者称为溶沟，凸者称为石芽，石芽的高度、大小、数量不一，进一步溶蚀形成高大、排列如林的石芽称为石林。我国云南路南的石林居世界各国石林之首，被誉为“天下第一奇观”。

②峰林、峰丛：是石灰岩遭受强烈溶蚀后形成的、分离程度不同的山峰集合体。我国桂林的阳朔是典型的峰林、峰丛发育地区，有“桂林山水甲天下，阳朔山水甲桂林”的美称。

③溶斗：又称漏斗、圆洼地，是喀斯特地面上发育的一种封闭式圆形或椭圆形洼地，直径从几米到上百米不等，其深度一般小于直径。天坑属于喀斯特溶斗，由地表水在此汇入地下时溶蚀以及最终造成溶洞顶部岩层崩塌而形成。根据国际洞穴协会和中国地质学会洞穴研究会公布的标准，认为洞口直径大于200米，垂直洞深超过200米的喀斯特溶斗可称为“天坑”。我国重庆奉节的小寨“天坑”是世界罕见的特大型溶斗，其深度和直径均在600米以上。

（2）地下景观。

由于石灰岩的透水性，地表水可转化为地下水，地下水对可溶性岩石进行溶蚀、冲蚀和沉积作用，会形成地下景观系统，主要有溶洞、地下河、地下湖和各种洞内的化学沉淀物。

①溶洞：是地下水沿着可溶性岩体各种裂隙溶蚀、侵蚀扩大而成的地下空间。

②石钟乳、石笋、石柱、石幔等化学沉淀物：在溶洞中，水中溶解的碳酸钙有些会沉淀堆积下来，形成形状各异的石钟乳、石笋、石柱、石幔等化学沉积景观。

③地下河、地下湖：是地下水沿着可溶性岩石的各种构造面，特别是各种构造面相互交叉的地方，逐渐溶蚀和侵蚀而形成的。

我国著名的溶洞有桂林芦笛岩洞、肇庆的七星岩洞、湖南张家界的黄龙洞、湖北黄石的飞云洞等。

4. 丹霞地貌景观

丹霞地貌景观是指红色砂砾岩在内外营力作用下形成的赤壁丹崖的地貌景

观。因为该地貌最早发现于我国广东省仁化县的丹霞山,因而名为丹霞地貌。1928年,我国冯景兰等学者在粤北仁化县丹霞山发现这种地貌,并把形成丹霞地貌的红色砂砾岩层命名为丹霞层。1977年,我国地貌学家曾昭璇第一次把"丹霞地貌"按地貌学术语来使用。丹霞地貌主要分布在中国、美国西部、中欧和澳大利亚等地,以中国分布最广。2010年8月5日,我国湖南崀山、广东丹霞山、福建泰宁、江西龙虎山、贵州赤水、浙江江郎山等六个因"色如渥丹,灿若明霞"而命名的丹霞地貌,被联合国世界遗产委员会列入《世界遗产名录》。

丹霞地貌最突出的特征是"赤壁丹崖",基本形态特征为顶平、身陡、麓缓,有方山、石墙、石峰、石柱等奇险的地貌形态。

(1)方山:山顶平缓,接近水平,四壁陡立,呈城堡状或宫殿式。

(2)石墙、石峰:山块顺断裂构造线延伸,呈薄墙状,横看成墙、侧看成峰。

(3)石柱:孤立石柱,高度大于直径,一般呈方形或圆形。

广东丹霞山茶壶峰,是由方山、石墙、石峰、石柱组合而成的奇特景观。

由于红色砂砾岩有较好的整体性,可雕可塑,因而,大量的石窟、石刻,如甘肃麦积山石窟、山西云冈石窟、四川乐山大佛等均创作于这类砂砾岩地区。

(二)外营力类地貌景观

外营力类地貌景观是指在冰川、风化、剥蚀、搬运与堆积等外营力作用下形成的地貌景观类型,主要包括冰川地貌景观、风成地貌景观、海岸岛礁地貌景观等。

1. 冰川地貌景观

冰川,是指大量冰块堆积形成如同河川般的地理景观。"川"字在汉语中是"河流"的意思,"冰川"一词指由冰构成的"河流",这反映了运动是冰川区别于其他自然界冰体的最主要特征。冰川地貌景观,是指由于冰川运动所塑造的地貌景观。

根据冰川所处地形条件的不同,可把冰川分为山岳冰川和大陆冰川两大类。发育在大陆上的冰川称为大陆冰川。在大陆冰川中,表面凸起如盾的叫冰盾,表面起伏较大、规模也更大的叫大陆冰盖。地球上目前尚存的冰盖有格陵兰冰盖和南极冰盖。而山岳冰川主要分布于中低纬的高山地带。在高山上,冰川能够发育,除了要求有一定的海拔外,还要求高山不要过于陡峭,因为如果山峰过于陡峭,降落的雪就会顺坡滑下而不能形成积雪。山岳冰川按其形态和地形特点可分为悬冰川、冰斗冰川、山谷冰川、平顶冰川和山麓冰川。

拓展知识

地球陆地表面有11%的面积为现代冰川覆盖,主要分布在极地、中低纬的高山和高原地区。第四纪冰川期,欧、亚、北美的大陆冰盖连绵分布,曾波及比今日更为宽广的地域,给地表留下了大量冰川遗迹。这些遗迹广泛分布于欧洲、北美洲和中国西部高原山地。

第四纪冰川期是地球史上最近一次大冰川期。在地质历史上曾经出现过气候寒冷的大规模冰川活动的时期,称为冰河期(ice age,以下简称冰期)。这种冰期曾经有过三次,即前寒武纪晚期、石炭—二叠纪和第四纪。第四纪冰期来临的时候,地球的年平均气温曾经比现在低 10 ~ 15℃,全球有 1/3 以上的大陆为冰雪覆盖,冰川面积达 5200 万平方千米,冰厚有 1000 米左右,海平面下降 130 米。第四纪冰期又分 4 个冰期和 3 个间冰期。间冰期时,气候转暖,海平面上升,大地又恢复了生机。第四纪冰期的遗迹最多,如斯堪的纳维亚半岛的峡湾,北欧、中欧、北美众多的冰碛残丘,阿尔卑斯山的 U 形谷和陡峭的山峰,法国和瑞士交界处侏罗山巨大的冰漂砾等,都是第四纪冰期作用留下的产物。

(资料来源:左建. 地质地貌学. 北京:中国水利水电出版社,2001.)

冰川的运动包含内部的运动和底部的滑动两部分,是进行侵蚀、搬运、堆积并塑造各种冰川地貌的动力,但它并不是塑造冰川地貌的唯一动力,冰川的运动与寒冻、雪蚀、雪崩、流水等各种营力共同作用,才形成了冰川地貌景观。山岳冰川所塑造的地貌形态分为冰蚀地貌(侵蚀地貌)和冰碛地貌(堆积地貌)。

(1)冰蚀地貌是指冰川通过刨蚀和掘蚀等作用侵蚀地表所形成的冰川侵蚀地貌,主要有冰斗、角峰、刃脊、冰川谷(U 形谷)、冰川湖、羊背石等。

①冰斗:一个三面陡峭、一面敞开的半圆形或椭圆形凹地。

②角峰:三个或三个以上不同方向的冰斗在冰川刨蚀作用下,冰斗后壁不断后退,它们之间的距离不断缩小,最终围成一个金字塔形的山峰。山坡呈凹形陡坡,顶峰突出呈尖角。世界著名角峰有世界第一高峰的珠穆朗玛峰和欧洲的勃朗峰。

③刃脊:相邻的两个冰斗的后壁或侧壁发生节节后退,使相邻冰斗之间的山脊变得越来越窄,形成两侧陡陵、顶部尖锐的山脊。

④冰川谷(U 形谷):由冰川过量下蚀和展宽所形成的线形谷地,横剖面成"U"形,因此也叫 U 形谷。如青海巴颜喀拉山的 U 形谷。

⑤冰川湖:由冰川掘蚀形成的洼坑和冰碛物堵塞冰川槽谷积水而成的一类湖泊。我国新疆的喀纳斯湖就是冰川作用下形成的冰川湖。

⑥羊背石:冰川谷的底部和大陆冰川的冰床上,由于冰川的磨蚀作用与拔蚀作用形成的石质小丘,状似羊背,因此得名。

(2)由冰川直接形成的沉积物成为冰碛物。冰碛地貌是指冰川消融以后其所搬运携带的冰碛物所堆积而成的地貌,主要有冰碛丘陵、侧碛堤、终碛堤、鼓丘等。

2. 风成地貌景观

风成地貌景观,是指风力对地表物质的吹蚀、搬运和堆积所形成的各种地貌景观。风成地貌主要分布在干旱和半干旱地区，特别是其中的沙漠地带。风成地貌主要可分为风蚀地貌和风积地貌两类。

(1)风蚀地貌。风力对地面吹蚀和磨蚀作用形成的地貌称为风蚀地貌。一般包括以下几种：

①风蚀蘑菇：突起的孤立岩石受风蚀作用后形成的上部宽大、下部窄小类似蘑菇状的地形，称为风蚀蘑菇。它是由于近地面的风沙流的含沙量较大，对岩石下部侵蚀较强而形成的。

②风蚀柱：垂直裂隙发育的岩石，在风力长期吹蚀，裂缝逐渐扩大而形成的孤立石柱。

③雅丹地貌：极干旱地区干涸的湖底，因干涸缩裂开来，定向风沿干缩裂隙不断吹蚀，或再加上暴流侵蚀，裂隙逐渐扩大，使平坦的地面形成与盛行风向一致的垄脊和沟槽，相间平行排列，这种地面崎岖起伏、支离破碎的地貌称为雅丹地貌。

“雅丹”是维吾尔语，意思为“陡壁的小丘”，以新疆塔里木盆地罗布泊附近最为典型。世界各地的不同荒漠，包括突厥斯坦荒漠和莫哈韦沙漠在内，都有雅丹地貌。

④风蚀城堡：是指在流水侵蚀基础上，经风力强烈吹蚀，而形成许多层状墩台的地形。这种地方远看酷似城堡，实际上并没有人烟，因此也俗称为“魔鬼城”，以我国新疆西部，准噶尔盆地西北部乌尔禾的“风城”最为典型。

(2)风积地貌。被风搬运的沙、土等物质在一定条件下堆积所形成的沙丘地貌称为风积地貌。风积地貌主要表现为各种类型的沙丘，一类是个体形态比较简单的沙丘，如新月形沙丘、鱼鳞状沙丘、蜂窝状沙丘等；另一类是形态复杂的复合型沙丘，如复合型新月形沙丘、复合型沙垄等。

3. 海岸岛礁地貌景观

海岸岛礁地貌景观，是指在波浪、潮汐、海流等海洋动力的作用下，海陆边缘及其附近所形成的海岸地貌和岛礁地貌景观。

海岸地貌景观可分为海岸侵蚀地貌（海蚀地貌）景观、海岸堆积地貌（海积地貌）景观、生物海岸景观等。

(1)海蚀地貌。是指在磨蚀、溶蚀等海蚀作用下形成的地貌类型。海蚀地貌主要是在波浪作用下产生的，一般包括以下几种：

①海蚀穴：波浪不断对岸坡冲蚀和磨蚀，在岸坡的基部形成凹槽，成为海蚀穴。

②海蚀崖：随着海蚀穴的扩大，其上悬崖发生崩塌，形成具有陡峭岸坡的海蚀崖。海蚀崖促使海岸步步向陆地方向后退。

③海蚀台：随着海蚀崖逐渐向陆地方向后退，在海蚀崖前方发育成的一片向海洋方向倾斜的平台。

④海蚀拱桥：当波浪从两侧击打突出的岬角时，可在其两侧形成发育相向的海蚀洞，海蚀洞经波浪长期侵蚀最终贯通，形成海蚀拱桥。如我国北戴河的南天门就是海蚀拱桥。

⑤海蚀柱：海蚀拱桥继续发展，可使拱桥顶崩塌，形成突出的石柱或孤峰，成为海蚀柱。海蚀柱在我国沿海很常见，如北戴河的鹰角石、山东烟墩、青岛石老人等。

(2)海积地貌。海积地貌，是指海岸碎屑物质在波浪等动力的推动下进行移动，并在一定条件下堆积下来所形成的各种海岸堆积地貌。根据海岸组成物质不同，可分为沙砾质海岸和淤泥质海岸。

①沙砾质海岸：大多是由砾石、粗沙粒等粗大物质堆积而成，由于堆积物受波浪来回的搬运，所以磨圆度良好，沙质较细，粒度均匀，形成的岸边坡度平缓，通常会形成宽阔的沙滩，进而会成为良好的海滨浴场旅游胜地。如大连老虎滩、广西北海银滩、北戴河昌黎海滩等。

②淤泥质海岸：由细颗粒的粉沙和淤泥物质堆积而成的海岸，岸坡极为平缓。西欧的荷兰和中国的渤海湾沿岸是世界上最著名的淤泥质海岸。

(3)生物海岸。生物海岸，是指生长在海岸带的某些生物，通过自身的生命活动对海岸地貌的发育影响巨大，甚至生物体本身就形成特殊的海岸形态。主要在热带、亚热带气候条件下形成，以红树林、珊瑚等生物为主导因素发育而成的红树林海岸和珊瑚礁海岸最为典型。世界上最著名的是澳大利亚东海岸的大堡礁。

岛礁地貌景观主要包括岛屿和礁。岛屿是海洋、江河或湖泊中被水包围的那小片陆地；而礁是江海中隐现于水面上下的岩石以及由珊瑚虫的遗骸堆积成的岩石状物质。岛屿因为被水阻隔而形成封闭环境，构成独具特色的小环境，因而使人向往。如我国厦门的鼓浪屿岛、夏威夷群岛、斐济群岛等。而珊瑚礁因其特有的结构、形态而极富旅游价值，澳大利亚东岸的大堡礁是世界上规模最大、最著名的珊瑚礁。

第二节　地质地貌景观鉴赏方法

一、地质地貌景观美的特性

地质地貌景观是大自然景观的有机组成部分，它们的美无处不在。虽然不同的地质地貌景观的美差异较大，但它们有共同的特性。知道了这些特性，才能更好地鉴赏不同景观所蕴含的多姿多彩的美。

（一）地质地貌景观美的自然性和层次性

地质地貌景观美的自然性是指它们的美本质上都是客观的，不以人的意志为转移，人们可以感知、欣赏它们，但不能创造它们。

地质地貌景观美的层次性一般可分为两个层次。第一个层次是形式美。地质地貌景观的美，首先体现在形式上，包括对景观的形体、线条、色彩，观之能令人产生视觉美；对有些景观，触之能令人产生十分惬意的触觉美。总之，凡能给人以感官上愉悦的景观的形式，都是属于形式美。第二个层次是指景观同时所具有的文化美。它是由具体的物象与人类文明的联系表现出来的，联系的程度越高，物象的审美价值就越大。许多地质地貌景观、景点、风景区的名称，如神女峰、老人山、姐妹峰、夫妻岩等都无不蕴含着前人的主观理解和审美情感，都是人类文化发展的产物，包含着人们的社会生活体验，因而这些景观就不仅仅在形式上给人以美的感受，而且在内容上也给人以智的启迪。

（二）地质地貌景观美的个性

特定时空内的自然环境形成了独具特色的地质地貌景观。从中国范围来看，中原地区偏于干旱，岩石风化程度较低，于是多高山峻岭，粗犷厚实，阳刚雄壮；江南地区偏于潮湿，岩石风化程度较高，于是山势低矮平缓，草木葱茏，青山绿水，阴柔秀丽。

此外，不同的外形形成了不同的地势地貌景观的个性美。泰山形体厚重，即所谓“重如泰山”、“稳如泰山”；而“秀天下”的峨眉，其轮廓波状如眉，充分显示出其秀美的特征。

二、地质地貌景观美的鉴赏方法

对地质地貌景观美的鉴赏，可以通过其构成因素来进行。地质地貌景观美的因素构成可概括为形象美、色彩美、动态美与静态美、朦胧美。

（一）形象美

形象美是指景观总体形态的空间形式美，它包含人们对各类景观的心理和生理感受。归纳起来，地质地貌景观形象美主要表现为雄、奇、险、秀、幽、旷、野、奥八种形式。

1. 雄

雄是指规模宏大，气魄雄壮非凡的景观。山的雄伟主要是指其形象高大。素以雄伟著称的泰山，因其位于辽阔坦荡的华北平原东缘，山势拔地而起，相对高度大，故显得特别高大。此外，山坡陡峭、线条挺直的山体，也能构成雄伟高大的形象。那些由高山、大峡谷构成的景观，雄美壮观，让人产生兴奋、震惊、勇进的激情。

2. 奇

奇是指独特的景观给人的感受非同一般、出人意料。桂林山水、云南石林和长江三峡均被称为中国自然奇观，而奇特的黄山更令人惊叹。黄山奇峰怪石似人似兽，惟妙惟肖，为世间少有。此外，津巴布韦的“奇石公园”，美国黄石国家公园等均属世界罕见的旅游奇观。

3.险

险是以强烈的对比与夸张的形式，打破平庸的一种状态。凡能够产生“险”的事物，必然高挺而陡峭。庐山的“龙首崖”、黄山的“鲫鱼背”、华山的“苍龙岭”等，都堪称“险”的代表。攀险的过程就是一个磨炼意志的过程，人们可以从中得到征服艰险、实现目标的巨大成就感和自豪感。

4.秀

秀是指景物具有形态婀娜多姿、轮廓清晰和谐、线条流畅修长、开合转曲分明等特点。秀美是自然风景中最常见的一种审美形态。桂林山水属于喀斯特地貌，其景观的“如诗如画”就属秀美之列。秀美的景观给人一种甜美、安逸、清新悦目的感觉，使人的情绪得到安慰，性情得到陶冶。

5.幽

幽是指自然山水以及其他空间深远幽静，包含了幽雅和隐蔽。幽境常以崇山深谷或山麓地带为地形基础，辅以茂密乔木为条件，构成半围合空间。幽之美在于深、在于藏，景藏得越深，越显得幽美。有“天下幽”之美誉的青城山，其间苍松翠竹，碧绿成荫，山路曲折静谧，泉水潺潺入耳，间或听到几声鸟鸣，有一种幽深莫测的神秘感。

幽，是一种美、一种意境。幽景为人们提供了一个较为封闭、幽雅的环境，可以怡其心、陶其性，使人们从紧张劳碌的纷扰中解脱出来，享受身心的怡静安适之美。

6.旷

旷是指景观空间宏大高远所形成的美。旷景主要分布在苍茫的原野、坦荡无垠的平川等视野开阔的区域。旷景无多样的变化，色彩也较单纯，能为游人提供一个浩大空旷、简洁宁静的环境，使人解脱忧烦，心胸开阔，与天地共享安适与自在。

7.野

野是指未受人类破坏或很少受到人类干扰的景观。“大漠孤烟直，长河落日圆”是大漠荒原之野；“君不见走马川，雪海边……随风满地石乱走”是边塞之野。现代文明的负面影响使人们产生了强烈的重返大自然的渴望，因此当今野趣更成了人们旅游所追求的目标。

8.奥

奥这种景观视阈较幽、景更为窄小，是一种比幽景更为封闭的空间景观。如四周崖壁环列，通道沿岩隙曲折而出，深奥如井。号称“天下奥”的武陵源风景名胜区，植被覆盖率达90%以上，峰高森密，遮天蔽日，溶洞棋布，迷离神奇，对探幽访奥者吸引力极大。此外，浙江桐庐的姚琳仙境、广东肇庆的七星岩等一些岩溶洞穴有的凉风习习，有的雨雾缭绕，也显得奥秘莫测。

（二）色彩美

色彩有如地质地貌景观绚丽的衣裳，给人以美的享受。色彩美是最直观的一种自然景观的审美特质，在诸多地质地貌景观中，有的以土色叫绝，如“武夷丹霞”；有的以夺目的光色称奇，如各类宝石天造地设般闪闪光泽。在多样的色彩中，山色和石色对地质地貌景观的鉴赏尤为重要。

1. 山色

山色系指山体的混合色、调和色，近山绿远山蓝，渐远渐淡，层次分明，直至天边。山色给人的感觉是相当丰富的。如非洲的乞力马扎罗山，山麓和山坡上生长着各种树木和植物，是一片绿色的海洋，雪线以上是一个白雪皑皑的银色世界，冰清玉洁的山顶，在赤道骄阳的照耀下，呈现五彩缤纷、绚丽夺目的奇景。

2. 石色

石色之山石因岩石种类、所含矿物质成分、风化程度等各不相同而显出的色彩，一般相对较为稳定。如新疆吐鲁番盆地中北部的火焰山，由红色砂岩构成，当地夏季气候干燥，在强烈阳光照射下，山体宛若阵阵烈焰。美国科罗拉多大峡谷的颜色，因两壁岩石的种类、风化程度各不相同等原因而显示出一块深红，一方深赭，一团黝黑，像一块缤纷的调色板，美不胜收。

（三）动态美和静态美

自然景观的动态美并非单独存在，而是与静态美共同形成对比之美。动态美由流水、飞瀑、飘雾、浮云等因素构成。静态美是指有些景观相对于人的劳动、生活等有意识的活动来说，似乎是较为稳定的。如陡立的山峰、辽阔的草原、寂静的山谷等呈现相对的静态。可以说，自然景观中的静态美是指景观的一种相对静止状态，主要来自地貌、植物等。

在自然界中，静态和动态是相对的，是一种辩证关系，动中有静，静中有动。对地质地貌景观来说都存在着动态美和静态美的状态。

（四）朦胧美

朦胧美指因视觉对象隐隐约约、半为感受半为想象所产生的美感。多由于光线不足、烟雨飘忽、不同空气层的波动、水中倒影等形成，此种情况下观赏对象时有时无、飘忽不定，使人看不清对象的细部，给人留下许多想象的余地，更显得生动活泼。如云南石林的“阿诗玛”在月光下分外迷人、阳朔碧峰在漓江中的倒影宛如一株含苞欲放的玉莲浴水而出。

地质地貌景观的美是一个有机整体，因此当我们置身于地质地貌景观时，应调动所有感官，从整体上全面地、立体地欣赏景观，通过构成地质地貌景观美的各个因素对其进行鉴赏，才能得到旅游审美心理的愉悦和满足。

第三节　典型案例分析

一、地质景观

（一）地质构造景观

1. 节理——武夷山九曲溪

九曲溪位于我国福建省武夷山国家风景名胜区，是武夷山脉主峰——黄岗山西南麓的溪流，盘踞于武夷山峰岩幽谷之中。因武夷山有三十六峰，九十九岩。峰岩交错，溪流纵横，九曲溪贯穿其中，蜿蜒十五华里；又因它有三弯九曲之胜，故名为九曲溪。九曲溪全长约9.5公里，面积8.5平方公里。山挟水转，水绕山行，每一曲都有不同景致，山水画意。九曲溪九曲的形成主要是因为节理造成的。

2. 断层

（1）圣安德烈斯断层位于太平洋板块和北美洲板块的交界处，横跨美国加利福尼亚州西南部，是地球表面最长和最活跃的断层之一。圣安德烈斯断层与普通断层的不同之处在于，一般的断层是两个板块上下错动，而圣安德烈斯断层是两个板块水平运动的，北美洲板块向北运动，太平洋板块向南运动。

（2）泰山位于我国山东省中部的泰安市。泰山居五岳之首，是我国古代帝王举行封禅活动之地，历代文化名人登泰山留下数以千计的诗文，如杜甫“会当凌绝顶，一览众山小”的千古绝唱。泰山于1987年被列入世界自然文化遗产名录，是中国第一个自然文化双重遗产项目。

泰山风景以壮丽著称。其主峰玉皇顶耸立于鲁中南低山丘陵之上，西俯黄河，东眺大海，周围属华北大平原，因而显得横空出世、高入云天，而玉皇顶的存在要归功于断层。在早期地质时代，泰山地块两侧发生大断裂，中间拔地而起，形成悬崖峭壁，这一地块周边都围绕着大小断层。后来在新的地质构造运动中，泰山不断上升，至今它仍以每年0.05毫米的速度在继续上升。泰山最主要的断层是东北至西南走向，山上很多景点也与断层有关，如“扇子崖”、“罗汉崖”、“屏风岩”等。

（二）地层景观

1. 标准剖面——天津蓟县前寒武纪剖面

这里广泛出露地球早期的前寒武纪地层，展示了中国最古老的地壳，反映了中上元古界18亿年至8.5亿年的漫长地质历史。可看到连续10亿年的沉积物，出露完整，厚达9200米，由沉积岩和火成岩组成，为世界所罕见。近年来，在剖面上发现了距今约17亿年的宏观藻类化石，是元古宇研究的重大突破。2002年这里被列为国家地质公园。

2. 界线层型剖面——云南晋宁梅树村剖面

云南晋宁梅树村剖面是震旦纪—寒武纪的界线层型剖面。梅树村动物群富含腹足类、腕足类、软舌螺类等小壳动物化石和遗迹化石，其完整的演化系列和化石分布是国内、外同期地质对比的依据。已发现5万多件标本，共100多种、40多个门类的动物化石，是研究5.3亿年以前地球历史和探索生物起源、生物演化的大课堂，已列入省级自然保护区。

（三）古生物化石景观

1. 古植物化石

(1)美国化石森林国家公园，位于美国亚利桑那州东北部，面积约为380平方公里，公园拥有世界上现存最大的硅化木森林。硅化木俗称木化石，是远古树木的遗骸经过长期的硅化过程而形成的化石。美国化石森林国家公园内的硅化木主要集中在水晶森林景点和玛瑙桥景点。硅化木集中区遍地散布着五彩斑斓、大大小小的硅结晶体，有完整的树干化石，也有零散的木化石，几亿年前那里曾是一片森林。玛瑙桥是美国化石森林国家公园一个著名的景点，这里有一段长110英尺的石化了的树干，横跨在两座沙漠山之间的河床上，已经有几亿年的历史。

(2)北京延庆硅化木国家地质公园①，位于延庆县东北部燕山丛中白河北岸一座山上。园区西起燕山天池，东至滴水壶，全长26公里，南北宽6~8公里。1.3亿年以前，延庆各种裸子植物生长繁茂。后来，地壳剧烈运动，大片原始森林被迅速埋入火山熔岩内，溶有矿物质的水长时期渗入木质，形成了硅化木。据科学家考证，当地木化石产生于中侏罗纪晚期，距今已经历1.3亿年的沧桑岁月。那时当地是莽莽林海，植被茂盛，到处生长着以宽孔异木（现称古松柏类树木）为主的原始森林，后来由于地壳发生剧烈变化，骤然沉积硅化而形成古木化石，地壳再度变化将古木化石浮于地面。这里的木化石群产于距今1.4亿年前，侏罗纪火山盆地中，是目前华北地区规模最大的原地埋藏、原地产出、原地展示的硅化木群。这里的木化石群面积之大、数量之多、形态之奇，不但在国内少见，就是在世界上也是罕见的。

2. 古动物化石——云南澄江动物化石群②

澄江动物化石群位于我国云南省澄江县帽天山附近，是目前世界上发现的最古老、保存最完整的软体动物化石群之一。科学家们已经陆续采集到130余种化石。澄江动物群化石以软躯体化石的罕见保存为特色，现已发现描述的澄江生物群化石分属海绵动物、腔肠动物、鳃曳动物、叶足动物、腕足动物、软体动物、节肢动物等多个动物门以及一些分类位置不明的奇异类群。此外，还有多种共生的海藻。

① 资料来源：http://baike. baidu. com/view/1173345. htm.

② 资料来源：http://baike. baidu. com/view/8896075. htm.

动物化石群中的水母化石填补了我国古生物研究的空白。寒武纪早期水母化石的发现，在国际上也属首次。这里还发现了世界上最古老的脊索动物——“云南虫”，它是所有爬行动物、哺乳动物的祖先，也是地球上最早的“居民”，这一发现在进化生科学上具有极为重要的意义。

3. 古人类遗址——元谋人遗址

元谋人遗址位于云南元谋县大那乌村北约 500 米的山腰，距县城 7 公里。伴随元谋人牙齿出土的，还有 17 件石制品，经研究鉴别，属旧石器时期物品，其类型包括尖状器、刮削器和砍砸器。在同一地层中还发现了大量的炭屑和一些烧焦的骨头，并且在有炭屑的地方都伴有动物化石，属共生哺乳动物化石，有 40 余种，距今 170 万年，是我国乃至亚洲最早的原始人类化石。这就说明，元谋人不仅会使用自己制造的工具从事狩猎及采集活动，而且还学会用火，用火烤食他们所获取的猎物，开始摆脱了茹毛饮血的时代。

元谋人生存于距今约 170 万年，为迄今为止亚洲发现的最早的原始人类。它早于“蓝田人”、“北京人”等“猿人”，从而把中国发现的最早人类化石的年代推前了一百多万年，具有重大的历史意义和科研价值。元谋人遗址有纪念碑，不远处有博物馆，馆内陈列着元谋人牙齿化石的标本，古生物化石及其他有关实物、资料。

二、地貌景观

（一）岩石类地貌景观

1. 火山与熔岩地貌景观——黑龙江五大连池

五大连池位于黑龙江省中北部，是典型的火山与熔岩地貌景观。五大连池地区的火山在地质年代早期猛烈爆发，经过长期不断的地质作用，渐渐形成形态各异的火山。最后一次火山运动发生在 1719—1721 年，火山爆发喷出的熔岩阻塞了当时的河流，形成五个熔岩堰塞湖，因而得名“五大连池”。

五大连池堪称“山秀、石怪、水幽、泉奇”，14 座锥体形火山耸立在五池碧水周围，山环水抱，交相辉映。登山远眺，绵延 64 平方公里的黑色熔岩如巨龙匍匐前行，如瀚海波澜起伏，蔚为壮观。鳞次栉比的喷气火山锥，千姿百态的熔岩惟妙惟肖，令人目不暇接。富有神奇色彩的“火山冰洞”，乃天下一绝，盛夏酷暑时节，洞中是一个冰封霜染的银色世界，寒气袭人，暑气顿消，仿佛水府冰宫；而寒冬时节的“温泊云雾”又是另一番景致。此外，还有“连池山影”、“桦林沸泉”、“火山天池”、“石海奔腾”、“火烧城堡”等景观，妙趣横生，使人流连忘返。五大连池矿泉水具有治病、防病和健身的功能，据科学测定，矿泉水含有 40 多种人体必需的微量元素。

2. 花岗岩地貌景观——安徽黄山

黄山位于安徽省南部黄山市境内，是中国最美的名山之一，以奇松、怪石、云海、温泉“四绝”著称，素来享有“五岳归来不看山，黄山归来不看岳”的美誉。1990年12月被联合国教科文组织列入《世界文化与自然遗产名录》，2004年2月入选世界地质公园。黄山是以中生代花岗岩地貌为特征的地质公园。

黄山山体主要由花岗岩构成，垂直节理发育，长期受水溶蚀，侵蚀切割强烈，断裂和裂隙纵横交错，形成特有的奇峰、怪石等景观。黄山群峰林立，其七十二峰素有“三十六大峰，三十六小峰”之称，主峰莲花峰海拔高达1864.8米，与平旷的光明顶、险峻的天都峰一起，并称黄山三大主峰，雄踞在黄山景区中心，周围还有77座千米以上的山峰，群峰叠翠，组合成一幅气势磅礴、令人叹为观止的景观。

3. 岩溶（喀斯特）地貌景观——云南石林①

石林位于石林彝族自治县境内，距省会昆明市70余公里，是世界上唯一位于亚热带高原地区的喀斯特地貌风景区，素有“天下第一奇观”的美誉。

石林是地表上生成的喀斯特地形，是地表水沿着石灰岩坡面溶蚀下形成的高大、排列如林的石芽。现在的石林景区包括西北的步哨山、中心的大石林和小石林、南面的万年灵芝和东面的李子园箐五个片区，面积约12平方公里。大石林整个景区由密集的石峰组成，有如一片石盆地。这里的石林直立突兀、线条顺畅，并呈淡淡的青灰色。有“莲花峰”、“千钧一发”、“极狭通人”、“象距石台”、“幽兰深谷”、“凤凰梳翅”等典型景点，其中最著名的当数龙云题词“石林”之处的“石林胜境”，而“望峰亭”为欣赏“林海”的最佳处。人们行走在峰林间，不几步便被石峰挡道，曲折迂回之后，又是另一番天地。在这迷宫一样的石林里，如果没有导游或地图，会很容易迷失方向，大半天都难走出来。与密集的大石林相比，邻近的小石林便显得疏朗、清雅、秀美。宽厚敦实的石壁像屏风一样，将小石林分割成若干园林。小石林中最有名气的景点当数“阿诗玛”，当夜幕降临，彩灯映照，更是五彩斑斓，妩媚动人。

4. 丹霞地貌景观——广东省丹霞山②

丹霞山位于广东省韶关市仁化县境内，面积292平方公里，是以丹霞地貌景观为主的风景区，被列为世界地质公园、世界自然遗产、国家级自然保护区、国家地质公园，是世界“丹霞地貌”的命名地，被誉为中国的红石公园。

丹霞山由680多座顶平、身陡、麓缓的红色沙砾岩石构成，“色如渥丹，灿若明霞”，以赤壁丹崖为特色。在距今1.4亿年至7000万年间，丹霞山区是一个大型内陆盆地，受喜马拉雅造山运动影响，四周山地强烈隆起，盆地内接受大量碎屑沉积，形成了很厚的红色地层；在距今7000万年前后，地壳上升而逐渐受侵蚀。距今600万年以来，盆地又发生多次间歇上升，平均大约每万年上升1米，同时流水下切侵

① 资料来源：http://baike.baidu.com/view/142589.htm

② 资料来源：李辉. 旅游景观鉴赏. 北京：民族出版社，2005.

蚀，丹霞红层被切割成一片红色山群，也就是现在的丹霞山区。丹霞山风景区内有大小石峰、石墙、石柱、天生桥680多座，群峰如林，疏密相生，高下参差，错落有序；山间高峡幽谷，古木葱郁，淡雅清静，风尘不染。锦江秀水纵贯南北，沿途丹山碧水，竹树婆娑，满江风物，一脉柔情。另外，丹霞山现有佛教别传禅寺以及80多处石窟寺遗址，历代文人墨客在这里留下了许多传奇故事、诗词和摩崖石刻，具有极大的历史文化价值。

（二）外营力类地貌景观

1. 冰川地貌景观——玉龙雪山①

玉龙雪山位于云南省丽江市玉龙纳西族自治县，是北半球最南的雪山。因雪山山腰云雾缭绕，远望像一条银白色的巨龙，因此得名“玉龙”雪山。玉龙雪山的高山雪域风景位于海拔4000米以上，以险、奇、美、秀著称于世，是国家5A级旅游景区。

玉龙雪山分布着欧亚大陆离赤道最近的现代海洋性温冰川和雪海冰川，发育有19条现代冰川，总面积达11.61平方公里，其中“白水一号”现代冰川是目前最具游览条件的冰川。“白水一号”现代冰川长达2.7公里，位于玉龙雪山主峰扇子陡的正下方。从山脚望去，如同一条瀑布悬挂天际令人震撼不已。冰舌部分的冰塔林，像一把把刀戟直刺苍穹，在阳光的照射下，不白而绿、绿雪万仞，仿佛一块块巨大的翡翠碧玉镶嵌在怪石嶙峋之间。前方的扇子陡发出阵阵巨响，那是雪崩时发出的响声，就像在“滚雪牛”。千万年来，扇子陡始终如一、源源不断地为冰川补给着新雪。变幻莫测的雪山不时漫天雪花，令人举步维艰；不时风起云涌，令人略感寒意；不时光芒万丈，恍若隔世，令人感慨万千。

在干河坝、蚂蝗坝等地还分布有不同冰期的古冰川地形遗迹。干河坝位于玉龙雪山东麓，海拔3300米，为典型的阿尔卑斯式大U形谷，谷宽300米，两侧灰岩陡壁，谷底有水平层理冰水沉积物。蚂蝗坝位于玉龙雪山南麓，雪嵩村以北为古冰川遗迹，U形谷谷中有一大岩石，上有凹塘，四季积水，为一奇观。

2. 风成地貌景观——甘肃敦煌雅丹国家地质公园②

甘肃敦煌雅丹国家地质公园位于我国著名历史文化名城敦煌市西北，公园面积398平方公里。公园主要是以风蚀作用形成的雅丹地貌景观为主。

雅丹地貌的岩石形成于距今约70万年前，是呈河湖相貌的砂泥质沉积物，颜色呈灰色、灰绿色和土黄色。古老的盆地中心层理水平，边缘的层理交错，局部还保存着很多虫迹化石，显示着古代河流和湖泊的特征。由于岩层产状水平，垂直节理发育，较松软岩层在大自然急风暴雨的漫长风化中，形成了各种雅丹风蚀地貌。

---

① 资料来源：吕惠进. 自然景观赏析. 杭州：浙江大学出版社，2009.

② 资料来源：http://www.china.com.cn/chinese/zhuanti/dzgy/616131.htm

地质公园内集中连片地分布着各种各样造型奇特的风蚀地貌，例如，“蒙古包”、“骆驼”、“石鸟”、“石人”、“石佛”、“石马”等，千姿百态，惟妙惟肖。它宛如一座中世纪的古城，世界许多著名的建筑都可以在这里找到它的缩影，令世人瞠目。夜幕降临之后，尖厉的劲风发出恐怖的啸叫，犹如千万只野兽在怒吼，令人毛骨悚然，因此这里又得名“魔鬼城”。

除雅丹地貌外，敦煌雅丹国家地质公园内还有其他类型多样、造型奇特的风蚀地貌。园区南部较为多见的风蚀谷与风蚀残丘，其形成是由于暴雨把地表侵蚀成很多沟谷，然后，风再沿着这些沟谷吹蚀，这样暴雨与风反复侵蚀，谷地逐渐扩大加深，发展成峡谷，称为风蚀谷。另外，部分风蚀残丘由于其沙泥层中垂直节理特别发育，又经过多次暴雨的反复切割与风蚀作用，松软的沙土石被卷走，原来块状的岩石被切割成一条条的石柱，成为风蚀柱。这些风蚀柱被强风又刀刻斧凿般地雕成一个个似物似人、似禽似兽的造型，千姿百态，惟妙惟肖。

3. 海岸岛礁地貌景观

(1)大堡礁

大堡礁位于澳大利亚东北部昆士兰州对岸，太平洋珊瑚海西部，北起托雷斯海峡，南至弗雷泽岛附近，沿澳大利亚东北海岸线绵延2000余公里。大堡礁距海岸20~350公里，总面积达8万平方公里，是世界上最大、最长的珊瑚礁群。

珊瑚是珊瑚虫分泌的石灰性物质和骨骼残骸堆积而成的。大堡礁之所以成为堡礁，是因为珊瑚礁在这里沿海岸分布，像堡垒保卫着海岸，因而得名。珊瑚礁是由众多珊瑚虫组成，死亡的造礁珊瑚骨骼与一些贝壳和石灰质藻类胶结在一起，形成大块具有孔隙的钙质岩体，如此长年累月地堆积起来，在水面下就形成了像岩石一样坚硬的珊瑚礁。潮落时，这里的部分珊瑚礁露出水面形成珊瑚岛。大堡礁有大小2900个珊瑚礁岛，最南端离海岸有241公里，北段较靠近海岸，离海岸仅有16公里。大堡礁属热带气候，无大风大浪，自然条件适宜，成为多种鱼类的栖息地，这里有1500多种鱼类，软体动物达4000余种，聚集的鸟类242种，还有某些濒临灭绝的动物，如儒艮和巨型绿龟等。

(2)海南岛①

海南岛位于我国最南端，北面隔琼州海峡与雷州半岛相望，是我国的第二大岛。海南岛拥有很多典型的海岸岛礁地貌景观。

在海南岛北岸，沿着铺前港到东寨港10多公里长的海滩上，生长着一片茫茫无边际的红树林，它像一道绿色长城，出没在海水之中。红树林是一种海滩上生长的热带树木，由红树林组成的海滩，就叫红树林海滩，它与珊瑚礁海滩一样，都是生

① 资料来源：http://baike.baidu.com/view/5677.htm.

物海滩。在海滩的旅游景观中，具有特殊的魅力和风貌。当潮水上涨时，海滩被海水淹没，树干浸泡在水中，只有茂密的树冠漂浮在海面上；退潮后，泥泞的树干露出海面，盘根错节，好像一片原始森林，因而有“海上森林”或“海底森林”的美誉。

亚龙湾海滩以其得天独厚的自然风光，以“东方夏威夷”的美名，饮誉中外。亚龙湾位于三亚市东边约30公里处，这里背依山峦，面临大海，海碧天澄，沙鸥翔集。洁白细软的沙滩，长达7000余米，宽100余米，滩面平坦，海湾外侧有五个小崖的蔽护，海湾内风平浪静，十分适宜海水泳浴。这里常年无冬，年平均气温为25℃，夏季平均气温为28℃，冬季平均气温不低于20℃，海水温度由于菲律宾暖流的影响，常年都保持20℃以上。亚龙湾还是个海底花园，由于这里水温温暖，海水澄洁，透明度大，盐度适中，只要潜入几米水深处，就可看到绚丽多彩的海底珊瑚景观。活着的珊瑚点，宛若盛开的花朵，水流过处，随水起舞，姿态分外优美。珊瑚各种各样，有白玉般的菊花珊瑚，有粉红色的莲花珊瑚，有浅黄色的蘑菇珊瑚，有深红色的牡丹珊瑚，真是五光十色，蔚为奇观。

距三亚市区20多公里，还有一处最负盛名的旅游胜地——天涯海角。天涯海角，原名下马岭，南向三亚湾，海滩之上，奇石累累，或成群簇立，或孤石突兀，散布在数千米之长的海滩上。其中有一浑圆巨石上，刻着“天涯”两字，在其旁一块卧石之上，又镌有“海角”两字，构成天涯海角旅游区的主体。二石之左，拔地而起一石柱，大有擎天之势，上刻“南天一柱”四个大字，是岬角受海浪冲击后，残留在海滩上的海蚀柱。

思考与练习

安徽黄山世界地质公园地质地貌景观鉴赏

黄山地质公园位于中国安徽省南部，南北长约40公里，东西宽约30公里，面积约1200平方公里，是以花岗岩地貌景观为特征的地质公园。其中精华部分为154平方公里，号称“五百里黄山”。

黄山以雄峻瑰奇而著称，峰高峭拔、怪石遍布。山体峰顶尖陡，峰脚直落谷底，形成群峰峭拔的中高山地形。区内奇峰耸立，巍峨雄奇；青松苍翠，挺拔多姿；峭石嶙峋，如雕如塑；云海浩瀚，气势磅礴；温泉水暖，喷涌不歇。黄山以“奇松、怪石、云海”三奇和丰富的水景显示了天然的完美和谐。黄山风景区已成为全球为数不多的同时拥有世界文化、自然双遗产和世界地质公园三顶桂冠的地方。

在距今约1.4亿年前的晚侏罗世，地下炽热岩浆沿地壳薄弱的黄山地区上侵，大约在6500万年前后，黄山地区的岩体发生较强烈的隆升。随着地壳的间歇抬升，地下岩体及其上的盖层遭受风化、剥蚀，同时也受到来自不同方向的各种地应力的作用，在岩体中又产生出不同方向的节理。自第四纪（距今175万年）以来，间歇性上升形成了三级古剥蚀面，终于形成了今天的黄山。在这些岩体中，由于在矿物组分、结晶程度、矿物颗粒大小、抗风化能力和节理的性质、疏密程度等多方面差异，造成了宛如鬼斧天工般的黄山美景。

黄山经历了漫长的造山运动和地壳抬升，以及冰川的洗礼和自然风化作用，才形成其特有的峰林结构。黄山号称有“三十六大峰，三十六小峰”，主峰莲花峰海拔高达1864米，与平旷的光明顶、险峻的天都峰一起，雄踞在景区中心，周围还有77座千米以上的山峰，群峰叠翠，有机地组合成一幅有节奏旋律的、波澜壮阔、气势磅礴的立体画面。

山体主要由燕山期花岗岩构成，垂直节理发育，侵蚀切割强烈，断裂和裂隙纵横交错，长期受水溶蚀，形成许多瑰丽多姿的花岗岩洞穴与孔道。前山岩体节理稀疏，岩石多球状风化，山体浑厚壮观；后山岩体节理密集，多是垂直状风化，山体峻峭，形成了“前山雄伟，后山秀丽”的地貌特征。

黄山有丰富的第四纪冰川遗迹，主要分布在前山的东南部，典型的冰川地貌有：苦竹溪、逍遥溪为冰川移动刨蚀而成的“U”形谷；眉毛峰、鲫鱼背等处是两条“V”形谷和刨蚀残留的刀脊；天都峰顶是三面冰斗刨蚀遗留下来的角峰；百丈泉、人字瀑为冰川谷和冰川支谷相汇成的冰川悬谷；在逍遥溪到汤口、乌泥关、黄狮垱等河床阶地中，分布着冰川搬运堆积的冰碛石；传说中为轩辕黄帝炼丹用的“丹井”，“药臼”也是由冰川作用形成的冰臼。

黄山是钱塘江和长江两大水系的分水岭，水资源十分丰富，自中心向四周放射状展布着众多的山涧沟谷，其中大谷36条，形成36源，汇入24溪水，以桃花、云门二峰为界，分别流入新安江、钱塘江和青弋江、长江。黄山高差大，山水迸泻，形成飞瀑，悬垂如练，溅珠喷玉，构成黄山最壮观、最有生命力的景观，著名的有“人字瀑”、“百丈泉”和“九龙瀑”，此外，已命名的还有潭20处、泉15处、池9处。

黄山自然环境条件复杂，生态系统稳定平衡，植物垂直分带明显，群落完整，还保存有高山沼泽和高山草甸各一处，是绿色植物荟萃之地，森林覆盖率为56%，植被覆盖率达83%。黄山野生植物有1452种，其中属国家一类保护的有水杉，二类保护的有银杏等4种，三类保护的8种，有石斛等10个物种属濒临灭绝的物种，6种为中国特有种，黄山特有2种，首次在黄山发现或以黄山命名的植物有28种，尤以名茶“黄山毛峰”、名药“黄山灵芝”驰名中外。黄山古树名木众多，以古、大、珍、奇、多著称于世，其中又以黄山松最负盛名。

黄山还是动物栖息和繁衍的理想场所，已知的有鱼类24种、两栖类20种、爬行类38种、鸟类170种（隶属17目40科）、脊椎动物300种，主要珍禽异兽有白颈长尾雉、猕猴、短尾猴、梅花鹿、野山羊、云豹、八音鸟、白鹇鸟、相思鸟等。

黄山与宗教有密切的关系，唐代道教旧籍中，关于轩辕黄帝和容成子、浮丘公来山炼丹及得道升天的仙道故事，流传千年，影响深广，至今还留下与上述神仙故事有关的许多峰名，如轩辕峰、浮丘峰，以及炼丹、仙人、上升、仙都、道人、望仙诸峰。黄山山名，亦与黄帝炼丹之说有关。道教在黄山建立较早的道观有浮丘观、九龙观等。宋末道士张尹甫在黄山修炼，创建松谷道场。明末以后，全山范围内，已无道教活动的踪迹。据《黄山图经》记载，佛教早在南朝刘宋间就传入黄山，历代先后修建寺庙近百座。寺庙之中，祥符寺、慈光寺、翠微寺和掷钵禅院，号称黄山"四大丛林"。黄山历代释徒中，能诗善画者多，著名的有：唐代岛云，明代海能、弘智、音可、元则、王寅，清代大均、大涵、檗庵、渐江、雪庄等，都有作品传世。

黄山伟大的自然美，使无数诗人、画家等艺术家为之赞叹和陶醉，产生无法抑制的创作激情，留下了不可胜数的艺术作品。从盛唐到晚清的1200年间，仅就赞美黄山的诗词来说，现在可以查到的就有两万多首。它们从各个侧面发掘黄山的美，李白、贾岛、范成大、石涛、龚自珍、黄炎培、董必武、郭沫若、老舍等都有不少佳作流传于世。散文中，徐霞客的《游黄山日记》、袁牧的《游黄山记》、叶圣陶的《黄山三天》、丰子恺的《上天都》等都赞美了黄山的绝美秀丽的风姿。以体现黄山俊美、恬静的黄山画派作品，更是黄山文化的一颗璀璨明珠。黄山画派的大师们不断从黄山山水中吸取养分，丰富自己的艺术创作，他们以凝重简练的笔墨、明快秀丽的构图和清高豪壮的风格、深沉宏达的旨意，在画坛独树一帜。

黄山处于亚热带季风气候区内，由于山高谷深，气候呈垂直变化。同时由于北坡和南坡受阳光的辐射差大，局部地形对其气候起主导作用，形成云雾多、湿度大、降水多的气候特点。主峰莲花峰，海拔1864.8米。山中的温泉、云谷、松谷、北海、玉屏、钓桥六大景区，风光旖旎，美不胜收，尤其以奇松、怪石、云海、温泉"四绝"著称，是大自然造化中的奇迹，历来享有"五岳归来不看山，黄山归来不看岳"的美誉。

奇松：松是黄山最奇特的景观，百年以上的黄山松就数以万计，多生长于岩石缝隙中，盘根错节，傲然挺拔，显示出极顽强的生命力，已命名的多达近百株，玉女峰下的迎客松更成为黄山的象征。

怪石：黄山险峰林立，危崖突兀，峰脚直落谷底，山顶、山腰和山谷等处广泛分布着花岗岩石林和石柱，巧石怪岩犹如神工天成，形象生动，构成一幅幅绝妙的天然图画，其中有名可数的有120多处，著名的有"松鼠跳天都"、"猴子望太平"等。

云海："自古黄山云成海"，黄山是云雾之乡，以峰为体，以云为衣，其瑰丽多姿的"云海"以美、胜、奇、幻享誉古今，尤其是雨雪后的初晴，日出或回落时的"霞海"最为壮观。怪石、奇松、峰林飘浮在云海中，忽隐忽现，置身其中，犹如进入梦幻境地，飘飘欲仙，可领略"海到尽头天是岸，山登绝顶我为峰"的境界。

温泉:黄山温泉,古称“灵泉”、“汤泉”、“朱砂泉”,由紫云峰下喷涌而出,与桃花峰隔溪相望,传说轩辕黄帝就是在此沐浴七七四十九日羽化升天的。温泉中含有多种对人体有益的微量元素。水质纯正,温度适宜,可饮可浴。唐代诗人贾岛曾发出“遐哉哲人逝,此水真吾师”的感慨。

(资料来源:中国世界遗产网)

鉴赏测试

1. 请运用本章知识并结合以上背景资料,从地质地貌角度,分析黄山地质公园所拥有的地质地貌景观类型。

2. 请结合地质地貌景观美的鉴赏方法,从地质地貌景观美的构成因素角度分析黄山的美学价值;从黄山的历史文化传承角度分析黄山的人文景观价值。

3. 假如你是一名导游,现在带领旅游团来到黄山地质公园,你会通过什么方法来使游客全方位地欣赏到黄山的美?

第二章

水文水体景观鉴赏

引 言

水,是大自然中最特别的存在,生命因为水而得以繁衍生息,地球之上的万物因水而神奇瑰丽。在大自然中,水形成了多样的迷人景观,有波涛汹涌的海洋、奔流不息的江河、平静迷人的湖泊,有银装素裹的雪山、皑皑耀眼的冰川,有地下涌动的暗流、喷涌不止的甘泉,等等。老子说"上善若水,水善利万物而不争"。水除了自身形成的优美景观外,还与山体、植物等巧妙结合而构成优美的山水风光。因此,我国也常以"山水"作为风景的代名词。

学习目标

1. 了解水文水体的概念。
2. 熟悉著名的水体景观。
3. 掌握欣赏水体景观的方法。

第一节　水文水体景观概述

一、水文水体的概念

水文,指自然界中水的变化、运动并随之产生的各种现象。

水体,即水的集合体,是地表水圈的重要组成部分,是以相对稳定的陆地为边界的天然水域,包括江、河、湖、海、冰川、积雪、水库、池塘等,也包括地下水和大气中的水汽。

水是自然环境形成和发展中最活跃的因素之一,是生命存在必不可少的条件。水以多种形式存在于大自然当中,如海洋、湖泊、河流、瀑布、冰川等。水在旅游业中是极有价值的资源。

水不仅能观赏构景,利用水可开展的旅游项目也是非常丰富的。目前人们热衷的度假旅游、休闲旅游的首选旅游地往往都与水有关。因而,了解水体景观,掌握其鉴赏方法也是开展旅游必备知识。

拓展知识

从太空望去,地球是一个蔚蓝色的星球,其72%的表面覆盖着水。其实,地球上97.5%的水是咸水,只有2.5%是淡水。而在淡水中,将近70%冻结在南极和格陵兰的冰盖中,其余的大部分是土壤中的水分或是深层地下水,难以供人类开采使用。江河、湖泊、水库及浅层地下水等来源的水较易于开采供人类直接使用,但其数量不足世界淡水的1%,约占地球上全部水的0.007%。全球淡水资源不仅短缺而且地区分布极不平衡。按地区分,巴西、俄罗斯、加拿大、中国、美国、印度尼西亚、印度、哥伦比亚和刚果9个国家的淡水资源占了世界淡水资源的60%。约占世界人口总数40%的80个国家和地区约15亿人口淡水不足,其中26个国家约3亿人极度缺水。更可怕的是,预计到2025年,世界上将会有30亿人面临缺水,40个国家和地区淡水严重不足。我们要加强保护水资源意识,不要让最后一滴水成为我们的眼泪!

"世界水日":1977年召开的"联合国水事会议"向全世界发出严正警告:继石油危机之后,下一个深刻的社会危机便是水。1993年1月18日,第四十七届联合国大会作出决议,确定每年的3月22日为"世界水日"。

"中国水周":1988年《中华人民共和国水法》颁布后,水利部确定每年的7月1日至7日为"中国水周",考虑到世界水日与中国水周的主旨和内容基本相同,因此从1994年开始,把"中国水周"的时间改为每年的3月22日至28日,使宣传活动更加突出"世界水日"的主题。

二、水体景观的类型

(一)海洋景观

1. 概念

海洋是地球上广大连续水体的总称,占地球表面积的71%,海洋总水量约占地球总水量的97%。全球海洋一般被分为几个大洋和面积较小的海,目前世界上主要的五个大洋为太平洋、大西洋、印度洋、北冰洋和南冰洋。

特别提示

中国学者认为太平洋、印度洋、大西洋一直延续到南极洲，故不存在南冰洋一说。所以中国人常说的是四大洋。

海和洋不是一个概念。海洋的中间部分称为洋，约占海洋总面积的89%，一般深度较大，在两三千米以上。其海水的温度、盐度、颜色等不受大陆影响，水色蔚蓝，透明度大，有独立的潮汐和洋流系统。海洋的边缘部分称为海，约占海洋总面积的11%，一般深度较浅，在两三千米以内。其海水的温度、盐度、颜色等受大陆影响较大，没有独立的潮汐和洋流系统。

（资料来源：奈须纪幸，等. 海洋的科学. 曾万年，译. 台湾：明文书局，1990.）

2. 分类

海洋景观主要包括海洋自然景观和海洋人文景观。海洋自然景观，是自然形成的景观，如海水、沙滩、海岛、礁石、海浪、海潮等。海洋人文景观，是人们与海洋长期生活中而产生的景观，如海滨城市、海滨建筑、海洋风俗、海洋遗址等。

海岸带，是指海洋和陆地相互作用的地带。即由海洋向陆地的过渡地带。它由海岸、潮间带和水下岸坡组成。根据海岸组成物质的性质，可把海岸分为基岩海岸、沙砾质海岸、平原海岸、红树林海岸和珊瑚礁海岸。

现代旅游业提倡的3S，即sun（太阳）、sea（海洋）和sand（沙滩），都集中在海岸带中。因此，海岸带区域，成了当下席卷全球的旅游热中得天独厚的“风水宝地”，滨海度假已成为最时髦的娱乐方式，越来越多的人来到海边，进行探险、观光、娱乐、运动、休闲、疗养等旅游活动。

（二）江河景观

1. 概念

江河是一种天然的地表或地下水流，是由一定区域的地表水和地下水汇集、补给，并沿着地表或地下长条状槽形洼地流动的水体。一般地，我们把较小的称为溪、涧、沟、渠，较大的称为江河。另外，人类历史上还有很多人工开凿的河流。

每条江河都有河源和河口。河源是指河流的发源地，如泉水、湖泊、沼泽或是冰川。河口是河流的终点，即河流汇入海洋、其他河流、湖泊、沼泽或其他水体的地方。

除河源和河口外，每一条河流根据水文和河谷地形特征，分为上游、中游、下游三段。上游比降大，流速大，河槽多为基岩或砾石；中游比降和流速减小，流量加大，河槽多为粗沙。下游比降平缓，流速较小，但流量大，多浅滩或沙洲，河槽多细砂或淤泥。通常大江大河在入海处都会分多条入海，形成河口三角洲。在干旱的沙漠区,有些河流河水沿途消耗于渗漏和蒸发,最后消失在沙漠中,这种河流称为“瞎尾河”。

2. 分类

通常把流入海洋的河流称为外流河,流入内陆湖泊或消失于沙漠之中的瞎尾河称为内流河。为沟通不同河流、水系与海洋,发展水上交通运输而开挖的人工河道称为运河,也称渠。为分泄河流洪水,人工开挖的河道称为减河。

江河是人类赖以生存的重要水源之一,也是交通大动脉。人类文明的发展大部分源于大河流域,如古埃及文明发源于尼罗河,古印度文明发源于恒河,我国的文明发源于长江、黄河。这些河流不仅因壮丽的景色而闻名,更因为悠久的历史文化而成为重要的旅游资源。

(三)湖泊景观

1. 概念

湖泊,是指陆地表面洼地积水形成的水面宽广、水量交换缓慢的水域。按成因可分为构造湖、火山湖、堰塞湖、岩溶湖、冰川湖、风成湖、河成湖、海迹湖等。按湖水盐度高低可分为咸水湖和淡水湖。

2. 分类

(1)构造湖:是在地壳内力作用下形成的构造盆地上经储水而形成的湖泊。其特点是湖形狭长、水深而清澈,如云南高原上的滇池、洱海和抚仙湖以及青海湖、新疆喀纳斯湖等。再如著名的东非大裂谷沿线的马拉维湖、坦噶尼喀湖、维多利亚湖等。

(2)火山湖:系火山喷火口休眠以后积水而成,其形状是圆形或椭圆形,湖岸陡峭,湖水深不可测,如长白山天池深达373米,为我国第一深水湖泊。

(3)堰塞湖:由火山喷出的岩浆、地震引起的山崩和冰川与泥石流引起的滑坡体等壅塞河床积水而成,如黑龙江五大连池、镜泊湖等。

(4)岩溶湖:是碳酸盐类地层中的岩溶洼地、岩溶漏斗或落水洞等被堵塞后经蓄水而成,如贵州省威宁县的草海。

(5)冰川湖:是由冰川溶蚀形成的坑洼和冰碛物堵塞冰川槽谷积水而成的湖泊。如新疆阜康天池,北美五大湖等。

(6)风成湖:沙漠中低于潜水面的丘间洼地,经其四周沙丘渗流汇集而成的湖泊,如敦煌附近的月牙湖,四周被沙山环绕,水面酷似一弯新月,湖水清澈如翡翠。

(7)河成湖:由于河流摆动和改道而形成的湖泊。它又可分为三类:一是由于河流摆动,其天然堤堵塞支流而蓄水成湖。如鄱阳湖、洞庭湖、太湖等。二是由于河流本身被外来泥沙壅塞,水流宣泄不畅,蓄水成湖。如苏鲁边境的南四湖等。三是河流截湾取直后废弃的河段形成牛轭湖。如内蒙古的乌梁素海。

(8)海迹湖:由于泥沙沉积使得部分海湾与海洋分割而成,通常称作潟湖,如里海、杭州西湖、宁波的东钱湖。约在数千年以前,西湖还是一片浅海海湾,以后由于海潮和钱塘江挟带的泥沙不断在湾口附近沉积,使湾内海水与海洋完全分离,海水经逐渐淡化形成今日的西湖。

拓展知识

中国湖泊众多,共有湖泊24 800多个,其中面积在1平方公里以上的天然湖泊就有2800多个,但湖泊分布很不均匀。总的来说,东部季风区,特别是长江中下游地区,分布着中国最大的淡水湖群;中国著名的淡水湖有鄱阳湖、洞庭湖、太湖、洪泽湖、巢湖等。西部以青藏高原湖泊较为集中,多为内陆咸水湖,如中国最大的咸水湖青海湖以及西藏纳木错湖等。

世界湖泊之最:

水质最好的湖及泉水湖:大明湖(面积达690亩)

最大的湖泊及咸水湖:里海(面积达371 000平方公里)

最大的淡水湖:苏必略湖(面积达82 100平方公里)

最大的火山湖:多巴湖(面积达1130平方公里)

最深的湖泊及淡水湖:贝加尔湖(水深达1940米)

最深的咸水湖:死海(水深达330米)

最高的湖泊及咸水湖:纳木错湖(湖面海拔4718米)

最高的淡水湖:玛法木错湖(湖面海拔4585米)

最低的湖泊:死海(湖面海拔负418米)

最咸的湖泊:死海(湖水盐度达30%,为一般海水的8.6倍)

最长的湖泊:坦干依喀湖(长度大约660千米)

最古老的湖泊:贝加尔湖(已经在地球上存在超过2500万年)

(资料来源:迈克尔·赫尔利.世界最神奇的湖泊.江婷,译.湖北:湖北美术出版社,2011.)

(四)瀑布景观

1.概念

瀑布在地质学上叫跌水,即河水在流经断层、凹陷等地区时垂直地跌落。通常是因为组成河床底部的岩石软硬程度不一致,被河水冲击侵蚀得厉害,形成陡坎,坚硬的岩石则相对悬垂起来,河水流到这里,飞泻而下形成了瀑布。也可以说,河水在河道中奔流,遇到河床的陡坎时,便跌下来,形成了瀑布。除此之外,还有因山崩、断层、熔岩堵塞、冰川等作用而形成瀑布的。

2. 分类

依据瀑布的外观和地形的构造,瀑布有多种分类。

(1)依据瀑布水流的高宽比例划分:垂帘型瀑布,细长型瀑布。

(2)依据瀑布岩壁的倾斜角度划分:悬空型瀑布,垂直型瀑布,倾斜型瀑布。

(3)依据瀑布有无跌水潭划分:瀑潭型瀑布,无瀑潭型瀑布。

(4)依据瀑布的水流与地层倾斜方向划分:逆斜型瀑布,水平型瀑布,顺斜型瀑布,无理型瀑布。

(5)依据瀑布所在地形划分:名山瀑布,岩溶瀑布,火山瀑布,高原瀑布。

拓展知识

世界上最著名的三个大瀑布是美国和加拿大之间的尼亚加拉瀑布、非洲赞比西河上的维多利亚瀑布和阿根廷、巴西及巴拉圭之间的伊瓜苏瀑布。

(五)泉景观

1. 概念

泉是指地下水的天然露头,多分布于山谷和山麓,是地下水的一种重要排泄方式。泉水是理想的水源,也常常形成很多景观和旅游资源。泉水通常也是河流的水源。在沟谷深切的山区,许多清泉汇合成为溪流。在石灰岩地区,许多岩溶大泉本身就是河流的源头。

2. 分类

(1)根据水流状况的不同,可以分为间歇泉和常流泉。如果地下水露出地表后没有形成明显水流,称为渗水。

间歇泉:是指间断喷发的温泉,多发生于火山运动活跃的区域,熔岩使地层水化为水汽,水汽沿裂缝上升,当温度下降到汽化点以下时凝结成为温度很高的水,每间隔一段时间喷发一次,形成间歇泉。黄石公园是世界最大的间歇喷泉区,据说世界上50%的间歇泉集中于此,有着世界上最为壮观的间歇喷泉活动。

常流泉:是指常年不间断流淌,水量基本不受旱季、雨季影响的地下水露头。

(2)根据水流温度,泉可以分为温泉和冷泉。水温高于20℃的为“温泉”,低于20℃的则为“冷泉”。

冷泉是一般以水质清醇、甘甜而供饮用或作为酿酒的水源。温泉,因温度高低不同可用于休闲沐浴或理疗。

(3)矿泉:是指有一定数量的化学成分、有机物或气体,或具有较高的水温,能影响人体生理作用的泉水。

(4)奇特泉:有的泉由于受特殊地理环境的影响,形成奇特的景观。

①喊泉,位于安徽省寿春县北10公里处,其水量随声音大小而变化,如果有人在泉旁大声喊叫,泉水便大量涌出;如果小声喊叫,泉水便小股涌出。

②五味泉,位于江西省永丰县九峰岭山脚下,泉水天然地带有酸、辣、甜、苦、麻五种味道。

③乳泉,位于广西壮族自治区桂平县,泉水宽、深各两尺,每天早晚九时左右,泉水会由清澈透明转为乳白色,如鲜牛奶一般,随后又慢慢回复清澈透明。

④羞泉,位于四川广元县龙门山,此泉一旦遇到声音震动或小石头掉落,泉水便会倒流回泉眼,好似害羞的姑娘。

⑤火泉,位于我国台湾省台南县,泉水又咸又苦,水温高达75℃,倘若有火种落到水面,立刻会腾起熊熊烈焰。

(六)冰川景观

1. 概念

冰川是指分布在两极或高山地区,由大气固态降水积累演变而成、在重力作用下缓慢运动长期存积的天然冰体。在终年冰封的高山或两极地区,多年的积雪经重力或冰河之间的压力,沿斜坡向下滑形成冰川。受重力作用而移动的冰河称为山岳冰河或谷冰河,而受冰河之间的压力作用而移动的则称为大陆冰河或冰帽。两极地区的冰川又名大陆冰川,覆盖范围较广,是冰河时期遗留下来的。目前据探测认为,地球七大洲都有冰川,冰川是地球上最大的淡水资源,也是地球上继海洋以后最大的天然水库,但可以直接利用的很少。

全世界冰川面积共有1500多万平方公里,其中南极和格陵兰的大陆冰盖占世界冰川总体积的99%。南极冰盖东部冰层厚度可达4267米,格陵兰冰盖实测最大厚度约3350米。但由于大气污染、全球变暖等影响,全球几乎所有冰川都正逐步消融,如世界上著名的非洲坦桑尼亚乞力马扎罗山冰川、美洲秘鲁安第斯山冰川等。科学家经研究发现,由于气候变化的影响,这几大冰川有可能在几十年后彻底消融,不复存在。

我国是世界上山岳冰川最发达的国家之一,冰川面积仅次于加拿大、俄罗斯和美国,居世界第4位。我国的山岳冰川按成因可分为大陆性冰川和海洋性冰川两大类。前者占冰川总面积的80%,后者主要分布在唐古拉山东段。

2. 分类

(1)按照冰川的规模和形态,冰川分为大陆冰盖(简称冰盖)和山岳冰川(又称山地冰川或高山冰川)。大陆冰盖主要分布在南极和格陵兰岛,山岳冰川主要分布在地球的高纬和中纬山地区,其类型多样,主要有悬冰川、冰斗冰川、山谷冰川、平顶冰川。

(2)按照冰川的物理性质(如温度状况等)分为:①极地冰川,整个冰层全年温度均低于熔点；②亚极地冰川，表面可以在夏季融化外，冰层大部分低于为熔点；③温冰川，除表层冬季冰结外，整个冰层处于压力熔点。极地冰川和亚极地冰川又合称冷冰川，多分布于南极和格陵兰。温冰川主要发育在欧洲的阿尔卑斯山、斯堪的纳维亚半岛、冰岛，以及阿拉斯加和新西兰等降水丰富的海洋性气候地区。

第二节 水文水体景观鉴赏方法

水是自然地理环境的重要组成要素，地球表面约70%为水所覆盖，是天然景观的基本造景条件，美学特征浓郁，极具观赏性。

一、水文水体景观的外观鉴赏

1. 水的形态

水是自然界分布最广、最活跃的因素之一，水的存在形态多种多样，是地球上同时以液态、固态、气态形式存在于自然界的唯一物质。液态的水有海洋、河流、湖泊、瀑布、泉等，固态的水有冰川、积雪，气态的水则是指云雾。无论哪一种形态的水，都以其独特的美让人为之惊叹。

广博的海洋，令人折服于它的浩瀚之美；或曲折或平直的河流，给人以幽深多姿的美感；平静的湖面，给人以心境澄明的美感；咆哮的瀑布，以其飞流直下的气势令人慨叹；瑰丽多姿的泉，给人以神秘、清幽的美感；磅礴的冰川，令人体味到自然的力量之美；缥缈的云雾，则给人以虚无梦幻之美。

从水的存在状态来看，水又有静态和动态之分。静水如湖泊、深潭等，莫不令人觉得安定、朴实。动水则是大自然中常见的景观，川流不息是水的本性，轻快活泼的流水令人感悟生命的动力。

2. 水的声音

水不仅以形态丰富而取胜，还常以水声为景观增添意境之美，给人以天然音乐美的享受。水在流动时，受地形影响，常与山石、河岸、池堤，甚至水与水之间发生摩擦、撞击，从而发出各种悦耳的声音。大海的惊涛、江河的激流、瀑布的跌宕雄浑、泉水的涓涓细流演奏出不同的乐章，或抑扬顿挫，给人以强烈的动感；或悠扬抒情，给人以动听的享受。自然界的水声能使人产生激情感、活泼感和幽静感。晋代左思曾说，“非必有丝竹，山石有佳音”，指的就是天然的水声美。天然的水声具有音乐构成的要素和特征，因而给人以美的享受。水声之美诉之于听觉，可直达心灵，丰富人的感觉，陶冶人的情操。无锡寄畅园的八音涧，可算得上是利用水声成景的佳例。

3. 水的颜色

水本来是透明无色的，然而在不同的地理环境中，由于所含矿物质及洁净程度的不同，或者受天色及周围自然景物的影响会产生丰富的色彩。如我国母亲河黄河，因其含沙量巨大，使得它成为世界上少有的黄色巨流，好像一条金色的河带。又如四川著名风景区九寨沟，以其湖水的清澈、晶莹、多彩而闻名。九寨沟的水以蓝色为基调，幻化出浅蓝、粉蓝、碧蓝、翠蓝等多种颜色；有的水面与周围山色植物相配合，又受池底矿物质影响，呈现出红、黄、绿、青等多种颜色。因此，九寨沟也被冠以“彩湖”、“五花海”等美称。欧洲的多瑙河以其河水之蓝而闻名世界，它粼粼的碧波让许多音乐家和诗人灵感喷涌。位于印尼努沙登加拉群岛的佛罗勒斯岛上的三色湖，由于所含矿物质不同，使得三个相邻的湖泊呈现左湖艳红、右湖碧绿、后湖淡青的不同颜色，成为印尼著名的旅游胜地，吸引了无数游人。澳大利亚西部邻海的希勒湖，呈现出明亮的粉红色，至今科学家仍无法解释其湖水粉红的原因，成为世界一大奇景。

4. 水的倒影

水不仅自身能形成优美的景观，还能忠实地反映周围景观的状态，形成独特的倒影之美。俄罗斯著名美学家车尔尼雪夫斯基曾写道：“水把周围的一切如画地反映出来，把这一切屈曲地摇曳着，我们看到的水是一流的写生家。”水体周围的山、石、树、花、蓝天、白云、飞禽、走兽、建筑等一切都能在水中形成倒影，与水体周边景观构成虚无幻化的图景，美不胜收。如云南大理崇圣寺三塔的倒影池，无论白天黑夜都映衬着三塔，形成著名的“六塔”景观。

5. 水的味道

水本应是无色、无味的液体，但自然界中的水，由于含有不同程度的盐分、矿物质、有机质和微量元素，能够呈现出不同的味道。泉水就常常给人以清洌甘甜的口感，令人感觉清心、舒心，比如崂山矿泉，济南趵突泉、黑虎泉，镇江中泠泉等。由于水中所含的成分不同，有些名泉还造就了名品佳酿，如贵州茅台、青岛啤酒等都是利用名泉水酿造而成。中国历代推崇用名泉泡茶，陆羽的《茶经》曾以水与茶的契合度，评定了天下名泉。而今，喝上一杯名泉泡制的佳茗，也成为游客追求的体验。希腊半岛北部的奥尔马河，全长约80余公里，河水甘甜醇口，河水的甜度约等于普通蔗糖的75%，成为名副其实的“甜河”。非洲安哥拉全长仅六公里勒尼达河，以香气扑鼻闻名世界，是著名的“香河”。流经南美哥伦比亚浦莱斯火山区的雷欧维拉利河，因水中含有8%的硫酸和5%的盐酸，使得河水带有轻微的酸味，如果误饮会舌头溃烂，肠胃受损，河中鱼虾蟹蚌及其他各种水生的动、植物均无法生存，是一条名副其实的“死亡之河”。

二、水文水体景观的内在美鉴赏

1. 借水抒情

水是人类赖以生存的物质基础，人类天然就有亲水的情感需求。文人常借水来抒发内心愉悦或者悲伤的情感。如李白的“君不见黄河之水天上来，奔流到海不复还”，抒发了诗人开阔的胸怀；苏轼的“水光潋滟晴方好，山色空蒙雨亦奇”，表达了诗人雨后畅游的愉快心情；李白的“抽刀断水水更流，举杯消愁愁更愁”则反映了诗人悲伤的情绪。所以水体景观不仅能给人舒适视觉，更能令人触景生情，宣泄情感。

2. 借水寓意

流动的水往往令人感受到生命的动力，给人以生生不息的美感。人们也借流水来寓意某些事物或情感。“滴水穿石”告诫人们只要持之以恒，终能获得成功。“流水不腐，户枢不蠹”告诫人们运动是生命的源泉。“流水落花春去也，天上人间”则生动描述了时光一去不返，无可奈何的悲伤情感。

3. 借水寓德

早在春秋时期，中国文人就提出了“山水比德论”。老子在《道德经》中说：“上善若水，水利万物而不争，处众人之恶，故几于道。”他认为有道德的人，都有水一样的性格，能像水一样滋润万物而不争，给予了水极高的拟人化评价。儒家学者们更是把“仁爱”、“礼教”等渗透到对水的审美中来。他们认为水是万物之源，能够滋润万物，这是水“仁爱”的表现；水总是遵循由高往低流的规律，这体现了水的“义”；而水“浅者流行，深者莫测”，体现了水的“智慧”；水能“不清以入，鲜洁以出”，洗尽一切污秽，体现了水的“善”。孔子也曾提出“智者乐水，仁者乐山”的山水观。对不同水体的欣赏常常引起人们对人相似的道德品质的联想，这已成为人们对水体景观的审美习惯。

第三节　典型案例鉴赏

一、海洋

1. 太平洋(Pacific Ocean)

1513 年，西班牙人瓦斯科·努涅斯·巴尔波担任了巴拿马大西洋沿岸达连地区的总督，他听当地人说西面另有一个大洋。于是他在 1513 年 9 月 1 日率领一支庞大的探险队，去寻找这个大洋。9 月 25 日，巴尔沃亚从达连山俯视了现今的太平洋海域，他将这一海域叫作“大南海”。

“太平洋”一词最早出现于 16 世纪 20 年代，它是由葡萄牙大航海家麦哲伦及其船队首先命名的。1519 年 9 月 20 日，麦哲伦率领 270 名水手组成的探险队从西班牙的塞维尔起航，西渡大西洋，他们要找到一条通往印度和中国的新航路。一路上，船队经历了内部叛乱、狂风巨浪和险礁暗滩等各种困难，终于来到菲律宾群岛，进入赤道无风带。饱受了先前滔天巨浪之苦的船员高兴地说:“这真是一个太平洋啊!”从此,人们把美洲、亚洲、大洋洲之间的这片大洋称为“太平洋”。

太平洋是世界上最大和最深的洋,原面积 1.8130 亿平方公里,在南极洋确定后,面积调整为 1.55557 亿平方公里,平均深度 4028 米,最深处马里亚纳海沟深达 11 034 米。从赤道南北分为北太平洋和南太平洋。它从美洲西岸一直延伸到亚洲和澳洲的东岸,它同时是岛屿、海湾、海沟和火山地震分布最多的海洋。现在美洲大陆和亚洲大陆正在以每年 1 ~ 2 厘米的速度靠近。所以太平洋正在变小,相应地大西洋正在变大。

2. 大西洋(Atlantic Ocean)

世界第二大洋,原面积为 8221.7 万平方公里,在南冰洋确定后,面积调整为 7676.2 万平方公里,平均深度 3627 米,最深处波多黎各海沟深达 8605 米。从赤道南北分为北大西洋和南大西洋。北面连接北冰洋,南面则以南纬 66°与南冰洋接连。

大西洋这个中文名称并非翻译名,是地道的国产西洋地名。中国自明代起,常习惯以雷州半岛至加里曼丹为界,以东称东洋,以西称西洋。所以我们常称日本人为东洋人,称欧洲人为西洋人。明神宗时,意大利传教士利玛窦来华拜见中国皇帝,自称是“小西洋”(当时中国指印度洋的说法)以西的“大西洋”人,并于万历十一年(1583 年)翻译《山海舆地全图》的世界地图册中启用了“大西洋”一词。从此,大西洋这个中文翻译便一直沿用至今。

3. 印度洋(Indian Ocean)

世界第三大洋,位于亚洲、大洋洲、非洲和南极洲之间,其北为印度、巴基斯坦和伊朗;西为阿拉伯半岛和非洲;东为澳大利亚、印度尼西亚和马来半岛;南为南极洲。印度洋的平均深度仅次于太平洋,位居第二。

印度洋在古代称为“厄立特里亚海”(ERYTHREA),希腊文原意为红色,全名意为红海。公元 1 世纪后期,罗马地理学家彭波尼乌斯·梅拉最早提出“印度洋”的称谓。公元 10 世纪,阿拉伯人伊本·豪卡勒在其编绘的世界地图上也使用了“印度洋”这一名称。1497 年,葡萄牙航海家达·伽马寻找印度,便将沿途所经过的洋面统称为印度洋。1515 年左右,中欧地图学家舍纳尔在其编绘的地图上,把这片大洋标注为“东方的印度洋”,此处的“东方”一词是与大西洋相对而言的。1570 年奥尔太利乌斯编绘的世界地图集中,把“东方的印度洋”一名简化为“印度洋”。此后,“印度洋”这个名字逐渐被人们接受,成为通用的称呼。

4. 南冰洋(Southern Ocean)

它是围绕南极洲的海洋,也叫“南极海”、“南大洋”,也是世界第五个被确定的大洋,也是世界上唯一完全环绕地球没有被大陆分割的大洋。以前科学家一直认为它属于太平洋、大西洋和印度洋南部的海域,但后来因为海洋学上发现南冰洋有重要的不同洋流,于是国际水文地理组织于2000年确定其为一个独立的大洋,成为五大洋中的第四大洋。但在学术界依然有学者认为南冰洋没有其对应的中洋脊而不承认南冰洋这一称谓。

5. 北冰洋(Arctic Ocean)

世界最小、最浅和最冷的大洋,位于地球最北端,以北极圈为中心,位于亚洲、欧洲和北美洲之间,有狭窄的白令海峡与太平洋相通;通过格陵兰海和许多海峡与大西洋相连,是世界大洋中最小的一个,面积仅为1500万平方公里,不到太平洋的十分之一。它的深度为1097米,最深为5499米。古希腊曾把它叫作"正对大熊星座的海洋"。受环境变化影响,北极地区气温逐年升高,导致海冰面积逐年缩小。2012年8月25日,北冰洋海冰面积达观测史以来最小。

二、江河

1. 尼罗河——世界第一长河

尼罗河全长6670公里,是世界上最长的河流。它流经非洲东部与北部,是非洲主要河流之父,与中非地区的刚果河以及西非地区的尼日尔河并称为非洲最大的三个河流系统。尼罗河有两条主要的支流,白尼罗河和青尼罗河。发源于埃塞俄比亚高原的青尼罗河是尼罗河下游大多数水和营养的来源,而白尼罗河则是两条支流中最长的。尼罗河也是一条国际性河流,它流经布隆迪、卢旺达、坦桑尼亚、乌干达、南苏丹、苏丹和埃及等国,最后注入地中海。

2. 亚马孙河——世界第二长河

亚马孙河,世界第二长河,位于南美洲,是世界流量、流域最大的、支流最多的河流。其流量达每秒钟219 000立方米,比尼罗河、长江、密西西比河的流量总和还要大几倍,大约相当于7条长江的流量,占世界河流流量的20%;流域面积达6 915 000平方公里,占南美洲面积的40%;支流数超过1.5万千条。

3. 长江——世界第三长河

长江全长6300公里,是世界第三长河,亚洲第一大河,其流域面积、长度、水量都居亚洲第一位。发源于青藏高原唐古拉山的主峰格拉丹冬雪山,流经青海、西藏、云南、四川、重庆、湖北、湖南、江西、安徽、江苏、上海,最终注入东海。长江以宜昌和湖口作为上中下游分界,上游多峡谷险滩,水力资源丰富,其中长江三峡是著名的风景名胜区;中游有众多的古遗迹、古战场等文化景观;下游多为水乡泽国,鱼米之乡。

4. 多瑙河

多瑙河是欧洲第二长河,也是世界上流经国家最多的河。它发源于德国西南部的黑林山东坡，自西向东流经奥地利、斯洛伐克、匈牙利、克罗地亚、塞尔维亚、保加利亚、罗马尼亚、乌克兰，在乌克兰中南部注入黑海，全长2850公里。沿岸风光变化多样，时而磅礴，时而秀丽；文化发达，世界著名的音乐之城——维也纳就位于多瑙河沿岸。

5. 黄河

黄河发源于青藏高原巴颜喀拉山北麓，全长5464公里。流经青海、四川、甘肃、宁夏、内蒙古、山西、陕西、河南、山东九个省区，最终注入渤海。黄河沿岸曾孕育了高度发达的中原文化，因此，黄河也被誉为中华民族的母亲河。由于沿岸历史上长期是中国的政治、经济、文化中心，因此保留有众多古代文化遗址地，如古人类遗址、陵墓、宗教胜迹等，可开展历史文化旅游。

三、湖泊

1. 里海

里海位于欧洲和亚洲的交界处，是古地中海的一部分，为“海迹湖”，是目前世界上最大的湖泊，也是世界上最大的咸水湖。整个海域狭长，南北长约1200公里，东西平均宽度320公里。面积约386 400平方公里，相当全世界湖泊总面积（270万平方公里）的14%，里海拥有和海洋一样或相似的生态系统，海运业发达。

2. 死海

死海是巴勒斯坦和约旦之间的内陆盐湖，是世界上海拔最低的湖泊，有“世界的肚脐”之称。湖面海拔-422米，湖长67公里，宽18公里，面积810平方公里。死海也是世界上最深、最咸的湖，最深处380米，最深处湖床海拔-800米。死海的盐分高达30%，为一般海水的8.6倍，仅次于吉布提的阿萨勒湖，其高浓度盐分的水中没有生物存活，甚至连沿岸的陆地上也很少有生物，因此被称为死海。死海是世界上最早的疗养胜地，湖中的矿物质对人体有一定的安抚、镇痛作用。由于其湖水盐分较高，密度较大，因此人能漂浮在水面而不沉，有“死海不死”的说法，吸引了大量的游人。

3. 贝加尔湖

贝加尔湖位于俄罗斯西伯利亚南部，素有“西伯利亚之眼”的美称。是世界最深的湖泊，最大深度达1680米，同时它也是世界上最大的淡水储备库，淡水量约占全球的20%。贝加尔湖拥有1700多种动植物，其中2/3属当地特有。该湖两亿五千万年的寿命也使其成为世界最古老的湖泊，于1996年被联合国教科文组织列入世界文化遗产名录。

4. 沸水湖

沸水湖位于多米尼加的世界文化遗产——莫尔纳特鲁瓦皮斯通斯国家公园，

距离多米尼加联邦首都罗索10.5公里。沸水湖的跨度大约是60米,遍布着一些出气孔,水下涌起的水蒸气使湖面翻滚着灰蓝色水泡,正如其名——沸腾的湖泊。

5. 鄱阳湖

鄱阳湖位于江西省北部,古称“彭蠡湖”、“彭蠡泽”等,是我国第一大淡水湖。鄱阳湖自然风光秀美,是白鹤等珍稀水禽的重要栖息地和越冬地。由于其水位随汛期变化较大,常形成“枯水一线,洪水一片”的自然景观,现已建成世界第六、亚洲第一的“鄱阳湖国家湿地公园”。湖周景观丰富,西北有著名避暑胜地庐山,湖中有大孤山,湖水出口处由于水石相击,声若洪钟而得名“石钟山”。

6. 洞庭湖

洞庭湖位于湖南省北部,古称“云梦泽”,为我国第二大淡水湖。洞庭湖据传为“神仙洞府”,其风光绮丽迷人,最大的特点便是湖外有湖,湖中有山,渔帆点点,芦叶青青,水天一色,鸥鹭翔飞;春秋四时之景不同,一日之中变化万千。古人描述的“潇湘八景”中的“洞庭秋月”、“远浦归帆”、“渔村夕照”、“江天暮雪”等,至今都是东洞庭湖的写照。洞庭湖周边有众多国家级风景区,如岳阳楼、君山、杜甫墓、屈子祠、龙州书院等。

7. 杭州西湖

西湖位于浙江省杭州市的西南,是闻名中外的旅游胜地,被誉为“人间天堂”。西湖是中国首批、免费对外开放的国家重点5A级风景名胜区和中国十大风景名胜之一,是目前中国世界遗产中唯一一处湖泊类文化遗产。西湖的山水和人文景观巧妙组合、自然交融,宋代大文豪苏轼曾盛赞其美景——“欲把西湖比西子,淡妆浓抹总相宜”。自南宋开发以来,已形成了“平湖秋月、苏堤春晓、断桥残雪、雷峰夕照、南屏晚钟、曲院风荷、花港观鱼、柳浪闻莺、三潭印月、双峰插云”十大景观。近年来,又开发了“新西湖十景”,其地理范围大于旧十景,风光秀丽,美不胜收。

8. 青海湖

青海湖位于青海省东北部的青海湖盆地内,又名“库库淖尔”,即蒙语“青色的海”之意。它既是中国最大的内陆湖泊,也是中国最大的咸水湖。由祁连山的大通山、日月山与青海南山之间的断层陷落形成。湖西北面鸟岛的面积虽然仅0.11平方公里,但每年夏季有十多万只候鸟栖息,形成我国重要的鸟类自然保护区。

四、瀑布

1. 尼亚加拉大瀑布(Niagara Falls)

尼亚加拉大瀑布位于加拿大安大略省与美国纽约州交界处的尼亚加拉河上,与伊瓜苏瀑布、维多利亚瀑布并称为世界三大跨国瀑布。瀑布实际由三部分组成:

美国瀑布（American Falls）、新娘面纱瀑布（Veil of the Bride Falls）及马蹄瀑布（Horseshoe Falls）。“尼亚加拉”在印第安语中意为“雷神之水”，印第安人认为瀑布的轰鸣是雷神说话的声音。事实上，在美国境内看到的只是尼亚加拉瀑布的侧面，而在加拿大可以一览全貌。

2. 维多利亚瀑布

维多利亚瀑布位于非洲赞比西河的中游，赞比亚与津巴布韦接壤处。瀑布宽1700余米，最高处108米，宽度和高度比尼亚加拉瀑布大一倍。赞比西河抵瀑布之前，舒缓地流动，而瀑布落下时声如雷鸣，当地居民称之为“莫西奥图尼亚”，意即“霹雳之雾”。

3. 伊瓜苏瀑布

伊瓜苏瀑布位于阿根廷和巴西边界的伊瓜苏河上，是南美洲最大的瀑布。瀑布呈马蹄形，高82米，宽4000米，是尼亚加拉瀑布宽度的4倍。悬崖边缘有许多树木丛生的岩石岛屿，使伊瓜苏河由此跌落时分为约275股急流或泻瀑，高度60至82米不等，景色尤为壮观。

4. 安赫尔瀑布

又名天使瀑布，位于南美委内瑞拉的丘伦河上，由美国探险家安赫尔发现。安赫尔瀑布是南美洲落差最大的瀑布，其落差高达979米，相当于13座黄果树瀑布的叠加。由于瀑布下游的热带雨林极为茂密，人们只有在雨季才能乘船抵达底部，其他时间只能租乘当地的直升机，从空中观赏瀑布的雄姿。

5. 黄果树瀑布

黄果树瀑布位于贵州省安顺市镇宁布依族苗族自治县的打帮河支流白水河上，是白水河九级瀑布群中规模最大的一级，因当地一种常见的植物“黄果树”而得名。瀑高67米，属于典型的岩溶瀑布，是世界上唯一可以从上、下、前、后、左、右六个方位观赏的瀑布，也是世界上有水帘洞自然贯通且能从洞内外听、观、摸的瀑布。黄果树瀑布的上游和下游20公里的河段上，共形成了雄、奇、险、秀风格各异的瀑布18个。1999年被大世界吉尼斯总部评为世界上最大的瀑布群，列入世界吉尼斯纪录。

6. 壶口瀑布

壶口瀑布是黄河上最大的瀑布，东接山西省临汾市吉县壶口镇，西临陕西省延安市宜川县壶口乡。黄河河床在此由300米陡然收缩到50米，河水跌入20多米深的河槽中，状似一把巨大茶壶，《尚书·禹贡》中形容其“盖河旋涡，如一壶然”。

7. 德天瀑布

德天瀑布位于中越边境广西大新县德天村归春河上游，为国家特级景点，横跨中国和越南，瀑布总宽208米，与越南的板约瀑布连为一体，是世界第二、亚洲第一的跨国瀑布。瀑布气势磅礴，一波三折，层层跌落，水势激荡，声闻数里。

五、泉

1. 老忠实间歇泉(Oldfaithful)

老忠实喷泉是美国黄石公园最负盛名的景观。之所以称为老忠实喷泉，是因为它大概每隔90分钟就会喷发一次，高度可达30～50米，水温摄氏93度，从不叫游客失望。因此，公园里每天都会贴出老忠实泉喷发的时间，时间快到时，就会有大批游客围坐在那里等待观看老忠实泉喷发的风采。

2. 城堡间歇泉(castle geyser)

城堡间歇泉也是黄石公园中最具特色的间歇泉之一。这个名字取于1870年，与间歇泉城堡似的形状有关。据最近一项调查显示，它的第一次喷发大概在1000年前。城堡间歇泉喷射周期为10～12个小时，是座半正规间歇泉。它的特点是喷射热水可达27米，并持续近20分钟，常常会喷出一阵纯蒸汽。

3. 济南趵突泉

趵突泉位于济南市中心的趵突泉公园内，被誉为“天下第一泉”，为济南“七十二泉之首”，是“泉城”济南的标志和象征。趵突泉有三股泉眼，涌水量极大，清朝刘鹗《老残游记》中有“三股大泉，从池底冒出，翻上水面有二三尺高”的形象描述。泉水清澈甘洌，含菌量极低，可直接饮用，是理想的天然饮用水。

4. 腾冲大滚锅

腾冲号称“地热城”，城西20公里处的热海景观是其著名景点。热海中最具代表性的景观非“大滚锅”莫属。“大滚锅”形如八卦，池水面积约10平方米，深约1.5米，有三个喷水孔，水温可达97℃，据说锅底温度可达102℃。走近“大滚锅”便可以感受到强烈的热气迎面袭来，池水急剧翻动，跃出水面尺许，形成硕大水花。因为水温足够高，当地人把鸡蛋用稻草穿起来放入其内，五分钟即可煮熟；也有人在周围挖坑，埋入花生、红薯等，利用地热蒸熟，成为当地别具特色的“地热快餐”。

六、冰川

1. 莫雷诺冰川

位于阿根廷南部，是世界上少数活着的冰川，目前以每天30厘米的速度向前推进。但由于大气污染、全球变暖等原因，每隔四年就有一次“冰崩”奇观，且间隔时间正在逐年缩短。

2. 四川海螺沟冰川

海螺沟冰川是贡嘎山东坡众多冰川中的一条，尾端伸入到原始森林区达6公里,海拔只有2850米,是地球上同纬度冰川中海拔最低的。冰川的雪粒盆是整个冰川的源泉,盆内冰雪积累到一定程度,就会翻越盆沿形成巨大雪崩,故雪粒盆虽美丽神秘,却只可远观不可靠近。盆的边缘是我国已知最大的冰瀑布,高1080米,宽500~1100米,晶莹剔透、雄奇无比。

3. 丽江玉龙雪山冰川

玉龙雪山冰川是指在玉龙雪山中段海拔4000~4200米以上的高山区域,发育的19条现代冰川,总面积达11.61平方公里,其中东坡15条,西坡4条。玉龙雪山冰川属海洋性冰川,即温冰川,表冷里融是其基本特征,其冰川的类型有山谷冰川、冰斗冰川和悬冰川,以及它们之间的过渡类型——冰斗山谷冰川和冰斗悬冰川。

思考与练习

澜沧江—湄公河景观鉴赏

澜沧江发源于中国青藏高原,在西双版纳中缅边境243号界碑处出境后称湄公河。澜沧江—湄公河流经中国、缅甸、老挝、泰国、柬埔寨、越南六国,是六国进行友好交往、促进经济、商贸旅游发展的"黄金水道"。2001年6月26日,中老缅泰四国在澜沧江—湄公河800多公里的航道上实现自由通航。

湄公河是东南亚最长的河流,总长约4880公里,是世界第六大河,亚洲第三长河,东南亚第一大河。发源于中国青海省,流经西藏自治区与云南省,此后成为缅甸与老挝之间以及老挝与泰国之间的部分国际边界,还流经老挝、柬埔寨与越南,然后在胡志明市(西贡)南面注入南海。老挝首都万象与柬埔寨首都金边均在岸边。湄公河约3/4的流域面积在其下游流经的5国——缅甸、老挝、泰国、柬埔寨与越南。

鉴赏测试

1. 请结合水文水体景观的鉴赏,从水的形态、声音、颜色、沿途风景等方面,分析澜沧江—湄公河的外在美;从抒情、寓意和寓德及促进东南亚国家之间的经济交流和友好往来等方面,分析澜沧江—湄公河的内在美。

2. 请结合水文水体景观的概念、分类及主要特点,通过对澜沧江—湄公河的分析和鉴赏,探讨澜沧江—湄公河区别于其他河流的主要特点,并分析澜沧江—湄公河其他景观鉴赏元素。

第三章 气象气候景观鉴赏

引 言

我国地域辽阔,气象气候多样、复杂,形成了得天独厚的旅游资源。气象气候景观具有缥缈不定、瞬息变幻的特质,万千气象、千奇百怪、壮丽辉煌、婀娜多姿的视觉和生理的感官美、意境美,通常又与周围的其他自然和人文景观相结合,会产生会令人遐思的意境美。

学习目标

1. 了解气象气候的相关知识。
2. 了解气象气候的概念。
3. 熟悉著名的气象气候景观。
4. 掌握鉴赏各类气象气候景观的方法。

第一节 气象气候景观概述

一、气象气候概况

(一)气象概述

气象主要是研究大气中的物理现象和物理过程及其变化的科学规律。据记载,古希腊的哲学家亚里士多德为建立气象学的第一人。在其专著《气象汇论》中,他最先粗浅地解释了风、云、雨、雪、雷、雹等天气现象,因此这本书也成为世界上最早研究气象的书籍。之后,直到1820年,德国人布德兰才绘制了世界上第一张地面天气图,人类逐渐意识到天气对人类生产生活的重要性。近些年来,旅游开发商又将气象资源加入现代的景观设计理念,提出了气象景观旅游的概念。

地球表面被一层厚厚的气体所包围着，而这层气体就是我们通常所称的大气。在大气中经常发生着各种物理过程，同时也产生诸多物理现象，如风、云、雨、雷电、雪、冰雹、露等。大气中热能的交换从而引起大气的运动和变化现象。大气压强在空间中的分布不均匀从而引起空气的水平运动，而空气的运动又产生了气象变幻莫测的现象。天气是大气中的冷热、阴晴、风雨、雷电等现象的短时综合情况的概况。天气的发生是由大气中各种规模的环流系统所引起的现象。

大气是指包围在地球外围的空气层，大气层的总质量约为 5.3×10^{15} t，只占地球总量的百万分之一。大气质量在垂直方向的分布是不均匀的，由于重力影响，大气质量主要集中在下部，其质量的50%集中在5公里以下，75%集中在10公里以下，98%集中在30公里以下①。大气主要是由许多气体和悬浮着的固态和液态粒子混合组成的，而这些气体分子、尘埃、云等又吸收了太阳辐射中的很大一部分，因而太阳辐射不能全部到达地球的表面，不能有效加热地球的表面，因此大气成分和变化成为影响天气气候及其变化的重要因素之一。大气中表征不同时期物质和能量交换产生不同的大气物理状态、物理现象以及某些对大气物理过程和物理状态有显著影响的物理量称为气象要素（meteorological elements）。也就是说，所谓气象要素是指构成和反映大气状态和大气现象的基本因素。它主要包括：气温、气压、湿度、风、云、降水等。它们的有机组合对一个地方的天气和气候产生着深刻的影响②。天气就是在短时间或几分钟到几天内所发生的气象现象，如雷雨、雷电、冰雹、雪霜、台风等气象现象，从而形成了地球上各地气象万变、变幻莫测、形式多样的气象旅游资源和景观。如云雾景观、云霞景观、烟雨景观、冰雪景观、雾凇景观、海市蜃楼景观、佛光景观等气象景观现象。

地球上的气候是多种多样、千变万化、错综复杂的，同时气候的分布带有明显的规律性和地带性的特点。伴随着各种环境因素，可以说世界上没有任何两个地方的气候是完全一样的，所以任何一个地方的气候每时每刻的状况都不尽相同。由于气候带的特征是由地球表面的分布而决定的，因此气候具有很强的地带性。所谓气候带就是环绕地球的带状分布的气候区域而形成的独特的气候特征。

（二）气候概述

早在我国古代的战国末期，《吕氏春秋》的《审时》篇中就有“凡农之道，厚之为宝”之说，直接称气候为农业的重要资源；这里的“厚”即“候”，就是指时令。西汉《氾胜之书》总结了我国北方，特别是关中地区的生产经验，提出利用“趣时”、“和土”等耕作措施来达到开发利用气候资源的目的。20世纪40年代，美国著名气候学家兰德伯格（H. E. Landsberg）曾以“气候是一种自然资源”为题发表文章，列举

① 王连喜，李琪，陈书涛，等. 生态气象导论. 北京：气象出版社，2010：9.

② 王连喜，李琪，陈书涛，等. 生态气象导论. 北京：气象出版社，2010：13.

了多种理由，阐明气候应该是一种重要的自然资源的观点①。不管是对农业的影响还是目前把气候资源作为一种旅游资源来讲，气候对人类的影响都是至关重要的一种资源。它是各种气候因子的综合，包括太阳辐射、日照、热量、降水、空气及其运动等。它是地球上生命现象赖以生产、存在和发展的基本条件和能量来源②。气候资源是由大气圈、水圈、冰雪圈、岩石圈和生物圈5个相互作用的子系统组成的气候系统，而太阳辐射又是气候系统中的主要能量来源。太阳辐射是大气中一切物理过程和物理现象的基本动力。气候系统中大气和海洋的全球循环均受太阳辐射的驱使，不同地区的气候差异及季节交替主要是太阳辐射能量在地球地表分布不均匀及随时间变化的结果③。太阳辐射的大小主要受日地距离、太阳高度和日照时间等因素的影响，同时它又具有明显的周期变化性的规律，因此太阳折射决定了某一地区特定的天文气候特征。通常我们把地球划分为7个纬度气候带。而根据地球地理纬度、海陆分布、地形和洋流特征的不同，世界可以被划分成七大类气候区：热带气候区Ⅰ（含热带雨林气候、热带季风气候、热带草原气候、热带沙漠气候）、亚热带季风气候区Ⅱ、温带气候区Ⅲ（含温带季风气候、温带海洋性气候、温带大陆性气候）、地中海式气候区Ⅳ、冷温带气候区Ⅴ、高山高地气候区Ⅵ和极地气候区Ⅶ④。

我国幅员辽阔，独特的地理区位以及复杂的地貌类型、阶梯状的地势和网格状的分布格局并存的现象，都是影响我国气候多元的因素。气候相对来说较为复杂，呈现南北、东西的气候差异较为明显，并由南向北形成了从热带、亚热带、温带到寒带；自东而西又形成了湿润带、半湿润带、干旱带的多样化的气候类型。其中，我国大部分国土处于中纬度范围内，以中亚热带、暖温带、中温带范围最宽，其三者的面积占到全国面积的70%左右。同时由于受到纬度地带性规律、经度地带性规律、垂直地带性规律以及非地带性作用等因素的影响，使得我国的气候类型呈现多样的特征。

特别提示

1. 我国气候的主要特征概括

其一，我国是世界上季风较为盛行的国家之一，冬季多盛行偏北风，夏季则盛行偏南风；其二，我国气温的分布也多呈现季风特色，四季分明，冬寒夏热、冬干夏

---

① 孙卫国. 气候资源学. 北京：气象出版社，2008：4.
② 孙卫国. 气候资源学. 北京：气象出版社，2008：14.
③ 孙卫国. 气候资源学. 北京：气象出版社，2008：16.
④ 张鲲. 气候与建筑形式解析. 成都：四川大学出版社，2010：5.

湿,南北温差较大,大部分地区一月最冷,七月最热;其三,降水的分布同样也带有季风的特点,多呈现夏季多雨冬季干旱,东部湿润而西北干旱的特点。

2. 我国气候带概括

我国热带季风气候主要分布在西南部分地区,尤以云南省最具代表性。其特点为全年气温较高,最冷月平均气温也在18℃以上。冬季盛行来自大陆的东北风,降水少,夏季盛行来自印度洋的西南风,降水充沛。

我国亚热带季风气候主要分布于大陆东岸的亚热带地区,以我国的东南部较为典型,此区域冬季并不明显,1 月的平均气温也普遍在0℃以上;夏季较热,7 月平均气温一般为25℃左右。如江苏、浙江、湖南、四川、贵州、湖北、浙江、福建、广西和广东等地。

温带大陆性季风气候的特点为,冬冷夏热,气温年较差大,降水少,在大陆中部形成干燥或半干燥气候,大陆北部则是冬季寒冷、漫长,夏季温凉、短促,降水虽少,但不干旱。主要分布在我国的西北部,如内蒙古、新疆、青海、甘肃等地。

我国高原山地气候主要分布在喜马拉雅山、青藏高原,其特点为气温和降水都有垂直变化,气温随高度的增加而降低,气候垂直变化较为显著。气温的年较差小,日较差大。

由于我国独特的、多样的气候资源,各地呈现出较为典型和独特的气候特征,从而形成立体的、多元的四季气候景观。即使在同一区域内也并存着独特的气候景观现象,如在我国的云南省,游客不仅在夏季可在滇西北高山上领略到冰雪的气候景观;同时可在冬季感受到西双版纳雨林的热带气候景观。因此,对旅游者来说是一种选择性、自由度较大的气候景观并存的现象。

拓展知识

1. 天气、气候与气象的区别

人们常说的天气,是一定区域内在某一瞬间或某一较短时段内大气中影响人们日常生活、工作、生产活动的各种气象要素和各种天气现象及其变化的总称。表述天气的基本依据是气温、气压、湿度、风向、风速、降水等气象要素的观测结果。天气现象指的是气象观测站出现的降水现象、水汽凝结现象、冻结物、大气尘埃现象、光、电以及风的一些特征,如雨、雪、冰雹、雷暴、烟尘、霜、露、极光、龙卷、大风等现象。广义上来说,人们习惯地把大气的冷暖、燥湿、晴阴等也列入其范畴之中。比如,我们可以说,“今天天气很好,风和日丽,晴空万里,昨天天气很差,风雨交加”等。

气候一般是指某一地区长时间内的天气状态的综合表现,既反映平均情况,也反映极端情况。这个“长时期”,究竟是多少,世界气象组织规定30 年是气候的标准时段,这个30年就是对"长时期"概念的具体化。气候的含义不只是几个气象要素的简单统计状态,而是大气综合状态的统计特征。气象要素的各种统计量是表述气候的基本依据,通常使用的有均值、总量、频率、极值、变率、各种天气现象的日数及其初终日期,以及某些要素的持续日数等。例如,昆明四季如春。

至于气象,它与天气、气候的概念也不一样。气象,通俗地说,它是指发生在天空中的风、云、雨、雪、霜、虹、晕、雷电等一切大气的物理现象。①

该公约气候变化是指气候平均状态统计学意义上的巨大改变或者持续较长一段时间(典型的为10年或更长)的气候变化。在《联合国气候变化框架公约》(*UNFCCC*)第一款中,将"气候变化"定义为:"经过相当一段时间的观察,在自然气候变化之外由人类活动直接或间接地改变全球大气组成所导致的气候变化。"该公约由此将因人类活动而改变大气组成的"气候变化"与归因于自然原因的"气候变率"区分开来②。

2. 气象小常识

华氏刻度是由德国物理学家丹尼尔·华伦海特(Daniel Fahrenheit)在1714年提出的。

安德斯·摄尔修斯(Anders Celsius)在1742年时发明了摄氏刻度体系。

目前世界上所使用的标准刻度是绝对温度体系即开尔文(Kelvin)刻度。

国际气象组织(IMO,世界气象组织的前身),是在1878年正式成立的。

二、气象气候景观的特点、类型和分布

(一)气象气候景观的特点

我国地域辽阔,地形复杂,气候类型多样,因此气象资源丰富多元,气象景观类型多样,主要有以下三大特点:季节性、瞬变性和组合性。

1. 季节性

由于气象受到温度、湿度等因素的影响和变化总是带有一定的规律性,如日变化和年变化现象;又由于我国各地区所处的地理位置不同,气候带不同,因而各地区的气候也有所不同,从而形成明显的地域气候特征。气象景观在某一特定的区域的一年之中所出现的频率也带有明显的季节变化的特征。如南方的梅雨季节的烟雨景观多出现在每年的四五月份,江南蒙蒙细雨的烟雨景观则多出现在春节,冰雪景观和雾凇景观一般只出现在我国北方大部分地区的冬季,而黄山四绝之一的云海景观通常主要出现在11月份至翌年5月份之间。

---

① 气象信息员知识读本编委会. 气象信息员知识读本. 北京:气象出版社,2009:9.

② 王连喜,李琪,陈书涛,等. 生态气象导论. 北京:气象出版社,2010:142.

2. 瞬变性

大气中的各种物理现象和形成过程，变幻莫测、变化迅速，造就了气象景观的瞬息万变、虚假错乱、扑朔迷离、虚无缥缈的特征，呈现出奇特、多样的颜色、形状、动态，在空中所营造的虚与实、紧凑与松弛、疏密与聚散、繁杂与简捷、零乱与规则的动态意境之美感，具有极强的观赏价值和欣赏价值。如蓬莱的海市奇观往往从形成到结束不过也就持续短到十几分钟，长到近一个小时。而巫山的云、平湖的月、潇湘的雨等诸多著名的气象景观持续的时间则具有不确定和不长的特点。如佛光景象的形成往往对天气情况和太阳折射角度等条件有关，同时具有瞬息即逝的特点，所以观赏到的概率较小。因此，奇特、壮观的气象景观在旅游活动中是可遇不可求的一种景观欣赏活动。

3. 组合性

天气在景观设计中常作为一个景区的背景方式呈现或是取景、观景的一部分。结合某地特殊的气象现象来营造景区的自然景观或人文景观，可为游客营造一种心旷神怡、惊喜愉悦的精神层面的审美心理感受。如云海、云雾、烟雨、冰雪、蜃景等气象景观时常能起到帮助游客获取一种从情感到心理上的愉悦、悲伤、欣喜、狂躁、平静等心理感受。近年来，旅游开发商通过科学的景观设计理念，将某一地区特有的景观与大气、气候变化因素融入景观和景区的设计中，让游客在感受自然、人文景观的同时获取更高层面的心理和生理愉悦和视觉感受效果。如深秋时节霜后北京香山公园的枫叶，南京的栖霞红叶，江南的烟雨垂柳，冬季杭州西湖的断桥残雪等景观。因此，气象景观不仅可以单独作为景观欣赏，同时还可以结合景区、景观作为景区的背景景观来欣赏。犹如中国画中的留白一样，使画面和观赏者产生一种远近、虚与实的视觉感受。

(二)气象气候景观的类型

由于气象景观具有瞬息变幻、缥缈不定、扑朔迷离等特点，可遇而不可求，因此具有很高的欣赏、观赏价值，在旅游活动中对游客产生较强的吸引力，大批游客在特定的时间段前往观赏此类奇景奇观。主要包括云雾景观、云霞景观、烟雨景观、冰雪景观、雾凇景观、海市蜃楼景观、佛光景观等。

1. 云雾景观

俗话说“山无云则不秀”，在名山大川的顶端，往往是云蒸雾聚，变幻莫测，可以说山与云总是绝佳搭档。云海苍茫，烟波浩渺，有如天宫仙境，时常令文人墨客大发诗兴，古人描写云雾景观的诗句可以说不胜枚举，如“青海长云暗雪山，孤城遥望玉门关”，“气蒸云梦泽，波撼岳阳城”，“山上有镜石为台，云雾深藏未肯开。别有一溪清似镜，不须人为拂尘埃。”再如，在滇西洱海点苍山山顶上，年年会定期地出现望夫云，这一扑朔迷离的云雾景观与流传于当地白族人民中的一则美丽动人的传说有关,表达了人们对忠贞不渝爱情的追求,反映了人们对幸福美好生活的向往。

在我国的诸多地方都有云雾景象的出现,如"平安云海"(太白山八景之一)、"双峰插云"(西湖十景之一)、"狮洞烟云"(蓬莱十景之一)、"罗峰晴云"(峨眉山十景之一)、"云海玉盘"(泰山岱顶四大奇观之一)、"晴晨云海"(鸡公山十大奇景之一)、"白云缭绕"(武汉龟山十六景之一)等。时常有人用"庐山之奇莫若云,或听之有声,或嗅之欲醉,团团然若絮,蓬蓬然似海"来形容庐山的瀑布云的景观。我国最具特色的云雾景观应属长江流域的黄山云海、庐山云海、峨眉云海、衡山云海、点苍山的玉带云和望夫云等云雾景观,其发生的频率之高、规模之大,又环绕于名山大川之围,因此具有较高的观赏价值和美学价值。

2. 烟雨景观

云是由大量漂浮在空气中的诸多小水滴或水冰晶所组成的,其直径不到1毫米的1%,100万个云滴微粒才能制造一滴雨。雨滴的形成是以云滴微粒为凝结核,水汽在云滴或者小冰晶或其他凝结核上凝结,加之云内上升气流的作用,云滴间不同的粒子相互碰撞、合并,小水滴不断地变大,体积也不断增大,其重力在受到上升气流的阻力时就下降到地面而形成了雨。

烟雨即俗称的毛毛雨。烟雨景观多与山水、植被、古建筑等其他形式的旅游资源结合在一起。如烟雨中游江南,游漓江等,烟雨的朦胧之美时常使得原有的景观披上一层朦胧的诗情画意的意境,让游客产生无限的情思。再如烟雨杭州九溪十八涧、浙江嘉兴南湖和巴山夜雨以及潇湘烟雨等,景象朦胧、若浓若淡、细雨霏霏,那种别致的朦胧意境美,令人回味无穷。

3. 冰雪景观

"桂花殊皎皎,柳絮亦霏霏。讵比咸池曲,飘摇千里飞。耻均班女扇,羞俪曹人衣。浮光乱粉壁,积照郎彤闱。"这是出自我国梁代著名诗人刘孝绰描写雪的形、态、色、光的佳作《对雪诗》。他通过一系列绘声绘色的比喻,字里行间流露出对雪这一大自然的杰作的赞美。再如,唐代祖咏的《终南望余雪》,"终南阴岭秀,积雪浮云端。林表明霁色,城中增暮寒",简短的二十字,把傍晚时分雪霁后终南山的秀色和长安城的低温,描绘得有声有色、美丽如画。唐代韩愈的《春雪》:"白雪却嫌春色晚,故穿庭树作飞花。"元朝关汉卿的《冬景》:"雪粉华,舞梨花,再不见烟村四五家。"可见冰雪一直是文人墨客抒发情感的媒介,不仅对冰雪之美感叹还借冰雪来抒发个人的情感。

从世界范围来看,冰雪活动已逐渐成为人们消遣和娱乐的文化活动之一。近些年来世界各地举办的冰雪文化节,如我国哈尔滨的国际冰雪节、加拿大魁北克的狂欢节、瑞士的雪节、俄罗斯之冬狂欢节、美国密尔沃基的破冰节等,都是以冰雪为载体，以全民参与狂欢的形式，来展示一个民族的宗教、风俗、信仰、审美等特色文化。

冰雪景观不仅指自然界中天然的冰雪景观，同时也特指以冰雪为媒介，通过现代的科技、艺术、审美、娱乐等手法而开展的一系列的冰雪文化，如世界各地举办的冰雪文化狂欢节、冰雕艺术节等白色旅游项目。

4. 雾凇景观

雾凇俗称“树挂”，古时又称为“树嫁”。因它们像雪花一样挂满枝头，从而又被冠以冰花、琼花、雪柳等美丽而浪漫的名字。早在公元前700多年前，我国的《春秋》就记载了关于“树嫁”这一气象现象。关于“雾凇”一词，最早见于南北朝时期吕沈所编著的《字林》，其解释为：“寒气结冰如珠见日光乃消，齐鲁谓之雾凇。”这是1500多年前最早见于文献记载的“雾凇”一词①。雾凇为一种白色的固体凝结物，呈针状或颗粒状的微小冰晶或冰粒。当温度特别低时，挟带大量过冷雾滴的大雾在遇到树枝、草木、电线之类的物体时，就会迎风面方向附着起来，并瞬间冻结为白色或乳白色的冰晶，这就是我们通常所说的雾凇，根据雾凇的形状和结构又可将其分为晶状和粒状雾凇两种类型。雾凇的形成必须是在温度较低的天气条件下，通常气温在－3℃以下，此外，空气中的湿度也必须较大，如雾天。满足了以上两种条件的地区出现雾凇的可能性较大。

著名的雾凇景观有吉林的雾凇，属于晶状雾凇类型，以其持续的天数之长、分布密而广、色相纯、造型多样而著称。松花江水，流经吉林、哈尔滨等地，它从“松花湖”（丰满水电站大坝拦截松花江上游所成）流出，水温高于地面物体温度，蒸发的水汽在严寒条件下附着在树枝上直接凝结。沿江两岸的树枝，银柳闪烁、满树梨花，成为松花江沿岸冬季的奇景②。据统计，黄山年平均有62天左右为雾凇日，时间上从12月至翌年3月。此外，峨眉山、五台山等地也有雾凇景象的出现。

5. 海市蜃楼

海市蜃楼被人们称为“人间仙境”，在大海之滨，人们偶尔会看到车马行人、楼阁宫阙、神兵天降、洲渚渔舟、云烟蒸腾、清溪涓流等，若隐若现在茫茫海面上，这种瞬间变化的复杂海市蜃楼，气象学上称之为蜃景或是幻变蜃景。

早在900多年前，北宋科学家沈括在他的《梦溪笔谈》一书中就有记载：“登州（今山东蓬莱市境内）海中，是有云气，如宫室、台观、城堞、人物、车马、冠盖，历历可睹，谓之海市。”此外，宋代文学家苏东坡在《咏海市》诗中曾写道：

东方云海空复空，

---

① 李红林. 气象探秘. 北京：气象出版社，2011：49.

② 梁朝信. 中国旅游地理. 北京：旅游教育出版社，2010：51.

群仙出没空明中。
荡摇浮世生万象，
岂有贝阙藏珠宫。
心知所见皆幻影，
敢以耳目烦神宫。①

由此可见，人们在较早的时候已经知道海市这种现象不是神仙宫阙的再现而是空中幻影而已。随着科学的发展，人们已知道海市蜃楼不过是一种大气折射现象而已，这种现象不仅海面上会出现，同时沙漠等地也会发生类似的奇观景象。它是由侧现蜃景、上下现蜃景和正倒现蜃景综合在一起而形成的变幻多端的海市蜃楼现象，常在较暖海面上方有逆温时出现②。同时，它是光线经过不同密度的大气层时，发生剧烈的曲折反射作用，加之空气层面的分界不相互平行等因素，时常使得海面或地面上方出现几个来自不同方位的视觉映像，即导致远处的地面景物好似出现在人们眼前的一种奇幻感觉。

目前，我国最佳的蜃景观赏地有山东蓬莱、连云港海州湾、深圳、天津、浙江、敦煌、新疆、福建、哈尔滨等地。据世界海洋史料统计，每年春夏之交，世界各大洋及沿海地区是海市蜃楼奇景的频发期。我国的蓬莱和日本的横滨都属于海市蜃楼多发地区③。

目前许多旅游景区利用自然界的光学现象，加上人工精心的景观设计安排，为旅游者呈现一种如海市蜃楼的景观，增添几分奇幻的情趣美感。如贵州省织金县的日落碑现奇观，云南省安宁县城西北的风城山山谷间的曹溪寺的“月映佛肚”等奇景，都是人们根据蜃景的光学原理而精心设计、开发的奇景奇观。

6. 佛光景观

佛光又称宝光，因与宗教相伴往往在人们的心中产生一种神秘、奇幻的色彩。但佛光这种现象看似神奇，但成因并不复杂，与神通广大的神力无任何关系，不过是光影的虚幻效果罢了。它的产生是由于反射和衍射的物理现象，当人介于云雾和太阳之间时，人们往往就会被七色光环所环绕。太阳折射出的光，穿透云层时，云层对阳光进行分光即反射，即前一个云层将太阳光分成各单色光，后一个云层对其反射前一色光，所谓的光环就是这些被分散同时又被反射的光色在云层上排列的结果。也就是说，佛光是太阳光经过多次复杂的反射和折射后投影到地面所形成的，而此时的地面大气必须是十分的潮湿。加之视角狭小，因此只能在一个较小

① 金传达. 海市蜃楼. 北京：气象出版社，2002：1.
② 金传达. 海市蜃楼. 北京：气象出版社，2002：66.
③ 金传达. 海市蜃楼. 北京：气象出版社，2002：40.

的范围和空间内才能看到这个光圈,使得佛光更加的神秘和虚无缥缈、奇幻异常、霞光四射。经分析便可发现,只要云层稳定,天气晴朗无风,加之太阳光斜射,物体和云层同处同一斜面上,佛光现象就会出现。总之,只要是处于中低纬度的高山之巅的茫茫云海中,在太阳光的斜照条件下,云海雾珠发生衍射的分光物理现象都是产生佛光的绝佳因素。因此,在诸多的高山上我们都可以欣赏到大自然的这一奇观,如泰山的岱顶、四川峨眉山的金顶、江西庐山小天池、云南的鸡足山、安徽黄山的莲花峰等都是欣赏佛光景象的绝佳之地,尤以峨眉山金顶的佛光景观最为壮观。

拓展知识

佛光与日晕、华盖的区别

虽然日晕、华盖同佛光的形成机制都是太阳光经过云层时被空气中的水滴或冰晶作用所形成,但从具体的形成过程上讲却存在着较大的不同。如日晕通常发生在高空中,与接近地面大气状况的关系较小,而产生佛光现象时,太阳光需折射到近地面并且地面大气必须较为潮湿才可形成。同时只要有卷层云的存在,晕就可能出现,卷层云通常处于离锋面雨区数百公里远的地方,所以晕往往就成为阴雨天气的一种前兆。而华盖的形成又与日晕和佛光有所不同,在华盖的形成过程中,主要是因月光或阳光透射云层时,受均匀云滴的衍射,并在月亮或太阳的周围形成内紫外红的彩环而形成的。因此,佛光和日晕、华盖是有所不同的。

7. 月色景观

"明月几时有,把酒问青天"、"明月出天山,苍茫云海间"、"小时不识月,呼作白玉盘。又疑瑶台镜,飞在青云端。仙人垂两足,桂树何团团。白兔捣药成,问言与谁餐?蟾蜍蚀圆影,大明夜已残"、"明月松间照,清泉石上流"、"月下飞天镜,云生结海楼"、"峨眉山月半轮秋,影人平羌江水流"、"嫦娥应悔偷灵药,碧海青天夜夜心"关于描写月的诗词在我国不胜枚举,月在中国的诗词中算是一个出现频率较高的审美意象。阴晴圆缺的月相变化,加之嫦娥奔月、吴刚折桂、玉兔捣药等古老的传说,使朦胧的月色更是增添了一份神秘、虚幻和古奥的诱人感觉。月色的这种神秘和朦胧美常使人对世间万种风情产生种种眷恋情愫。

在我国关于月色的景观众多。如西湖十景中的平湖秋月、三潭印月,燕京八景中的卢沟晓月,嵩山的嵩门待月,无锡的二泉映月,峨眉山的象池夜月等,都是以月亮为主题的景观。

8. 日出日落景观

太阳东升西落,日复一日。当太阳上升到地平线的那一刻,万物沐浴在那瞬间变幻的晨光中,仿佛世界因此被唤醒。每个地区日出的时间不尽相同,因此要事先选择好观赏的时间和位置,以便欣赏那旭日东升时的良辰美景。我国古代,文人墨客描写日出景象的诗文不胜枚举,如“万瓦宵光曙,重檐夕雾收”、“日晖青琐殿,霞生结绮楼”、“太阳初出光赫赫,千山万山如火发。一轮顷刻上天衡,逐退群星与残月”,等等。我国观赏日出的佳地诸多,如庐山、华山、峨眉山、九华山、泰山、黄山、崂山以及海滨地带等,观赏那旭日东升的辉煌、壮观、磅礴的迷人景象。

日落景观是与日出景观相对应的一种气象景观。日落景观随着当地当天天气的状况而不尽相同,随着时间段的推移而发生着变化,天空中那美轮美奂的景象缥缈不定,是游客和摄影爱好者理想的观景目标。我国有许多闻名遐迩的欣赏日落景观的佳地,如泰山的“夕阳玉照”、天台山的“寒岩夕照”、东洞庭山的“寒山落照”、济南的“汇波晚照”、台湾的“平安夕照”、关中八景之一的“骊山晚照”以及西湖十景之一的“雷峰夕照”,等等。日落景观和日出景观一样都要求天气条件为晴朗少云的天气状况,在这种天气情况下才可能欣赏到日落时那辉煌壮观的美景。

拓展知识

中国主要城市日出、日落时间表(每月一号)

城市	月/日	月/日	月/日	月/日	月/日	月/日	月/日	月/日	月/日	月/日	月/日	月/日
	1 1	2 1	3 1	4 1	5 1	6 1	7 1	8 1	9 1	10 1	11 1	12 1
	时 分 时分	时 分 时分	时 分 时分	时 分 时分	时 分 时分	时 分 时分	时 分 时分	时 分 时分	时 分 时分	时 分 时分	时 分 时分	时 分 时分
北京	7 37 17 00	7 24 17 34	6 49 18 06	6 00 18 39	5 16 19 09	4 48 19 37	4 49 19 47	5 13 19 29	5 42 18 47	6 10 17 58	6 43 17 13	7 17 16 50
太原	7 46 17 21	7 35 17 53	7 02 18 23	6 16 18 52	5 34 19 20	5 09 19 46	5 11 19 56	5 32 19 39	5 59 19 00	6 25 18 14	6 55 17 31	7 26 17 11
沈阳	7 14 16 26	6 59 17 01	6 22 17 36	5 30 18 11	4 43 18 44	4 14 19 14	4 15 19 25	4 40 19 05	5 11 18 20	5 42 17 29	6 18 16 41	6 54 16 17
哈尔滨	7 15 16 00	6 56 16 39	6 13 17 20	5 15 18 01	4 22 18 40	3 47 19 15	3 47 19 27	4 16 19 02	4 54 18 12	5 31 17 15	6 13 16 21	6 53 15 51

续表

城市	月/日 1 1 时 分 时 分	月/日 2 1 时 分 时 分	月/日 3 1 时 分 时 分	月/日 4 1 时 分 时 分	月/日 5 1 时 分 时 分	月/日 6 1 时 分 时 分	月/日 7 1 时 分 时 分	月/日 8 1 时 分 时 分	月/日 9 1 时 分 时 分	月/日 10 1 时 分 时 分	月/日 11 1 时 分 时 分	月/日 12 1 时 分 时 分
南京	7 06 17 11	6 59 17 38	6 33 18 02	5 54 18 24	5 19 18 45	5 00 19 06	5 02 19 15	5 20 19 02	5 40 18 30	5 58 17 50	6 21 17 15	6 47 17 00
合肥	7 11 17 18	7 05 17 45	6 39 19 09	6 00 19 30	5 26 18 51	5 06 19 12	5 09 19 21	5 26 19 08	5 46 18 36	6 04 17 57	6 27 17 22	6 53 17 07
福州	6 50 17 23	6 47 17 46	6 27 18 04	5 55 18 19	5 26 18 34	5 11 18 50	5 14 18 59	5 28 18 50	5 43 18 23	5 55 17 50	6 11 17 21	6 33 17 11
济南	7 25 17 07	7 15 17 37	6 44 18 06	5 59 18 34	5 19 19 00	4 55 19 25	4 57 19 35	5 17 19 19	5 43 18 41	6 07 17 56	6 35 17 16	7 05 16 56
郑州	7 33 17 25	7 24 17 54	6 55 18 21	6 13 18 46	5 36 19 10	5 14 19 33	5 16 19 43	5 35 19 28	5 58 18 53	6 20 18 10	6 46 17 32	7 14 17 15
广州	7 08 17 53	7 07 18 15	6 49 18 30	6 20 18 43	5 54 18 54	5 41 19 08	5 45 19 17	5 58 19 09	6 09 18 45	6 19 18 15	6 32 17 49	6 51 17 41
海口	7 14 18 10	7 14 18 30	6 59 18 43	6 33 18 53	6 10 19 02	5 59 19 14	6 03 19 22	6 14 19 16	6 23 18 55	6 29 18 28	6 40 18 05	6 57 17 58
贵阳	7 42 18 12	7 39 18 36	7 18 18 54	6 45 19 10	6 16 19 25	6 00 19 42	6 03 19 50	6 18 19 41	6 30 19 14	6 45 18 40	7 02 18 11	7 24 18 00
昆明	7 54 18 31	7 52 18 54	7 32 19 11	7 01 19 25	6 32 19 39	6 19 19 25	6 23 20 03	6 36 19 54	6 50 19 28	7 01 18 56	7 16 18 29	7 37 18 19
西安	7 51 17 45	7 42 18 14	7 14 18 40	6 32 19 05	5 55 19 28	5 34 19 51	5 33 20 00	5 55 19 46	6 17 19 11	6 38 18 29	7 04 17 52	7 32 17 35
银川	8 12 17 45	8 01 18 17	7 28 18 48	6 41 19 18	5 59 19 46	5 33 20 13	5 34 20 23	5 56 20 06	6 24 19 26	6 50 18 39	7 21 17 56	7 54 17 35
乌鲁木齐	9 44 18 43	9 27 19 20	8 47 19 58	7 52 20 36	7 02 21 12	6 31 21 44	6 31 21 55	6 58 21 33	7 32 20 46	8 06 19 51	8 45 19 01	9 23 18 34

9. 陨石景观

陨石是从行星空间穿过地球大气层而陨落到地球表面上的天然固态物体。它在太空时称为流星体,当它进入大气层时,撞击压力使这个物体被加热和放射出光线,就成为我们看到的流星,大的流星在经过地球大气层时没有完全烧毁的部分掉在地面上的叫作陨石。陨石在其降落的时候,由于速度较快,在落到地面的那刻往往会发生陨石爆炸现象,并在落下的地方打成一个个的深洞,周围的草木当即会被烧毁,并伴以较大的响声。

陨石根据其构成物质成分的不同可分为三大类。第一类为石陨石,其主要成分由硅酸盐物质组成,有球状颗粒的为球粒陨石,无球状颗粒的叫作无球粒陨石,有无球粒主要是里面是否含有辉石成分。第二类为铁陨石,主要是由金属铁镍组成,含铁90%,镍为8%,此外还含有钴、铜、磷、硫等物质。据记载,1965 年在新疆准噶尔盆地东北部的青河县境内发现的被标为世界第三的铁陨石,其含铁88.67%,镍元素为9.27%左右。因在地球上的自然铁中,镍的含量一般在1%以下,最高也不超过3%,可以说铁陨石就是一块宇宙合金。第三类为石铁陨石,其主要是由氧化铁、钠、铝和铜等元素组成,但因从外表看就像石头和铁的混合体,故称为石铁陨石。这类陨石,因其形态各异,其中一种因似海绵状,被称为“橄榄陨铁”,另一种因本身为石质硅酸盐成分,同时还散布着诸多的铁镍颗粒,被称为“中陨铁”。目前,博物馆收集到的三种类型的陨石中数量以石陨石最多。

因陨石一度被称为天外来物,相当神秘,同时又是科学家研究宇宙的重要物质媒介之一,具有相当高的科学研究价值。目前世界上已建立了数十座陨石博物馆,用于科学研究和供游人参观,现已成为重要的科普教育游览项目之一,越来越受到人们的关注和重视。

(三)气候气象景观的分布

气候气象景观在我国的分布极广,这类景观主要是根据我国的气候带决定的,可能一个地区同时兼有多种类型景观,因此构成了我国多样的气候气象景观。如泰山不仅是欣赏山川的奇、险、伟,同时更是观赏日出、日落景象的最近地点,还是欣赏朦胧、缥缈烟雨的佳地以及观测神秘佛光景观的佳地之一。再如山东蓬莱不仅是欣赏海市蜃楼的绝佳地点,同时又是欣赏日出、日落的佳地之一。因此,气候气象景观的分布虽说是受我国各地气候带的影响,具有一定的地域特点,但气候气象景观同时又有着变幻莫测、缥缈不定、可遇而不可求的特点,所以其分布并没有严格的规律可循。

第二节 气候气象景观鉴赏方法

气候气象景观不仅可以作为个体的景观来欣赏,同时它时常与周围的建筑景观、人文景观、自然景观等融为一体来加以欣赏。气候气象景观不像其他的人文景观一样,在建造的过程中要考虑它的空间关系、色彩关系等,气候气象景观因自身独特的瞬息变幻、缥缈不定等特性,在鉴赏此类景观时应从它的内外意蕴方面着手,由外到内而进行。

一、外观形态鉴赏

1. 虚与实

气候气象景观的成因与空气、水汽、天气、太阳光等有直接的联系,是一种看得见而摸不着的景象,所以它的外观只能用视觉去捕捉。气候气象景观常与周边的其他景观一起构成视觉最终的画面。而观者受情绪等情感因素和自身审美经验的影响,即眼睛似艺术家手中的画笔和画布,将看到的各景象进行有意识或无意识的淡化和加强,最终将形成一幅特属自已独一无二的画面。气候气象景观时常被无意识地当成其他景观的背景去欣赏,景观与景观之间就构成了虚与实的空间关系。这种虚与实的关系并无规律,而是根据欣赏者对美的理解进行的下意识处理。因此,同样的气候形成的气候景观在不同的欣赏者的眼中存在着较大的差异。

2. 动与静

气候气象景观具有变幻莫测、缥缈不定、朦胧虚幻的特性,受各种物理因子的影响较大,它在外观上一直处于一种动与静的状态中。世间的一切物体,只要有动就有静的存在,反而亦然。在气候气象景观中,如云霞景观,主体物云不是处于动的状态就是处于静的状态之中。它就是因动静并存,才使得它具有那缥缈不定、朦胧虚幻的视觉美。但气候气象景观不因人为的因素而改变它自身的物理状态,始终处在一种动静结合的状态之中。它虚与实的变化在人们的视觉上产生独特的视觉艺术效果,或纤细或厚重,或清晰或模糊,或紧致或疏松,或单调或丰满,这些视觉感受都是因气候气象景观的动与静的关系所产生的一系列的形式美和韵味美。

3. 色彩美

世间任何事物都是有色彩的。它一旦遇到阳光的照射,它那原本被我们忽视的色彩美便无声无息地展现在我们的眼前。

色彩也是一种看得见而摸不着的视觉物质,但它总能奇幻地影响我们的生活,使得人产生种种的情绪和感触。目前世界上在多数的色彩上已达成了共识,如红色常常代表喜庆、奔放、热情、激情等。可以说色彩已成为一种符号化的语言,装点和美化着我们的生活。

气候气象景观的色彩美，让人思绪万千。云霞的迷人色彩，月色的皎洁之美，日出日落的霞光雾凇冰雪的洁白之色等，这些气候气象景观的色彩之美，令人愉悦，使人沉醉。

4. 朦胧美

朦胧其实是一种意象，是一种人对外界事物从表象到意象的转变的情感感受。我们常常用朦胧来描写江南的烟雨景象、缥缈不定的云雾景象、瞬息变幻、忽远忽近的云霞等景象。那是一种任何具体物象所不能赋予的，任何清晰可见的美景所不能代替的一种意境美。

气候气候景观的这种朦胧美时常还与周围的自然景观、古建筑景观相辉映，成为加强其他景观诗意美的催化剂和添加剂。如古建筑景观本身具有自己特有的古奥、神秘、宏伟之美，但处于烟雨之中，更有一番韵味，烟雨弱化或加强了部分景观，使之产生一种朦胧的美，那是心旷神怡之美和意境深远之美。

二、内在意蕴鉴赏

气候气象景观不像人文景观一样，在建造和制作的过程中，融入了人们的审美情趣和文化性格，体现了某种美学思想和人文观念。但气候气象景观因自身的多变、缥缈、神奇、壮丽等形成了它独一无二的性格特征和美学体系。因此，气候气象景观有着人文景观所未有的特质和意境。

1. 比德

不管是古时的文人骚客还是今天的普通百姓，常以物喻物、喻人。将自然界之物的某些特征与人的某种品格、德行相比附，从而体现人的某种人格美。我国古代的孔子就谈过对自然美的欣赏活动。《论语·雍也》子曰："智者乐水，仁者乐山；智者动，仁者静；智者乐，仁者寿。[①]"从表面上看这段话，在欣赏自然美时，精神品质不同的人对自然美的欣赏也各有所爱。即智者通过水的形象联想到与自己道德品质相通的特点（动），而仁者从山的形象中找到了与自己道德品质相符合的特性（静）。出自《论语》的关于自然美的另一番话，同样也说到了，孔子在谈到艺术欣赏时，十分强调道德内容。"子在川上曰：逝者如斯夫，不舍昼夜"。孔子又曰："岁寒，然后知松柏之后凋也。[②]"虽自然物并没有道德的属性，但自然之物的某些特点却和人的道德属性有着相类似的特征，因此人们在欣赏大自然之美时就无意识地把它们联系在了一起，把自然之物作为人的道德品质的象征之一。这种观点接近车尔尼雪夫斯基的看法，他说："构成自然界的美是使我们想起人（或是预示人格）

① 《论语·季氏》.
② 《论语·子罕》.

的东西。自然界的美的事物，只有作为人的一种暗示才有美的意义①。”也就是说自然之美不只是客观之物，而是包含了审美主体的思想、联想、想象等因素。

再比如，在我国古代通过描写雪景以喻人的品德的诗词不胜枚举，如张孝标的《春雪》，“六出飞花处处飘，粘窗拂砌上寒条。朱门到晚难盈尺，尽是三军喜气销。”诗人借雪巧妙地赞扬了李绅治军有方的领导能力。再如唐代杨巨源的《奉酬端公春雪见寄》，“造化多情状物亲，剪花铺玉万重新。闲飘上路呈奉岁，狂舞中庭学醉春。兴逸何妨寻剡客，唱高还肯寄巴人。遥知独立芝兰阁，满眼青光压俗尘。”其诗的最后两句中，诗人借用白雪的冰清玉洁之特性来暗喻端公敢于同邪恶做斗争的高洁品格。唐代何频瑜的《墙吟残雪》：“谁怜高士卧，岁暮叹袁安”和唐代的骆宾王的《寓居洛宾对雪》：“谢庭赏方逸，袁扇掩未开”都描写了袁安清操自守，被积雪所困仍不肯求于他人的高贵品德。这两首诗虽不是直接用雪喻人，但同样是因雪而暗喻了人的高尚难得的品德，都绘声绘色地借助大自然的美来比喻人的某些特性，特别是借冰雪的高洁、晶莹剔透来喻人的高尚品德。大自然之美，不仅表现在它壮观、华丽的外表，同时通过它内在的意蕴更是赋予它以人的种种特性。

2. 壮美与优美（阳刚与阴柔）

气候气象景观形态的缥缈不定，使得它时而雄伟壮丽、时婀娜多姿，阴柔与阳刚并存。

气象气候景观虽不是人为的画作或艺术品，但此类景观在一些特定的条件下时常创造出犹如一幅幅令人惊叹不已的艺术作品的惊人景象。如日出景观和日落景观，一个是清晨时在天空中形成壮丽辉煌的景象，一个却是傍晚时在天空中形成浪漫迷人的景象。再如冰雪景观，飘落在树枝上、建筑物上、地面上时与周边景观一起构成壮美景观，但与此同时空中那朵朵鹅毛般的雪花，却似一个个舞者，时而刚劲有力、时而阴柔缥缈。同一景观在同一时间段内却显示出不同的意境美，这种美是和谐的、统一的，即壮美与优美的统一。

第三节　典型气象、气候景观案例分析

一、冰雪情韵——哈尔滨

黑龙江省位于我国东北隅，因其境内有黑龙江而得名。这里夏日气温温凉，是避暑度假的首选地之一，冬日呈现一片冰清雪洁的景象，是观光赏雪、玩雪，从事冰上运动的佳地。其省会哈尔滨位于东经 125°42′ ~ 130°10′，北纬 44°04′ ~ 46°

---

① H. r. 车尔尼雪夫斯基，生活与美学. 北京：人民文学出版社，1957：10.

40′,是黑龙江省政治、经济、文化、艺术中心。属寒温带大陆性季风气候,四季分明,夏短冬长,年平均气温在3.6℃左右,冬季平均气温为-13.3℃,1月份最冷,平均气温-19℃。据记载,1931年1月10日为哈尔滨市有气象记录以来气温最低的一天,气温为-41.4℃。松花江哈尔滨段的封冻期为135天,1月份冰层厚度可达98厘米,年平均降雪期在180天左右,年平均降雪日33天,年降雪量为40毫米左右。冬季的哈尔滨处处呈现瑞雪照大地,一派北国冰雪的壮观景象。

冰雪活动源于北方各地人民长期的生产生活实践,利用冰雪来丰富自己的生活。如利用雪的封闭性来为房子保暖,为防风制作冰灯笼。早在我国隋唐时期就有冰雪娱乐活动的记载。当时东北地区的女真族曾发明一种竹马滑冰的运动项目。中国可谓是世界上开展冰雪雕塑最早的国家之一,据《三辅黄图》中记载"汉建章宫北积冰为楼",通过文字记载我们不知冰楼为何用,但这毕竟是我国有文字记录的最早利用冰来建造建筑的实例。冰雕的文字最早见于《开元天宝遗事》:"杨国忠子弟以奸媚结识朝士,每至伏日,取坚冰令工人镂为凤兽之形,或饰以金环绶带,置之雕盘中,送与王公大臣。"文中说,唐明皇的宠臣、杨贵妃的堂兄杨国忠子弟为了笼络人心,在伏天用坚冰雕镂出凤凰、瑞兽等美丽造型,系以彩带,放在精致的雕花盘中送与王公大臣,以降低室温。该书还记载"杨氏子弟每至伏中取大冰使匠琢为山,周围于宴席间,座客虽酒酣,而各有寒色。亦有挟纩者"。这当是中国最早的宴会冰雕①。

从世界范围来看,现在的冰雪活动形式多样、种目繁多。哈尔滨在1963年举行了首届冰灯游园会,1985年举办了中国第一个地方性冰雪节——哈尔滨冰雪节。其中1月5日至2月5日期间举办的一年一度的哈尔滨国际冰雪节,可谓是充分了开发了冰雪资源,推出了以冰雪艺术、冰雪旅游、冰雪体育、冰雪贸易等一系列的节日项目,从此,哈尔滨国际冰雪节不仅开启了中国历史上第一个以冰雪活动为主题的节日,同时也是享誉世界的四大冰雪节之一。

近年来,哈尔滨的冰雪雕塑发展得如火如荼,为雕塑艺术开启了新的发展方向,打破了传统雕塑艺术受材质限制的局面,同时也为世界冰雪造型艺术增添了新的项目和活力。哈尔滨的冰雕艺术作品源于当地的艺术家为在1964年举办第二届哈尔滨冰灯游园会而创作的四米高的工农兵冰雕像。在当时这种新兴的艺术形式可谓是冰灯游园会里最引人注目的景观之一。1987年,哈尔滨举办了首届哈尔滨国际冰雕比赛,此赛事不仅吸引了大批的艺术家从事冰雕艺术创作,也向大众普及了冰雕知识,提高了冰雕技艺。现如今,各项技艺已基本成熟,一座座栩栩如生、玲珑剔透、造型奇幻的冰雕作品,为哈尔滨的严冬增添了一层神秘、奇幻的色彩。

---

① 王景富. 世界五千年冰雪文化大观. 哈尔滨:黑龙江人民出版社,2007:61.

据《东京梦华录》记载："豪贵之家，遇雪即开筵，塑雪狮，装雪灯雪口，以会亲旧。"这种风俗一直延续到南宋。据南宋时期的《梦粱录》记载，"考之此月虽无节序，而豪贵之家，如天降瑞雪，则开筵饮宴，塑雪狮，装雪山，以会亲朋，浅斟低唱，倚玉偎香……"可见，早在宋朝时人们就知道用雪雕来装点和愉悦冬日枯燥的生活。

雪雕是以雪为艺术创作的材料，利用冰雪所特有的自然质感，通过对其进行设计、构思、选题，塑造成集美感、情趣、观赏、娱乐为一体的艺术雕塑。作品风格依据艺术家的审美情趣、美学基底、个人喜好，从而塑造出题材多样、造型各异、风格迥异的艺术作品，作品往往透露出圆润细腻、遒劲有力的空间立体感。

哈尔滨的冰雪艺术现已形成了一定的规模，哈尔滨国际冰雪节为目前国内最大的以冰雪为主题的国际冰雪节，活动异彩缤纷，其主要特点是节庆时间较长，活动项目较多，实行统一管理，不断追求创新，加强国际元素，参与人数多等，是人们观赏冰雪景观、体验冰雪文化重要的佳地之一。

二、加拿大魁北克冬季狂欢节

加拿大的魁北克城位于圣劳伦斯河沿岸，人口约为70万，曾经为法国和英国的殖民地，其法国色彩较为浓厚，因此素有"小法国"之称。魁北克的冬天气候较为寒冷，时常可达到零下30摄氏度左右，受大西洋暖气流的影响，大概在每年的10月份开始降雪，积雪可达1米多高，到翌年4月份雪才开始融化。

魁北克的冬季狂欢节历史由来已久，冬季的运动项目为当地经济的发展带来了巨大的收益，现已成为当地的第三产业。狂欢节是仅次于巴西里约热内卢和美国新奥尔良的世界第三大狂欢节，每年1月份最后的一个星期五开幕，2月份中旬的星期天为落幕期，为期17天(也有10天的说法)。在内容的设计上多体现传统与现代并重的理念，突出历史、文化、国家特产等多方面的平衡发展，同时强调活动的趣味性和幽默性。每年围绕一个主题，同时每届都有"快乐人"和"狂欢节王后"，其中"快乐人"通常是由狂欢节的组委会主席确定，姓名对外保密，而"狂欢节王后"则是从狂欢节7个筹款区中选出的，其中每个筹款区都会选出诸多年轻、漂亮的女孩，称为"蜡烛小姐"，她们在狂欢节开幕之前到各处用各种方式高价出售义卖蜡烛，卖得最多的那位被称为"公爵夫人"，每个区只有一位，最终从7个区中的7位公爵夫人中选出一位为"狂欢节王后"，同"快乐人"一起出席狂欢节的各种重要活动①。

魁北克冬季狂欢节期间的活动项目热闹非凡，到处呈现一片喜气洋洋的节日景象，主要项目有国际雪雕比赛、狗拉雪橇比赛、冰河划舟比赛、雪浴比赛、花车游

① 王景富. 世界五千年冰雪文化大观. 哈尔滨：黑龙江人民出版社，2007：29.

行、冰上钓鱼、冰上赛马、轮胎滑雪比赛等。

三、山东蓬莱岛人间仙境——海市蜃楼景观

蓬莱位于胶东半岛的北部,与辽东半岛隔海相望,北临长岛,渤海湾横亘城北,是我国历代海防重镇,以"海市蜃楼"驰名中外,至今已有1280多年的历史。据史载,因汉武帝刘彻(公元前140—前87年)于此筑城,望海中蓬莱而得名;又因从前为旧登州府附郭县,所以过去亦称"登州"或"登郡"。唐贞观八年(634年)始设蓬莱镇。神龙三年(707年)升镇为县,明洪武九年(1376年)设登州府,辖10个州县[①]。蓬莱市被誉为我国优秀旅游城市,以及国家4A级旅游景点。

关于蓬莱岛名称的叫法还与一则传说有关,相传,秦始皇统一天下后,想延年益寿,长生不老,便放弃朝事,带着随从广游渤海南岸,寻找长生不老之药。一天,他站在丹崖山顶向北观看,只见一群岛屿在碧波中时隐时现,神妙异常。他问身边一方士:"此乃何处?"方士道:"此乃仙岛。"他又问:"仙岛何名?"这时方士被问得张口结舌,但无意中看到海滨有一丛蓬乱茂盛的藜草(古人称这种草为"莱"),便急中生智,顺口答道:"名为蓬莱。"从此,蓬莱仙岛之名就这样世代流传下来了[②]。

蓬莱为海市蜃楼多发的地点,因此每年都有数以百万的中外游客前来目睹这一奇特的气象景观。

四、峨眉山金顶——佛光

峨眉山在四川盆地西南部,地处长江上游,屹立于大渡河与青衣江之间,在峨眉山市西南7公里处,东距乐山市37公里,是著名的佛教名山和旅游胜地,有"峨眉天下秀"之称,是一个集佛教文化与自然风光为一体的国家级山岳型风景名胜区。

峨眉景区随海拔高度的不同,而呈现出不同的气候特征。清音阁以下为低山区,植被葱郁、风爽泉清,气温与平原无大差异,早晚略添衣着即可。清音阁至洗象池为中山区,气温已较山下平原低4~5℃,游客需备足衣物。洗象池至金顶为高山区,人行云中,风寒雨骤,气温比山下报国寺等处低约10℃。山上为游客准备了大量棉大衣,可供游人租用。峨眉山中间有一条"界线",山下被称为"阳间",山上被称为"阴间"。因此,游人在金顶时时常会听见雷声,但只有"阳间"在下雨,"阴间"不会下雨。

峨眉山与山西五台山、浙江普陀山、安徽九华山、贵州梵净山并称为中国五大佛教名山,是举世闻名的普贤菩萨道场。峨眉山主峰3099米,高出成都平原2500

---

① 齐子忠,杨殿嘉,等.山东旅游综览.济南:山东省地图出版社,2002:111.

② 尹德娟,王景华.山东旅游一本通.济南:山东友谊出版社,2004:174.

~2600 米。为褶皱断块山地，断裂处河谷深切。一线天、舍身崖等绝壁高达 700 ~ 850 米。

峨眉山年平均雾日在 323.4 天，年平均雨日在 264 天，年均日照较少，为 946 小时，夜雨率达 70%，因雨多所以雾也多，7 ~ 10 月份，月均雾日达 28 天之久，游人身处其中有种游离于深邃、神秘的仙境之中的感觉。明代杨慎的“晓钟有云出，晚钟有云归，游人应未惯，忽讶云生衣”，就是对这种多云多雨，朦胧、深邃、神秘景象最好的写照。

佛光可谓是峨眉山金顶四大奇观之中最富神秘色彩的景观。佛光出现的条件，首先要有日光照射；第二是崖下空谷充满云雾；第三是光线从观察者脑后上方射来，斜射到空谷里的云雾层上，太阳、人眼、佛光必须位于同一直线上，就会看到一个外红内紫的光环，光环里，还有观察者的影子，影随人动，你挥手摇头，它也挥手摇头。而且无论多少人，各人只见到自己的影子在“自己的光环”里移动，这就是所谓普贤菩萨的“本相”、“光相”①。

金顶出现佛光由来已久，最早的关于金顶佛光的记载是公元 63 年，蒲公在此发现了佛光，公元 722 年，李白又在此看到了佛光。据有关记载，峨眉山平均每年出现佛光的次数在 80 次左右。但为什么峨眉山的佛光会反复、稳定、持久地出现；这与峨眉山独特的地理环境和气候有关。湿润的空气从平地陡然上升到 2600 米左右的陡坡、绝壁，形成了奔涌的云雾，同时峨眉山不管是阴天还是晴天，山谷里也是云雾弥漫。另外据有关气象资料统计，峨眉山的年平均晴天在 101 天左右，日照为年均 946 小时，以日照 10 ~ 12 小时折为一日照日，则峨眉山的平均日照为 94.6 ~78.8 天。所以，峨眉山的佛光，每年出现 80 次左右，这是切合日照时间的统计规律的。

思考与练习

吉林雾凇景观鉴赏

吉林市位于吉林省中部偏东，长白山向松嫩平原过渡地带的松花江畔，地理位置介于东经 125°40′ ~ 127°56′，北纬 42°31′ ~ 44°40′。东接延边朝鲜族自治州，西临长春市、四平市，北与黑龙江省哈尔滨市接壤，南与白山市、通化市、辽源市毗邻。

吉林市的气候属于温带大陆性季风气候，四季分明。春季干旱少雨，夏季温热多雨，秋季凉爽多晴，冬季寒冷多雪。受地形影响气温由南向北逐渐降低。年平均

① 冯陵. 峨眉景观探源. 成都：成都科技大学出版社，1992：31.

气温3.9℃,一月平均气温最低,一般在-20~-18℃;七月平均气温最高,一般在21~23℃。全年平均降水量650~750毫米,全年日照时数一般在2300~2500小时。特殊的气候环境使吉林市形成了夏季是避暑度假胜地,冬季是冰雪旅游乐园。

在吉林丰满的南北两个郊县和市区的松江路一带,素有"雾凇长廊"之称。此外,距吉林市区北40余公里的乌拉街韩屯、曾通屯等地最近几年也成了欣赏雾凇的佳地之一。

每年11月份下旬时吉林各地开始陆续出现降雪的天气,而松花江流域大约从11月下旬到翌年4月下旬都为江河封冻期,长达140~160天。此时气温较低,空气湿度大,雾凇景象也就随之开始闪亮登场了。吉林雾凇现象出现的如此频繁和持久,主要是受吉林市区上游丰满发电厂的影响,冬季发电时,江水在流经水轮发电机时,受电机转速的作用,使得接近0℃的江水温度瞬间提升到2~3℃。此种温度的江水一旦从泻闸急速地喷涌出时,与零下20℃的气温相遇时,立即就形成了大雾。雾气在低气温中迅速地凝结成小的晶体,在空中扩散,沿着丰满大坝往下游蔓延至六七十公里。下游的整个市区和沿江的山岭村屯被湿气较重的雾气所笼罩着。雾凇大多产生在夜间,尤其是大雪天气,因天气较寒冷,雾凇出现的次数也较多。特别是大雾天气,一整天见不到太阳,这样雾凇更不宜脱落,到了晚上还会再挂上一层,第二天早上,树上的雾凇好似一束束饱满的高粱或厚厚的棉絮。雾凇厚度可达4~5厘米,结构疏松、体态丰盈、婀娜多姿、美轮美奂,堪称自然界的奇葩之一。

据吉林气象站记录,吉林雾凇季节一般从11月下旬开始,翌年3月上旬结束。雾凇日数平均为23.5天,其中以1月9.4天为最多。多数雾凇从午夜1点前后开始形成,下半夜迅速生长,中午前后因日照升温和风速增大而逐渐脱落。吉利雾凇平均持续时间约为9.6小时,最长一次持续了44小时57分钟①。

鉴赏测试

1. 请结合气象气候景观的审美特征,从雾凇的色彩、动与静、虚与实等外部形态,分析吉林雾凇的美学价值;从雾凇的内在意蕴来分析雾凇景观的文化欣赏价值。

2. 请结合气象气候景观的成因,通过对雾凇景观的空间格局、瞬息变幻、缥缈不定的特点进行分析和鉴赏,探析吉林雾凇与其他气象气候景观之间的异同。

---

① 张兆干,赵宁曦. 自然景观鉴赏. 北京:旅游教育出版社,2007:244.

第四章 植物动物景观鉴赏

引言

植物动物景观狭义上又称生物景观。植物景观不仅自身个体能成为欣赏的景观,还具有美化环境、装点山水、分割空间、营造园林、塑造意境的功能。动物景观以其自身生命节律的周期活动,形态纷繁、富有活力、生机盎然吸引游客。植物动物景观是旅游资源中重要的景观组成部分之一。

学习目标

1. 了解植物动物景观的概念。
2. 熟悉著名的植物动物景观。
3. 掌握鉴赏各类植物动物景观的方法。

第一节 植物动物景观概述

一、植物景观概述

我国素有"世界植物王国"的美誉,仅高等植物就有353科、3184种、27 150属,其中190属为我国所特有,其总数量仅次于马来西亚和巴西,居世界第三位。植物景观的形、色、味、奇、特等构造着丰富的景象,又受当地气候、地形、水文等自然条件的制约,具有一定的地域特色。

二、植物景观的类型

(一)观赏植物景观

我国观赏植物物种丰富、多样,在旅游景观中植物为重要的构景元素和欣赏对象。我国栽培花卉和果树的历史悠久，诸多珍贵花木更是受到文人墨客的青睐，如苏轼喜竹，“宁可食无肉，不可居无竹”。再如，将一些花卉植物组合在一起，赋予其文化内涵，如岁寒三友：松、竹、梅；四君子：梅、兰、竹、菊；园中三杰：玫瑰、月季、蔷薇，等等。不管是在名人故居还是风景名胜区时常能观赏到这些姹紫嫣红、竞相斗艳的植物景观，使人赏心悦目，沉浸于那艳丽的花海之中。

观花植物景观受气候的影响较大，具有周期性，在固定的季节欣赏特有的植物景观，如在2月下旬到4月上旬期间，欣赏满枝簇拥、艳丽浪漫的樱花；在4～5月期间前往河南省洛阳或是山东省菏泽观赏雍容华贵、国色天香的牡丹。常见的观花植物有：三色堇、一串红、火鹤、美人蕉、万寿菊、大丽花、月季、牡丹、菊花、茶花、桂花、兰花、梅花、紫丁香、迎春花、海棠、樱花、腊梅、栀子花、扶桑、木槿、君子兰、水仙花、马蹄莲等。观花植物种类较多，这里仅介绍几种常见的观花植物。

（1）樱花（Prunus serrulatla），又称山樱花，蔷薇科李属落叶乔木，原产于北半球温带，中国长江流域，以西南山区各地为主，目前全国大部分城市都有栽培。花期在2月下旬至4月上旬，花色为白色或粉红色。樱花时常被文人墨客用以表达幸福、热烈、纯洁、高尚、淡雅等情感。现栽培的樱花以日本樱花最为著名，被誉为日本的国花。花开时节，花繁如海，浪漫艳丽，常被大面积栽培在景区和校园中，观赏价值较高。

（2）牡丹（Paeonia Suffruticosa），又称木芍药、洛阳王、富贵花等，因其花形和颜色雍容华贵、富丽堂皇，有花中之王、国色天香之美誉。牡丹为芍药科，落叶小灌木，株高1～3米，叶互生，花单生茎顶花径10～30厘米，花色有白、黄、粉、紫、红、粉绿等，有单瓣、双瓣、重瓣，花期为4～5月，香气淡雅、清新。野生牡丹主要分布于我国的黄土高原、秦巴山地以及云贵高原北部及东南沿海等地，现全国多数城市都作为观赏植物大面积地栽培，其中洛阳和菏泽两地较为出名，每年4月下半旬时吸引大批国内外游客前去观赏。国内关于牡丹的专园有近百个，其中著名的有：北京的中山公园、颐和园，山西植物园，上海的龙华寺牡丹园，延安的万花山牡丹园，河南洛阳王城公园牡丹园、山东菏泽的曹州牡丹园、桑篱园、凝香园、绮园、古今园等。此外，还有关于观赏牡丹的牡丹花会，目前国内有三处较大的牡丹花会，一是1983年开始举办的洛阳牡丹花会；二是1992年开始举办的菏泽国际牡丹花会；三为彭州牡丹花会，这三大牡丹花会在国内外有较大的影响。

（3）山茶花（Camellia japonica），又称曼陀罗树、茶花、洋茶等，为山茶科，属于常绿小乔木或灌木。叶互生，革质，有光泽，为椭圆形，边缘有锯齿。花径5～6厘米，颜色有红、白、黄、粉、紫等，花期为1～4月。原产于我国，目前世界各地都有栽培，为我国特产名贵花卉之一，是昆明市、重庆市的市花。花茶景观有昆明植物园，园中有花茶专园，种植茶花近万株，40多个品种，是目前国内最大的茶花园。另外，大理也是观赏茶花的佳地，每年有数以万计的游客前往欣赏。

（4）八仙花（Hydrangea macrophylla），又称为草绣球、紫绣球、紫阳花等。八仙花为虎耳草科，属于落叶乔木，株高 1～2 米，叶对生，为卵圆形，边缘有锯齿。伞房花序顶生，似球形，花色多变，从最开始的白色或粉绿色逐渐变为蓝色到粉红色或是深紫色，花期依地理气候而定，如在云南省，一年四季都为花期。但通常情况下，花期为 5～7 月。目前多数景区都有大面积的栽培。

（5）荷花（Nelumbo nucifera），又称莲花、芙蕖、水芝、水芙蓉、芙蓉、六月春、水芸、水华、荷华等。原产地说法不一，其中印度说较为准确。荷华为睡莲科，属于多年生挺水植物，花型种类多样，花色有白、粉、红、淡紫或间色等变化，花期为 6～9 月，果熟期为 9～10 月。荷花为我国的传统名花，因其特性常用以喻人，如喻人高尚、清廉、纯洁的品德似荷花出淤泥而不染。目前，国内多数地方都推出了荷花观赏专区，如杭州西湖的曲院风荷、承德避暑山庄的金莲映月、苏州拙政园的荷风四面等都是以荷花为主题的景观。

（6）菊花（Dendranthema grandiflora），又称寿客、九华、菊华、秋菊、黄花、帝女花、节花等，为菊科，属于多年生宿根草本植物。株高 20～150 厘米，单叶互生，头状花序顶生或聚生茎顶，花形品种丰富，大小不一，颜色多样，花期为 9～11 月期间。菊花是我国的十大传统花卉之一，与梅、兰、竹一起构成花中四君子。其花千姿百态，傲霜斗雪、不畏严寒的特性备受人们的喜爱。据记载，我国栽培菊花的历史近 3000 年，品种多达 7000 多种。目前，多数城市在入秋时节都举办一定规模的赏菊节。如北京秋菊展览相当的著名，广州越秀公园的一株大立菊花可达 3337 朵，可谓菊花中的奇葩。

拓展知识

表 4－1　中国十大名花及其栽培历史①

花名	誉称	栽培历史（年）	主要旅游景区与产地
牡丹	花中之王	1500	洛阳、菏泽
芍药	花中之相	2000	菏泽、扬州
月季	花中之后	1000	北京、石家庄、常州

① 吕连琴. 中国旅游地理. 郑州：郑州大学出版社，2006：109.

续表

花名	誉称	栽培历史(年)	主要旅游景区与产地
菊花	花中隐士	3000	北京、上海、开封等
兰花	空谷佳人	2000	广州、福建等
荷花	花中君子	3000	杭州、北京、武汉、白洋淀等
海棠	花中仙女	1000	成都、昆明
山茶	花中妃子	2000	昆明
水仙	凌波仙子	1000	漳州
梅花	雪中高士	3000	杭州、无锡、南京、武汉等

表4－2　中国花卉品种一览表①

品目	世界种类数	中国种类数
杜鹃	800种	600种
山茶花	只有几种	100余种
金花茶	稀有	10余种
报春花	450种	390种
木兰科	90种	73种
龙胆花科	230种	占世界50%以上
百合花	100种	占世界60%
金粟兰	15种	均原产中国
腊梅	6种	均原产中国

1. 云南八大名花

山茶花、杜鹃花、报春花、茉莉花、百合花、兰花、龙胆、绿绒蒿。

2. 中国部分城市的市花

深圳、惠安、厦门:叶子花

长春:君子兰

① 陈俊愉,程绪珂. 中国花经. 上海:上海文化出版社,1990.

成都：木芙蓉

广州：木棉花

北京、太原、德州、芜湖、中山、湘潭、开封、南通、潍坊、彰化：菊花

武汉、南京、无锡、丹江口、鄂州市、梅州市、南投：梅花

洛阳、菏泽、铜陵：牡丹花

上海：玉兰花

3. 世界主要国家的国花

日本：樱花（Prunus jamasakura）

泰国：稻花（Oryza sativa）

澳大利亚：金合欢（Acacia farnesiana）

埃及：睡莲（Nymphaea caerulea）

英国：红玫瑰（Rosa sp.）

法国：鸢尾（Iris spp）

德国：矢车菊（Centaurea cyanus）

荷兰：郁金香（Tulipa sp.）

意大利：雏菊（Common Daisy）

俄罗斯：向日葵（Helianthus annuus）

美国：玫瑰（Flos Rosae Rugosae）

（二）观叶观果植物景观的类型

叶子是植物最为重要的组成部分，不仅对植物自身来说极其重要，它的光合作用对人类来说也是至关重要的。植物的美在于形，而形又因叶而定，所以对于多数植物来说，其叶子也具观赏价值，因植物的叶子的外形不一，颜色多样、类型多元、其颜色的变化还遵循着一定的规律，在不同季节和时段都给人以美感的享受。此外，每种植物的果实在形状、颜色上都存在较大的不同，当硕果累累的时节，观叶、观果植物构成一幅幅极富诗情画意的景象，成为植物景观重要的组成部分之一。

1. 观叶植物景观

植物的叶子因其外形、颜色的不同，而构成丰富多彩的观赏景观。常见的观叶植物有红背桂、天门冬、巴西木、朱蕉、蕨类、散尾葵、榕树、鹅掌柴、苏铁、蒲葵、棕榈、七彩千年木等。下面就简单介绍几种常见的观叶植物。

（1）一品红（Euphorbia pulcherrima），又称象牙红、圣诞花、猩猩木等，为大戟科落叶灌木株高 1 ~ 3 米，叶互生，卵状椭圆形至披针形，叶背有毛，顶叶较窄，全缘，脉纹明显，花期在 12 月中下旬，一般可持续 3 ~ 4 个月，为装点节日的重要观叶

植物①。原产地为墨西哥和中美洲，目前世界范围内有大规模的栽培，为观叶类重要的植物景观之一。

(2)枫香(Liquidambar formosana)，又称路路通、枫香树等，为金缕梅科落叶乔木。树高30米左右，树皮为灰绿色，萌芽枝长5~7片叶子，每片叶掌分3裂，直径为6~12厘米，边缘有细小的锯齿。主要分布于我国的秦岭和淮河以南以及我国西南、华南各地。叶子在深秋时节呈现红色、橙色，为著名的观叶型植物景观，观赏期为9月中下旬到11月下旬，深秋时观赏最佳。著名的景点有南京的栖霞山等地。

(3)棕榈(Trachycarpus fortunei)，又称棕树棕等，为棕榈科常绿乔木。株高3~10米不等，树干为深褐色，叶片成扇形，由30~50片深裂组成，叶柄长60~70厘米，花属肉穗花序，淡黄色。主要分布于我国长江以南等地。为景观规划、设计时常用的景观植物，叶态优美，颇具南国风光。

2. 观果植物景观

果实是丰收的象征，成熟的果实以其形、色、味引起游客的兴趣。果实的颜色种类繁多，如以黄色为主的果实有：梨、枇杷、香蕉、柠檬、杧果、菠萝蜜、杏等；以红色或紫色为主的果实有：苹果、桃、葡萄、樱桃、荔枝、红毛丹、草莓、山楂等；以白色为主的果实有无花果、雪果；以绿色为主的果实有：橄榄、苹果、西瓜、杨桃、猕猴桃等。同时观果类植物的果实的形状也不尽相同，造型丰富，如腊肠树的果实就好似香肠，紫珠的果实犹如晶莹剔透的小珍珠，皂角树的果实好似一串串的豆角挂于枝头。果实不仅好看、好吃，同时有些果实还具有一定的药用价值，如柿子为温性，民间有用柿子治疗肠胃类疾病的；石榴的果实不仅具有观赏和食用价值，它的皮可用以治疗痢疾，等等。集色、形、味于一体的世界十大明星果实：中华猕猴桃(超级水果)、苹果(记忆水果)、西瓜(瓜中上品)、榴莲(果中之王)、葡萄(水晶明珠)、梨(百果之祖)、柑橘(美味佳果)、香蕉(长腰黄果)、菠萝蜜(微花巨果)、荔枝(果中皇后)。

(三)珍稀植物景观

由于生存环境遭到人为的和自然的破坏，环境恶化程度越来越严重，有些物种不断地减少，有的甚至灭绝，据相关机构统计每天就有1~3种物种在走向灭绝之路。有幸保留下来的珍稀濒危植物成为人类宝贵的财富，是科学研究的第一手原始资料，同时也具有较高的观赏价值。

1. 水杉(Metasequoia glyptostroboides)

又称水栦，为我国特有的孑遗树种，杉科水杉属落叶乔木，高达35~41.5米，

① 关继东. 森林景观与动植物观赏. 北京：中国旅游出版社，2009：96.

胸径达1.6～2.4米，叶交互对生，条形，雌雄同株，球果下垂，当年成熟，其形状为近球形或长圆状球形，种子倒椭圆形。习性喜光，较耐寒，生长在土地较为湿润的酸性土壤中。目前主要分布于我国的湖北、四川、湖南三省交界的利川县的局限地区①。现国内有多省市都成功引种栽培，国外有60多个国家和地区也在引种栽培。据记载，水杉原本在中生代白垩纪至新生代第三纪时，广泛分布于北半球的欧亚大陆及北美，第四纪时，遭遇冰川而销声匿迹。1941年和1943年我国学者于译、王战在湖北利川谋道溪采得水杉标本，1946年经胡先骕、郑万钧两位教授鉴定证实这一古老植物在地球上的存在②。水杉被誉为植物界的活化石，现列为国家一级重点保护植物。

2. 银杏(Ginkgo biloba)

银杏又称为白果、公孙树、鸭脚树、鸭掌木等。因种子和叶子都具有较高的药用价值，有润肺益气、利尿、通络舒脉等功效，可以说浑身都是宝，因此被誉为“国树”。银杏为银杏科，落叶乔木，可高达40米，胸径达4米，叶互生、扇形，雌雄异株，种子卵圆形或近球形。喜生长在中性或微酸性的沙质土壤中，喜光好湿。最早生长于浙江的西天目山，后由此向中国的北方传播，之后到欧洲以及美洲各地。目前，我国的大部分地区都有种植。银杏起源于古代石灰纪，在第四纪来临时，除中国外其余地区的银杏全部灭绝，距今已有3亿年以上，又因是第三纪的孑遗种，因此被誉为“活化石”，属于国家一级保护植物。因其树姿雄壮、端正，多种植于各地的庙宇中，与庙宇完美地结合在一起，成为景中之景。在浙江西天目山已发现了近两百余株树龄在1000～1500年的古银杏，其树群相当的壮观、雄伟。位于四川省都江堰市青城山天师洞三清殿前的一株古银杏树，为雄树，高50米左右，胸径为2.24米左右，相传此株银杏为东汉张天师亲手种植，距今已有近1800年的历史。

3. 珙桐(Davidia involucrate)

又称水梨子，鸽子树等，为珙桐科，落叶乔木，树高20米左右，树冠塔形，单叶互生，呈宽卵形至卵状心形，叶长7～16厘米，叶柄长5～12厘米，为红褐色。花状花序为顶生，其花为黄色球状的花序前有尖的嘴壳，似鸽子头，两片白色大苞片似鸽子的翅膀，整朵花形似鸽子展翅，盛开时犹如满枝群鸽栖息，颇为旖旎，故有“中国鸽子树”的美誉，花期为4～5月。原产于湖北西部、四川、贵州及云南北部，天然生长于海拔1200～2500米的潮湿山地，在湖北的神农架、贵州的梵净山、四川的峨眉山等地可零星看到珙桐的身影，目前在贵州、西安、上海、武汉等地的植物园都有栽培③。珙桐属于第三纪热带植物区的孑遗树种，目前只存于我国，为国家一级重

① 关继东. 森林景观与动植物观赏. 北京：中国旅游出版社，2009：121.

② 关继东. 森林景观与动植物观赏. 北京：中国旅游出版社，2009：121.

③ 关继东. 森林景观与动植物观赏. 北京：中国旅游出版社，2009：122.

点保护植物，为较为名贵的珍稀观赏类植物之一。

4. **红豆杉**(Chinese yew)

红豆杉又称红果杉和观音杉等，为红豆杉科，常绿乔木。树高可达30米左右，叶条形，长1.5~3厘米，宽2~4厘米，正面为深绿色，背面呈黄绿色，雌雄异株，种子为卵圆形，种子生于鲜红色杯状假种皮中，鲜艳夺目，分散于枝头。红豆杉生长于1000~1200米海拔的山地，目前甘肃、陕西、四川、云南、贵州、广西、湖南、湖北等地有发现。为国家一级重点保护植物。

(四)奇特植物

奇特植物是指那些具有普通植物不具有的某些奇特习性的植物，它们因为具有特殊、独特的某一特征而闻名遐迩。例如，捕蝇草，是世界上所有食肉植物中最为有名的一种，其叶子通过分泌汁液来诱惑各种昆虫和蛛形纲动物，这类动物一旦触动了其叶子上的绒毛，两片叶子就会以不超过一秒钟的时间迅速合拢，将猎物捕获；大花草，可谓是世界上最大的花，但它的花香如腐烂的肉的气味，因此又被称为尸体草；龙血树，一种会流血的树，其外形长得像一把雨伞，虽看起来较为可爱，但当它受伤时，便会从受伤处流出一种血色的液体。再如，会“跳舞”的舞草，当受到太阳光的照射、受热或震动时其叶子就会忽动忽停地运动，就像跟着音乐的节拍在“跳舞”；有“感情”的含羞草，当其叶子受到外界任何物体的接触时就会迅速地向内卷起或是垂下，数分钟后叶子还会重新打开。

(五)沙漠植物景观

在人类的进化史上，人类为适应环境的变化，不断适应新的环境，植物也是一样，特别是那些为适应生存生长在自然条件极为恶劣的沙漠中的植物。据不完全统计，在浩瀚无边的沙漠中还生长着近1000种植物。因环境的恶劣但依然英姿飒爽，让人敬佩。随着科学的进步，人们经过多年的研究开始在植物园或研究机构进行栽培，具有较高的科研和观赏价值。

1. **沙葱**(A. mongolicum Bgi)

沙葱又称为野葱、山葱。主要生长在我国内蒙古、甘肃、新疆等地的沙漠边缘或山石缝隙中，属于野生蔬菜的一种，具有较高的食用和药用价值，含有丰富的植物蛋白、膳食纤维和人体所需的多种营养成分。据蒙药典记载，沙葱具有降血压、降血脂、开胃助消化、治疗便秘等功效，有“菜中灵芝”之美誉。目前多被成功栽培在各大植物园中，供游人观赏。

2. **生石花**(Lithops sp.)

在干旱多砾石的荒漠中，生长着一类极为奇特的拟态植物，即生石花。它们巧妙地寄生在石头上，如不仔细观察还以为是石头。生石花品种较多，一般3~4年的生石花会在对生叶的中间缝隙中开出黄、白、红、粉、紫等色的花朵，多在下午开放,傍晚闭合,翌日再开,花期为7~10天。喜阳光,3~4月开始生长,高温季节暂停成长,进入夏季休眠期,秋季后又继续开始生长并开花①。花体娇小玲珑,色彩艳丽,如彩色的石头,近年来成为人们竞相追捧的陈设案头的观赏类景观。多处植物园有其栽培。

3. 天宝花(Adenium Obesum)

天宝花又称沙漠玫瑰、小夹竹桃。原产于非洲的肯尼亚、坦桑尼亚等地,经引进培育,广泛栽培在我国的植物园和用于家庭的室内观赏装饰。其茎粗壮,多分枝,枝条纤细,叶为翠绿色,在春、夏、秋都开花,花满枝头,姿态优美,优雅别致。人工栽培可选用扦插法,但应控制土壤的湿度,太湿根部易腐烂。其花、叶、茎,形态优雅,为家庭或是景区的观赏佳品。

4. 仙人掌(Cactaceae)

仙人掌原产于干旱或半干旱地区,具有在干旱季节处于休眠的特性,而雨季来临时却迅速地吸收水分重新开始生长,并开放出美丽的花朵。仙人掌分为食用性和观赏性两类。食用仙人掌具有清热解毒、消肿止痛、安神利尿等功效,是食疗的佳品。同时它的刺会发出负离子,中和正离子的有害成分,是办公室的防辐射景观植物之一。其种类较多,目前多数国内的植物园都有专门的馆区,集中向游客展现这类神奇的沙漠植物。

5. 百岁兰(Welwitschia mirabilis Hook. F)

百岁兰,是生长于非洲西南部沙漠中的一种似矮树桩的植物,其整株植物仅有一对叶子,百年不凋谢,故称百岁兰。在非洲纳米比亚的沙漠中有寿命长达2000年以上的百岁兰,其叶宽达1米左右,长达10米左右。百岁兰为雌雄异株,年年开花,在两片叶子的中间处抽出球状的穗形花序,花片呈鲜红色。其分布范围较小,只有在西南非洲的狭长近海沙漠才能找到,极为珍贵。目前国内只有个别植物园尝试栽培此种植物,是难得一见的植物景观。

6. 胡杨(Populus euphratica)

胡杨为杨柳科植物,它的神奇之处在于它有三种叶子,分别为像杨树叶、像柳树叶和既像杨树叶同时又有点像柳树叶。其叶子的这种异常现象在植物界较为罕见,因此有称其为异叶扬。是生长在沙漠中唯一的乔木树种,曾广泛地分布于我国西部的温带暖温带地区。在我国的新疆库车千佛洞、甘肃敦煌铁匠沟、山西平隆等地都曾发现过胡杨的化石,经考证为第三纪孑遗植物,距今已有6500万年以上的历史。如今,除柴达木盆地、河西走廊、内蒙古阿拉善一些流入沙漠的河流两岸还可见到少量的胡杨外,全国胡杨林面积的90%以上都在新疆,而其中的90%又集

① 陈晓丹.植物世界.北京:中国戏剧出版社,2009:83.

中在新疆南部的塔里木盆地——一个被称为“极旱荒漠”的区域①。

拓展知识

常见植物象征寓意

1. 梅:冰清玉洁、凌寒留香,象征高洁、坚强、谦虚的品格,给人以立志奋发的激励。

2. 竹:“未曾出土先有节,纵凌云处也虚心”,被喻为有气节的君子,象征贞洁,高风亮节,虚心向上。

3. 松:生命力极强的常青树,象征意志坚强、坚贞不屈的品格,也是长寿的象征。

4. 兰花:幽香清远,一枝在室,满屋飘香,象征高洁、清雅的品格。

5. 水仙:冰肌玉骨,清秀优雅,仪态超俗,雅称“凌波仙子”,象征吉祥,超凡脱俗。

6. 菊花:凌霜盛开,一身傲骨,象征高尚坚强的情操。

7. 莲花:“出淤泥而不染,濯清涟而不妖,中通外直”,莲花被喻为君子,象征圣洁。

8. 牡丹:雍容华贵,兼有色、香、韵三者之美,象征繁荣昌盛,幸福和平②。

表4-3　中国常用植物的传统寓意及其应用③

名称	特性	寓意	应用传统
松	常绿乔木,树皮多为鳞片状,叶子针形,松耐寒、耐旱、耐瘠薄,冬夏常青	象征延年益寿、健康长寿,民俗祝寿常有“福如东海长流水,寿比南山不老松”,松被视为吉祥物,被视作“百木之长”,称作“木公”、“大夫”	岁寒三友(松、竹、梅);松柏同春;松菊延年;仙壶集庆(松枝、水仙、梅花、灵芝等集束瓶中);可用于制作盆景
柏	柏科柏木属植物的通称,常绿植物	在民俗观念中,柏的谐音“百”,是极数,象征多而全;民间习俗也喜用柏木“辟邪”	皇家园林、坛庙以及寺观、名胜古迹处广植柏树

① 陈晓丹. 植物世界. 北京:中国戏剧出版社,2009:83.

② 陈晓丹. 植物世界. 北京:中国戏剧出版社,2009.

③ 金煜. 园林植物景观设计. 沈阳:辽宁科学技术出版社,2008:214.

续表

名称	特性	寓意	应用传统
桂	常绿阔叶乔木,树皮粗糙,灰褐色或灰白色,香气袭人	有木樨、仙友、仙树、花中月老、岩桂、九里香、金粟、仙客、西香、秋香等别称;汉晋后,桂花与月亮联系在一起,故亦称"月桂",月亮也称"桂宫"、"桂魂";习俗将桂视为祥瑞植物;因桂音谐"贵",有荣华富贵之意	私家园林中经常使用,与建筑空间结合;书院、寺庙中多栽植
椿	特指香椿,椿科落叶乔木,叶有特殊气味,花芳香,嫩芽可食	被视为长寿吉祥之木,人们常以椿年、椿龄、椿寿祝长寿;因椿树长寿,椿喻父,萱指母,世称抚慰椿庭,椿萱比喻父母	广泛栽植于庭院中
槐	落叶乔木,具暗绿色的复叶,圆锥花序,花黄白色,有香味	吉祥树种;被认为是"灵星之精",有公断诉讼之能;中国周代朝廷种三槐久棘,公卿大夫分坐其下,以"槐棘"指三公或三公之位	作为庭荫树、行道树
梧桐	梧桐科梧桐属落叶大乔木,树皮绿色,平滑,叶心形掌状,花小,黄绿色	吉祥、灵性;能知岁时;能引来凤凰	祥瑞的梧桐常在图案中与喜鹊合构,谐音"同喜",寓意吉祥,梧桐宜制琴。梧桐常植于庭院中
竹	竹属乔木科植物,常绿多年生,茎多节,中空,质地坚硬,种类多	贤人君子,在中国竹文化中,把竹比作君子;竹又谐音"祝",有美好祝福的意蕴;丝竹之乐器	岁寒三友(松、竹、梅);五清图:松、竹、梅、月、水;五瑞图:松、竹、萱、兰、寿石
合欢	落叶乔木,羽状叶,花序头状,浅红色	象征夫妻恩爱和谐,婚姻美满,故称"合婚"树,合欢被文人视为释仇解忧之树	多栽植于庭院、宅旁
枣	李科落叶乔木,花小,黄绿色,核果长圆形,可食用,可"补中益气"	枣谐音"早",民俗有枣与栗子(或荔枝)组合图案,谐音"早立子"	多栽植于庭院宅旁,作为绿化树种,也可以作为果树栽植

续表

名称	特性	寓意	应用传统
栗	落叶乔木，栗子可食用，可入药，阳性	古时用栗木做神主（死人灵牌），称宗庙神主为“栗主”，古人用以表示妇人之诚挚	绿化用树，果树
桃	蔷薇科落叶小乔木，花单生，先叶开放，果球形或卵形	桃花喻美女娇容；桃有灵气，驱邪，如桃印，桃符、桃剑、桃人等	多栽植于庭院、绿地、宅居
石榴	落叶灌木或小乔木，花多色，果多子，可供食用	因“石榴百子”，所以被视为吉祥物，象征“多子多福”	广泛栽植于民居庭院宅旁，也见于寺院中，是寺院常用花木
橘	常绿乔木，果实多汁，味酸甜可食，种子、树叶、果皮均可入药	橘有灵性，传说可应验事物；在民俗中，橘与“吉”谐音，象征吉祥	多栽植于庭园、宅居，作为绿化用树，也作为果树栽植
梅	蔷薇科落叶乔木，花先开，白色或淡粉色，芳香，花期3月。梅在冬春之交开花，“独天下而春”，有“报春花”之称	梅傲霜雪，象征坚贞不屈的品格；梅喻女人，竹喻夫，梅喻妻，婚联有“竹梅双喜”之词。男女少年称为“青梅竹马”；梅花为吉祥的象征，有五瓣，象征五福：快乐、幸福、长寿、顺利、和平	多栽植于庭园、绿地、宅居；可制作盆景；果实可食用，具有经济价值。梅有“四贵”：稀、老、瘦、含
牡丹	牡丹属毛茛科灌木，牡丹是中国产的名花	牡丹有“花王”、“富贵花”之称，寓意吉祥、富贵	与寿石组合象征“长命富贵”，与长春花组合为“富贵长春”，常片植或植于花台之上，形成牡丹台
芙蓉	锦葵科落叶大灌木或小乔木，花形大而美丽，变色。四川盛产，秋冬开花，霜降最盛	芙蓉谐音“富荣”，在图案中常与牡丹组合为“荣华富贵”，均具吉祥意蕴	五代时蜀后主孟超于宫苑城头，遍植木芙蓉，花开如锦，故后人称成都为锦城、蓉城。常栽植于庭院中
月季	蔷薇科直立灌木	月季四季常开，民俗视为祥瑞，有“四季平安”的意蕴	月季与天竹组合有“四季常春”意蕴。花可提取香料

续表

名称	特性	寓意	应用传统
葫芦	为藤本植物，藤蔓绵延，结实累累，籽粒繁多	象征子孙繁盛，民俗传统认为葫芦吉祥而避邪气	庭院中的棚架植物。果实可食、可做为容器
茱萸	茴香科常绿小乔木，气味香烈，九月九日前后成熟，色赤红	象征吉祥，可以辟邪，茱萸雅号“辟邪翁”，唐代盛行重阳佩茱萸的习俗	宅旁种茱萸树可“增年益寿，除患病”；“并侧河边，宜种此树，叶落其中，人饮是水，永无瘟疫”（《花镜》）
菖蒲	多年生草本植物，可载于浅水、湿地	民俗认为菖蒲象征富贵，可以避邪气，其味使人延年益寿	多为野生，但也适于宅旁、绿地、水边、湿地栽植
万年青	百合科多年生宿根常绿草本，叶肥果红，花小，白而带绿	象征吉祥、长寿	观叶、观果兼用的花卉。皇家园林中用桶载万年青
莲花	睡莲科水生宿根植物，藕可食用，可药用，莲子可清心解暑，藕能补中益气	莲花图案也成为佛教的标志；在中国，莲花被崇为君子，象征清正廉洁。并蒂莲，象征夫妻恩爱	古典园林中广泛使用的水生植物、也可以盆栽置于宅院、寺院中
菩提树	桑科常绿或者落叶乔木，树皮光滑白色，11月开花、冬季果熟，紫黑色，可以做念珠	在佛教国家被视为神圣的树木，是佛教的象征	多植于寺院
娑罗树	龙脑香科常绿大乔木，单叶较大，叶矩椭圆形	释迦牟尼涅槃处就长着八棵娑罗树，所以是佛树	植于南方的寺院中，中国北方没有娑罗树
七叶树	七叶科落叶乔木，掌状复叶，一般七片	佛树	用作庭荫树、行道树等，寺院中也常使用，北京潭柘寺中有一株800多年的七叶树

续表

名称	特性	寓意	应用传统
曼陀罗花	茄科一年生草本,曼陀罗全株有剧毒	象征着宁静安详、吉祥如意	多栽植于寺院中
山茶花	别名曼陀罗树,为常绿灌木或小乔木,品种较多	山茶被誉为花中妃子;山茶花、梅花、水仙花、迎春花为"雪中四友"	山茶花为我国传统园林花木,盆栽或地栽均可,可孤植、片植,也可与杜鹃、玉兰相配置

三、动物景观的类型

(一)动物景观概述

我国动物资源种类十分丰富,数量之大,仅脊椎动物就有4400种,兽类420种,野生动物中鸟类有1186种,两栖类有196种,爬行类有315种,鱼类有2000种,分别占世界同类动物总数的10%左右。同时有不少珍禽异兽是目前属我国特有的种属,如牛羚、大鲵、金丝猴、大熊猫、扬子鳄、白鳍豚等。动物种类的多样不仅使自然界更加的丰富多彩,同时诸多动物还具有一定的观赏、经济、科研等多方面的重要价值。此外,动物本身的体态、颜色和发声等也具有一定的观赏价值,所以自古以来世界各国都有观赏动物这一传统。根据审美角度的不同,动物资料大体可分为观赏动物、珍稀动物、奇特动物和表演动物四大类。

1. 观赏动物

观赏动物是指那些形态外貌、生活习性、色彩特征、活动特点、鸣叫声音等方面的特征能引起人们视觉的、生理的美感享受的动物。因动物自身的种类属性较为庞大、复杂,将其逐一地划分种类难度较大,因此我们从观赏动物的美学特征上将其划分,大体可分为以下几种:观形动物、观色动物、观声动物。

(1)观形动物。动物的体形千奇百怪,各具特色,蕴含着种种美的气质。如麋鹿矫健的体形加之那高贵的眉叉,简直是完美的组合,让人联想到皇家的尊严、庄重之美感;再如生活在广袤的大草原上的长颈鹿,其身体与长长的脖颈根本就不成比例,但也就是这种不成比例的结合造就了它们形态的怪异之美;再如金丝猴,其形态比例之完美,加之闪闪发光的金色皮毛,使人产生一种轻盈、飘逸之美感的享受;再如生活在大草原中的雄狮,体态之矫健,毛色之均称、飘逸,驰骋穿梭于壮丽的大草原上;这些动物因种科、种类不同,其形态各异,造就和丰富了我们的视觉美的享受。

(2)观色动物。世间五彩斑斓的色彩是我们获取美感的重要因素之一。自然界的动物,为适应环境,从未停止过进化,在进化的过程中形成了自身斑斓、缤纷的色彩。有的动物色彩之纯,如北极熊、北极狐、天鹅,那雪一般纯洁的绒毛、翎羽,让人不禁产生纯洁、高贵、可爱之感;火烈鸟,浑身上下披着一层深浅不一的火红色,似一片花海、似熊熊燃烧的烈火,翩翩起舞;蝴蝶,可以说是自然界的一枝奇葩,即使是同科同种,却每个个体的颜色却不尽相同,那排列神秘、规则或不规则、对称或均衡的各种因色彩而形成的图案,让观者叹为观止;大熊猫,那黑白相间的色彩组合,让人感觉可爱、憨厚、温馨;生活在热带雨林中的各种鹦鹉,灿烂、艳丽的翎羽,把雨林装点得无比梦幻、奇艳。

(3)观声动物。自然界中,许多动物都是天生的歌唱家,它们发出的悦耳之音时常唤起我们记忆中尘封已久的听觉美。如夜莺,那悠扬婉转、娓娓动听的鸣声,穿过寂静的夜空,好似在森林中举办个人专场音乐会;黄山八音鸟的鸣叫声,音调尖柔多变,音色清脆悦耳,更是能一声发八个音;善于模仿人言的鹦鹉成为人们家庭笼养的宠物之一。同时许多动物能发出一些奇怪的声音,从而引起人们的注意,如澳大利亚的国鸟笑笑鸟,能发出像人一样爽朗的笑声;峨眉山万年寺的弹琴蛙,叫声委婉动听,犹如古琴声;云南鸡足山的念佛鸟,其鸣叫如僧人在念“弥陀佛”的声音。

2. 珍稀动物

珍稀动物是指那些特有的、稀少的甚至濒于灭绝的,同时又有较高的社会价值的珍贵稀有的动物。因它们数量极少而珍贵,因此深受人们的重视和喜爱,有些甚至被视为国宝,如大熊猫、金丝猴、白鳍豚和白唇鹿被称为我国四大国宝动物。我国幅员辽阔,自然环境复杂多样,物种丰富,动物种类和数量占世界总数的10%左右,同时拥有不少世界上濒临灭绝的珍禽异兽,除上面提到的大熊猫、金丝猴、白鳍豚、白唇鹿外,还有如东北虎、华南虎、扭角羚、大鲵、野骆驼、亚洲象、藏羚羊、扬子鳄、丹顶鹤、褐马鸡、朱鹮等,其中多数是我国所特有的。对于此类动物国家已经出台了相关的政策法规进行保护。

(1) 大鲵(Andrias davidianus),又称娃娃鱼、脚鱼、海尔鱼、腊狗、狗鱼等,成年体长可达一米左右,头身扁平,身体为深棕褐色,背部有不规则的黑斑。有夜出晨归的习性,多以螃蟹、鱼虾和水生昆虫等为食。耐饥力强,数月甚至一年不进食也可生存,其主要原因在于它有反刍的生理特点。为现存较为原始和最大的两栖动物之一,为我国特产,国家二级保护动物。现湖南、河南、贵州、湖北等地还有其发现。

(2) 大熊猫(Ailuropoda melanoleuea),又称大猫熊、竹熊、白熊、花熊、貊等,属于熊科,为国家一级重点保护野生动物,目前野外的大熊猫数量为1600头左右,圈养数量在300头左右。其毛色黑白相间，习性较为温顺，此外其外形憨厚、可爱，备受人们的喜爱，目前国内外大型动物园都有饲养。在四川卧龙还设立了大熊猫研究中心和成都大熊猫研究基地。

(3)白唇鹿(Cervus albirostris)，又称白鼻鹿、岩鹿、黄鹿、哈马（藏语）等，为鹿科大型鹿类，体形大小与水鹿、马鹿相似。唇的周围和下颌为白色，为我国特产动物。白唇鹿是一种典型的高寒地区的山地动物，为国家一级重点保护动物。

拓展知识

我国珍禽异兽主要分布地区

①小兴安岭和长白山为主的东北地区，主要有东北虎、紫貂、梅花鹿、丹顶鹤等。

②青藏高原东缘以川西为主的山区，主要有大熊猫、金丝猴、大鲵、亚洲蜂鸟、峨眉琴蛙等。

③云南西双版纳地区，主要有长臂猿、亚洲象、绿孔雀等。

④华南地区，主要有华南虎、长臂猿、坡鹿等。

3. 奇特动物

有些动物因适应生存的需要，在形态和生活习性等方面都有着诸多与众不同的奇特之处。如两栖类和爬行类动物中有许多为逃避天敌或更好地捕获猎物，根据周围的环境进行变色来伪装自己。再如一些动物为逃避天敌，而施行一些让人类认为是自残的行为，如壁虎，能在较为危险的情况下，不惜断掉自己的尾巴，而骗过对方乘机逃跑。章鱼，也属于较为奇特的动物之一，在遇到天敌时，会分泌出大量的墨汁状的液体，让天敌在一片混乱中挣扎，而它却早就逃跑了。这类动物的奇特之处都是为能适应环境更好地生存而形成的一种本领。再如像珊瑚这类海洋生物，寄生在一些物体之上，看似是树、是花甚至可以看作任何你能想象到的物体，谁知却是会呼吸的、有生命的海洋中的舞者，它们靠其他动物的经过而带来的各类有养分的物质而生活。再如浩瀚的大海中的一些鱼类，不畏危险，寄生在凶恶的鲨鱼身边，双方为取得各自的利益，互不侵犯，和谐共存，是多么的壮观和奇特的景象。

变色龙的变色现象与其他生物的保护色、警戒色相似。变色龙的皮肤会随着背景、温度和心情的变化而改变；雄性变色龙会将暗黑的保护色变成明亮的颜色，以警告其他变色龙离开自己的领地；有些变色龙还会将平静时的绿色变成红色来威吓敌人。变色能躲避天敌，传情达意，类似人类语言。变色龙是一种“善变”的树栖爬行类动物，在自然界中它当之无愧是“伪装高手”，常在人们不经意间改变身体颜色，然后一动不动地将自己融入周围的环境之中。

4. 表演动物

自然界中的许多动物都有模仿的天赋，模仿同类或人类的一些行为和动作，除了这类自身的生活习性外，在人工驯养的条件下，更能最大限度地发挥它们的模仿能力，而变得温驯和人性化。动物的表演其实由来已久，如在古时，人们便利用鸽子进行书信的来往和信息的传递，虽然鸽子为人类传递信息不是表演，但已超越了动物本来的天性。倒是那些仿声类动物天生就是表演天才，如画眉、鹦鹉、八哥、百灵鸟等，是天生的仿声大师，不仅能模仿其他动物的声音，更是时不时地学人类说话，再如一些鸟类在求爱期间，为吸引异性，使出各种招数，在异性面前进行各类的表演以便取得交配的机会，这种现象在动物界可以说是一种较为普遍的现象。如今，人们更是科学地、系统地对某些动物进行训练，让具有野性的动物逐渐地温驯起来，如海豚在驯养师的指挥下进行各类的表演项目，好似一个个运动健儿，姿态之美，动作之流畅，完全不能想象它们是“动物”。而雄壮、威猛、野性十足的老虎、豹子等在驯养师的调教下，变得似可爱的小猫，不时地钻火圈、转圈圈等一系列妙趣横生的表演。笨拙憨厚的动物竟然能在驯养师的调教下做出一些较为优雅、有趣的动作，引得观众捧腹大笑或是赞叹不已。

(1)鹦鹉(Psittaciformes)，指鹦形目众多艳丽、爱叫的鸟。它们以其美丽无比的翎羽，善学人言的技能特点，备受人们的喜爱和宠爱。其主要分布在温带、亚热带、热带的广大地域，它们是热带，亚热带森林中翎羽最为鲜艳的食果鸟类。鹦鹉是典型的攀禽，对趾型足，两趾向前两趾向后，适合抓握，鹦鹉的鸟喙强劲有力，可以食用硬壳果。鹦形目有鹦鹉科与凤头鹦鹉科两科，种类非常繁多，有 82 属 358 种，是鸟类最大的科之一。

(2)海豚(Delphinidae)，属于哺乳纲鲸目齿鲸亚目海豚科，是体形较小的鲸类，共有近 62 种，分布于世界各大洋。海豚嘴部一般是尖的(虎鲸除外)，上下颌各有约 101 颗尖细的牙齿，主要以小鱼、乌贼、虾、蟹为食。海豚喜欢过“集体”生活，少则几条，多则几百条。海豚的大脑是海洋动物中最发达的。人的大脑占人体重的 2.1%，海豚的大脑占它体重的 1.7%。海豚的大脑由完全隔开的两部分组成，当其中一部分工作时，另一部分充分休息，因此，海豚可终生不眠。海豚科中最著名的成员当属宽吻海豚，即我们通常在海洋馆能欣赏其精彩表演的海豚。

拓展知识

一、我国著名野生动物栖息地

1. 大连的蛇岛。

2. 峨眉山的猴群。

3. 昆明滇池、翠湖的红嘴鸥。

4. 高原湖泊鸟类王国——青海湖的鸟岛自然保护区,每年有近 10 万只鸟来此。

5. 江西鄱阳湖鸟类自然保护区,是世界上最大的白鹤越冬栖息地。

6. 西双版纳的大象和孔雀。

7. 四川卧龙的大熊猫。

8. 黑龙江扎龙自然保护区的丹顶鹤、白鹤、天鹅等 200 多种鸟类。

9. 台湾高雄的蝴蝶谷。

10. 张家界的大鲵。

11. 四川南坪县白河自然保护区的金丝猴。

二、自然保护区相关知识

1. 我国有国家一级保护动物 95 种。

2. 美国在 1872 年建立了世界上第一个国家公园,也是世界上第一个自然保护区。

3. 我国在 1956 年建立了第一个自然保护区——广东鼎湖山自然保护区。

4. 截止到 2012 年 5 月,我国已建立各种类型的自然保护区 2349 个(不包括香港、澳门特别行政区和台湾省)。

5. 截止到 2012 年 1 月,我国拥有国家级自然保护区 373 个。

6. 目前全国有 26 处自然保护区加入联合国"人与生物圈"自然保护区网。

三、中国的世界自然遗产名录

1. 山东泰山:泰山(山东泰安市)、岱庙(山东泰安市)、灵岩寺(山东济南市),文化与自然双重遗产(世界首个双重遗产),1987.12

2. 安徽黄山,文化与自然双重遗产,1990.12

3. 四川黄龙国家级名胜区,自然遗产,1992.12

4. 湖南武陵源国家级名胜区,自然遗产,1992.12

5. 四川九寨沟国家级名胜区,自然遗产,1992.12

6. 四川峨眉山—乐山风景名胜区,文化与自然双重遗产,1996.12

7. 福建省武夷山,文化与自然双重遗产,1999.12

8. 云南"三江并流"自然景观,自然遗产,2003.7

9. 四川大熊猫栖息地,自然遗产,2006.7.12

10. 中国南方喀斯特,自然遗产,2007.6.27

四、陆地动物类群①

① 李笑红. 旅游地理. 北京:中国铁道出版社,2003:77.

动物类群	动物主要特征	代表性动物
热带森林动物	动物种类特别丰富,营树栖攀援生活和食果性动物占很大比例,多变温动物,都是全年活动,没有冬眠、夏眠以及季节迁移现象	猿猴、树懒、食蚁兽、象、蟒、多种鸟类
热带草原动物	动物以地栖类型占优势,多数动物具有群居性和夜行性的特点,食草动物众多,且善于奔跑,有季节迁移现象	长颈鹿、斑马、狮子、河马、犀牛、羚羊、狒狒
荒漠地带动物	动物种类和数量贫乏,属于耐旱、适应缺水的广适性类型,适于长距离奔跑或跳跃,有穴居和夜间出来活动的习性,动物体色与周围环境十分协调	骆驼、沙鼠、沙鸡
温带草原动物	动物种类贫乏,但个体数量较多,感觉灵敏,奔跑迅速,进行冬眠与夏眠,有季节迁移现象和储存食物的习性	黄鼠、黄羊、旱獭、野兔、狼、狐、大雁、野鸭
温带森林动物	动物的生命活动具有明显的季节更替现象,冬季有的动物迁移,或进入冬眠,动物的经济价值很大	虎、梅花鹿、熊、水獭、野猪、黄鼬、榛鸡、蛇
亚寒带针叶林动物	动物种类十分贫乏,多数是耐寒性的种类,冬眠或储藏食物,有的进行季节性迁移	紫貂、猞猁、驼鹿、松鼠、花鼠
寒带苔原动物	动物种类极端贫乏,多耐寒性种类,动物群的季相变化极端明显	驯鹿、北极狐、北极熊

五、鸟类相关知识

1. 体形最大的鸟:世界上体形最大的现生鸟类是生活在非洲的非洲鸵鸟,它的身高可达 2~2.5m,体重 56kg 左右,最重的可达 75kg。但它不能飞翔。它的卵重约1.5kg,长17.8cm,大约等于30~40个鸡蛋的总重量,是现今最大的鸟卵。

2. 翼展最宽的鸟:漂泊信天翁,可达4m。

3. 最大的飞鸟:生活在非洲东南部的柯利鸟,翅长2.56m,体重达18kg左右。

4. 最小的猛禽:婆罗洲隼,体长15cm,体重35g。

5. 羽毛最多的鸟:天鹅,超过25 000根。

6. 羽毛最少的鸟:蜂鸟,不足1000根。

7. 羽毛最长的鸟:天堂大丽鹃,尾羽是体长的2倍多。

8. 寿命最长的鸟:鸟类中的长寿者不少,如大型海鸟信天翁的平均寿命为50~60年,大型鹦鹉可以活到100年左右。在英国利物浦有一只名叫"詹米"的亚马孙鹦鹉,生于1870年12月3日,卒于1975年11月5日,享年104岁,不愧为鸟中的"老寿星"。

9. 寿命最长的环志海鸟:王信天翁,60余年。

10. 寿命最长的笼养鸟:葵花凤头鹦鹉,80余年。

11. 飞行速度最快的鸟:尖尾雨燕平时飞行的速度平均为170km/h,最快时可达360km/h,堪称飞得最快的鸟。

12. 冲刺速度最快的鸟:游隼,在俯冲抓猎物时能达到180km/h。

13. 飞得最慢的鸟:小丘鹬,8km/h。

14. 振翅频率最高的鸟:角蜂鸟,90次/s。

15. 振翅频率最慢的鸟:兀鹫,可以滑翔数小时不拍翅。

16. 一次飞行时间最长的鸟:北美金鸻,以90km/h的速度飞35小时,越过2 000多公里的海面。

17. 飞行最高的鸟类:大天鹅和高山兀鹫都能飞越世界最高峰——珠穆朗玛峰,飞行高度达9000m以上,高山兀鹫更是达到了10 000m以上的高度,创造了鸟类的最高飞行纪录。

18. 嘴峰最长的鸟类:生活在南美洲的巨嘴鸟是嘴峰最长的鸟类,它的嘴峰的长度为1m左右,十分奇特。

19. 最长鸟喙:澳洲鹈鹕,长47cm。

20. 最宽鸟喙:鲸头鹳,宽12cm。

21. 学话最多的鸟:非洲灰鹦鹉,学会800多个单词。

22. 最擅长效鸣的鸟:湿地苇莺,模仿60多种鸟鸣。

23. 最复杂的鸟巢:非洲织布鸟的巢,它同时也是最大的公共巢,有300多个巢室。

24. 最大的鸟巢:白头海雕的巢,长6m,宽2.9m。

25. 最小的巢:吸蜜蜂鸟的巢,只有顶针大小。

26. 产卵最少的鸟类：信天翁每年只产一枚卵，是产卵最少的鸟。

27. 窝卵数最多的鸟：灰山鹑(一种鸡类)，每窝15～19枚。

28. 孵化期最长的鸟类：信天翁是孵化期最长的鸟类，一般需要75～82天。

29. 最晚性成熟的鸟类：信天翁雏鸟达到性成熟的过程是鸟类中最长的，需要9～12年。

30. 最大的鸟卵化石：17世纪中叶以前，在马达加斯加岛南部生活着一种象鸟，现在已经绝迹。象鸟的卵化石的长径为35.6cm，相当于148个鸡蛋的大小，是迄今世界上所发现的最大鸟卵化石。

31. 最大的鸟类化石：最大的鸟类化石是隆鸟的化石，估计它的身高达4m左右，原来生活在马达加斯加岛上，在公元17世纪时灭绝。

六、世界上主要国家国鸟

国名	鸟名	国名	鸟名
美国	白头海雕	日本	绿雉
英国	欧亚鸲	比利时	红隼
冰岛	矛隼	印度	蓝孔雀
澳大利亚	琴鸟	瑞典	乌鸫
丹麦	云雀	德国	白鹳
挪威	河乌	泰国	戴氏鹇
芬兰	大天鹅	法国	公鸡
南非	蓝蓑羽鹤	古巴	古巴咬鹃
阿根廷	棕灶鸟	墨西哥	金雕

第二节　植物动物景观鉴赏方法

一、把握时间

世间万物无时无刻不在变化之中。动物植物景观因受季节的影响，在每个阶段都呈现不同的形态、颜色、气味。即使是同一景观，因其受大的环境和局部环境因素的影响，在不同的时间段去欣赏，所营造的美感都不尽相同。此外，不同的天气也会营造出不同的景观，比如，“春山艳冶而如笑，夏山苍绿而如滴，秋山明静而如洗,冬山惨淡而如睡。”(韩拙《山水纯全集》)这就是四季不同的山体生物景观的审美特征①。再如民间有这样的谚语:一月梅花,二月杏花,三月桃花,四月牡丹花,五月石榴花,六月荷花,七月玉簪花,八月桂花,九月菊花,十月兰花,十一月水仙花,十二月腊梅花。在观赏动植物景观时对于时间的把握是至关重要的,时间选择不当,可能会欣赏不到某些景观的美。

在欣赏动植物景观时,时间段的选择至关重要,如去北京香山观赏红叶,因枫叶最佳观赏时间为深秋,如游客在9月初前往,还是特意去香山观赏红叶的话,游客可能会失落。

二、距离的选择

俗话说,“距离产生美”,主要是指观赏客体和主体之间的距离控制在一个适当的度上,才会发现近距离观赏时不能觉察到的美丽景致。在观赏动物植物景观时,距离的选择是至关重要的,当我们一直沉浸在局部时,往往忽略了景观的整体美,即不能观其全貌。动物植物景观最大的特色之处就是其外观的风韵美、整体美、动态美、奇特美、意境美等,要获得诸如此类的美,就必须在观察距离上有所选择,不能太近同时也不能太远,这个度要观者在欣赏时根据景观的自身动态、光线以及所处的位置,注意与其周围景观的空间关系,只有考虑到了上面提到的问题,才能得到最佳的观赏效果。

在欣赏动物植物景观时,要注意其生命之特性,其一,整体性,如在欣赏满山浪漫的红叶时,若欣赏的距离选择不当,太近了,只能欣赏到枫叶的局部美,只注意到枫叶的局部特征,其叶子的形状、颜色等细节;若选择站在与其不远的对面山头上去欣赏,微风掠过,好似片片红叶在翩翩起舞,从而获得种种视觉美、生理美感。植物景观,特别是大多数为木本类,其体形较为庞大,受各种因素的影响,造型往往在特定的空间之中形成一定的层次感、错落感、局部与整体上的异同感,从而构成点、线、面之间的视觉空间感。有些美感的获取是欣赏者和客体之间因距离的关系才能欣赏到的。因此,想欣赏到植物景观的整体美就得考虑距离的问题,让人产生一种远距离的朦胧美、整体美。再如动物景观,动物在大自然中一直是处于运动状态的,它不可能像人一样有约束力,停留在一个动作上,供游人观看、拍照。另外,动物对外界的一切事物都具有高度警惕性、防范性。因此想欣赏到其整体性的动态美就必须选择一定的距离,才可能观赏到动物在大自然中的自由美、动态美、雄壮美、优雅美。其二,意境美,动物植物景观因其外在的形态、颜色、气味等,以及与所处的周围事物之间形成的空间格局、物理环境等关系,在一定的距离观赏,观者便

① 闫立杰. 旅游景观鉴赏. 北京:旅游教育出版社,2007:108.

会根据自身的审美经验,产生种种的意境,如狂喜、忧郁,也可能诗兴大发、联想翩翩,从而在欣赏者个体的脑海中产生一种诗情画意的意境。这种意境美是近距离观赏时而不能体会到的。因此,在欣赏动物植物景观时一定要选择好距离这个"度",才能一览它们的形态美、动感美、颜色美等。

三、视角的选择

在欣赏动物植物景观时,选择的视角的不同,呈现的结果会出现较大的差异。

常见的视角有仰视、远视、平视、鸟瞰、正面看、侧面看等,如我们在欣赏黄山著名的景观迎客松时,若观赏者在山脚下,只能隐约地观赏到其局面,而当站在山腰和山顶时,能观赏到其整体,同时能感觉到它那壮观、雄伟、遒劲、沧桑之美。再如,在欣赏山间溪流旁嬉戏、觅食的鹿时,若正面看,不考虑距离以及动物的警戒性,那我们看到的是它们嬉戏时幸福、温馨之美感,而我们远视时,可能会欣赏到它们每个个体体态的优雅之美、神性之美。动物植物景观因个体受内外因素的影响,其构成的景象存在着诸多不同,也就是因为有异同,才构成美轮美奂、绚丽多彩的景观,而欣赏者的视觉在获取美感时也存在着因角度的不同,而产生种种的变化,因此在欣赏此类景观时要采用多种角度/视觉相结合的手法,从而最大限度地获取不同的美的感受。

第三节　典型案例分析

一、张家界国家森林公园(The Zhangjiajie National Forest Park)

张家界国家森林公园是在1982年由国务院委托国家计委批准成立的中国第一个国家级森林公园。它与天子山、索溪峪自然保护区一起,构成武陵风景名胜区,在1992年12月,被联合国教科文组织世界遗产委员会正式批准列入《世界遗产名录》。

张家界国家森林公园位于湖南省西北部张家界市境内,公园面积4810公顷,海拔最高处为兔望月峰1334米,海拔最低处为426米,年平均气温12.8℃,属于亚热带北部气候区,森林公园小气候显著。森林覆盖率达98%,木本植物93科517种,其中属国家一级保护的珍稀树种7种;公园鸟类、禽类种类丰富,鸟类有41种,禽类有28种,其中属于国家级保护的珍稀动物有7种[①]。在这里不仅可以欣赏到奇异的美景,同时还可以观赏到各类珍稀的动植物景观,是科研和观赏的绝佳地方。

① 张兆干,赵宁曦.自然景观鉴赏.北京:旅游教育出版社,2007:288.

二、肯尼亚——野生动物王国(Kenya——Wild Animal Kingdom)

肯尼亚位于非洲东部,东南濒临印度洋,东与索马里为邻,北与埃塞俄比亚、苏丹接壤,西连乌干达,西南与坦桑尼亚相连①。肯尼亚素有野生动物王国之称,凭借得天独厚的野生动物资源,吸引着外国游客。据相关方面记载,这里每年接待数以百万的外国游客观赏独具特色的野生动物保护区。肯尼亚全国有36个野生动物保护区、自然保护区和国家公园,那里栖息着各种珍禽异兽:狮子、大象、豹子、野牛、羚羊、长颈鹿、狒狒、河马、犀牛、鳄鱼、火烈鸟、白鹭、红鹤等②。游客可四人一组乘坐特制的旅游车,前往大型的动物园或是保护区,沿路不时可欣赏到动物在追逐扑食的场面,这种深入虎穴的观赏方式很受游客的欢迎,在刺激、惊险中领略野生动物的雄壮、凶悍美。此外还可以乘坐气球在高空中俯瞰正在奔跑的斑马、戏水的河马、扑食的狮子,同时雄鹰可能正展翅掠过你的身边,游览野生动物生存环境的全貌,妙趣横生、惊险刺激。

三、比亚沃耶扎国家公园(Bialowieza Forest)

比亚沃耶扎国家森林公园是欧洲少量仅存的原始森林之一,这里的珍稀动植物品种提供了可以让游人一览史前原始风貌的视窗。原始森林里有1000多种植物,其中有70多种灌木,20多种林木,这里的很多种珍稀植物被认为是自然进化史上的标志性生物。森林的地面被一簇簇繁茂的植被所覆盖,这既美化了风景又使人感到心旷神怡。比亚沃维耶扎森林曾是波兰王室和俄国沙皇游猎的传统领地,今天,这片土地已被纳入比亚沃耶扎国家森林公园,并被联合国教科文组织认定为“世界生物圈保护计划”的一部分。

比亚沃耶扎森林公园里的动物和植物品种一样丰富,有各式各样的哺乳动物、爬行动物、两栖动物和各式的鸟类。在这里,欧洲仅有的北美野牛在这片土地上自由地驰骋。欧洲野牛曾经在欧亚大陆上广泛分布,但在20世纪几乎绝迹,在大约1000年前,无数北美野牛越过欧洲来到波兰。到21世纪初,由于过度捕猎,野牛数目锐减,现在仅有少量生活在比亚沃耶扎森林公园中。即使这些剩下的动物也不是安全的,在“一战”期间,它们被偷猎者和德国士兵大肆捕杀。到1923年全世界仅有60只野牛,这时人工饲养繁殖野牛的计划出台了,1929年波兰从德国和瑞典买回两雌一雄放在公园里繁殖,到1978年,波兰野牛的数量已增加到206只,到现今已有300多头。所有的野牛都被保护起来,并且出版了野牛系统图籍。公园的许多地区已经被严格地保护起来,与此同时波兰政府修建了许多野营点和公路,使

① 肖星.中外旅游地理.华南理工大学出版社,2005:275.
② 肖星.中外旅游地理.华南理工大学出版社,2005:276.

所有到此的游客都能方便地欣赏到此地美景。

四、中国科学院西双版纳热带植物园(Xishuangbanna Tropical Botanical Garden, Chinese Academy of Sciences)①

中国科学院西双版纳热带植物园(简称版纳植物园),是在著名植物学家蔡希陶教授领导下于1959年创建的,是目前中国最大和保存物种最多的植物园。版纳植物园的面积为900公顷,园内保存着大片的热带雨林资源,同时有引自国内外近万种热带植物。目前已形成了近35个专题园区:热带果树资源园、阴生植物园、棕榈植物园、水生植物园、民族植物园、药用植物区、龙脑香植物区、香料植物区、竹类植物区、珍稀濒危植物迁地保护区、榕树园、树木园、名树名花园等专类园区。此地海拔仅500余米,年平均气温21.5℃,雨量充沛,十分适合热带植物的繁殖和栽培。在3000多个物种中,不少奇异品种,为大多数人所未闻,比如周恩来总理从西非带回种子,在植物园里种植成功的、能改变味觉的"神秘果",此外还有会下雨的"下雨树";会吃小虫的"猪笼草"等一些奇特的植物。

中国科学院西双版纳热带植物园是集热带科学研究、物种保存、科普教育为一体的综合性植物园。目前,数字化植物园工作在中国植物园中处于领先地位。设有保护生物学研究中心、森林生态系统研究中心、民族植物学与资源植物研究中心。建立了野生珍稀濒危植物种子库、热带雨林生态系统定位研究站、哀牢山亚热带森林生态系统定位研究观测站、生物地球化学实验室、生物技术实验室、热带雨林生态系统研究与管理开放实验室、热带植物标本馆、热带雨林民族文化博物馆、科技信息中心等科学实验支撑系统。目标和任务是:立足云南,面向中国西南(主要是热区)和东南亚,以热带、亚热带过渡区生物群落和生态系统为基础,探讨人类活动和环境变化对生态系统结构与功能的影响及物种濒危机制,为知识创新和知识传播以及社会经济发展作贡献。

思考与练习

黄石国家公园景观鉴赏②

黄石国家公园(Yellowstone National Park),简称黄石公园,是世界第一座国家

① 资料来源:马建武. 云南少数民族园林景观,北京:中国林业出版社2006;卢鸿燕. 美丽的西双版纳热带植物园考察记. 中国花卉盆景,2008(3).

② 资料来源:熬惠修,黄韶玲. 美国首座国家公园——黄石国家公园. 广州园林,2012(1);吴人韦,夏敏. 国家公园的先驱——美国黄石国家公园. 园林,2000(4).

公园，成立于1872年。黄石公园位于美国中西部怀俄明州的西北角，并向西北方向延伸到爱达荷州和蒙大拿州，面积达8956平方公里。这片地区原本是印第安人的圣地，但因美国探险家路易斯与克拉克的发掘，而成为世界上最早的国家公园。它在1978年被列为世界自然遗产，同时也是“为了使她所有的树木，矿石的沉积物，自然奇观和风景，以及其他景物都保持现有的自然状态而免于破坏”，被正式命名为保护野生动物和自然资源的国家公园，这是世界上第一个也是目前最大的国家公园。黄石公园还是个野生动物保护区，栖息着北美水野牛、灰狼、棕熊、驼鹿、麋鹿、巨角岩羊、羚羊、羚牛等野生动物。黄石公园以熊为象征。园内有200多只黑熊，100多只灰熊，250多只狼。公园99%的面积都尚未开发，从而大量的生物种类得以繁衍，这里拥有陆地上最大数量的、种类也最多的哺乳动物。这里是怀俄明兽群的故乡，也是北美洲乃至全世界陆地最大的、种类最繁多的哺乳动物栖息地之一。

现如今，黄石国家公园已成为全美规模最大、管理系统较为系统和全面的集动植物观赏、保护和旅游休闲、探险野营为一体的大型自然公园。每年数以百万的游客前去参观或是野营，在这里不仅可以欣赏到各类的动植物景观和其他地质地貌景观等，同时也完美地体现了人与自然和谐相处的理念。

鉴赏测试

1. 请结合植物动物景观的特性，从黄石国家公园内动植物的多样性等方面，分析黄石国家公园的文化价值；从园内栖息的各类动物景观分析其动物景观的审美价值和观赏价值，从对园内动植物的保护等措施，来分析动植物景观的传承性和文化性，以及可持续发展等一系列的问题。

2. 请结合动植物景观的特性，分析和探讨黄石国家公园的景观特征。

3. 请结合本书其他种类的景观鉴赏等相关知识，分析黄石国家公园内其他景观鉴赏元素，并总结其异同之处。

第五章 建筑景观鉴赏

引 言

建筑,既是人类赖以生存的庇护所,也是人类在地球上最伟大的创作品。

建筑,被称为凝固的乐章、石头的书、艺术的载体。建筑集结构、造型、彩绘、壁画、雕塑等于一身。人们看建筑,透过砖木的、石质的或是钢筋水泥的结构,看到的是一种生命的呈现。它不仅有情感的传递,甚至还有思想的凝聚,它总在静默中说明和展示着文化的传统和现状。果戈理曾说:“建筑是历史的年鉴。”一个时代的建筑,正好体现了一个时代的精神和风貌。凡属某一时代先进的物质材料和工艺技术以及活跃的社会关系和审美情趣等,大都在建筑物上得到充分的体现,成为人类文明发展阶段的标志。

建筑是一首首空间的诗,建筑是一幅幅立体的画,建筑是起伏的音乐,建筑是力学的艺术。

学习目标

1. 了解建筑及相关概念。
2. 熟悉著名的建筑景观。
3. 掌握欣赏建筑景观的方法。

第一节 古代建筑景观概述

一、建筑的概念

(一)建筑

建筑(en: Architecture),通常是指对那些为人类活动提供空间的、或者是拥有内部空间的构造物进行规划、设计、施工而后使用的行为过程的全体或一部分。这个定义并不指具体的构造物，而是重在指创造构造物的行为（过程、技术等）。

建筑（en：Building），也可指通过上述系列行为而成的构造物。这个定义更准确应称呼为建筑物，往往指那些经过设计的、艺术化的建造物。

以汉语目前实际使用来看，这两个有关建筑的概念常被混同使用。本章讨论的建筑，主要指作为实体的后者，也有少量涉及与建筑物有关的建筑行为。

根据罗马时代的建筑家维特鲁威所著的、现存最早的建筑理论书《建筑十书》的记载，建筑包含的要素应兼备用（utilitas，实用）、强（firmitas，坚固）、美（venustas，美观）的特点，为了实现这些特点，应在建筑学研究领域确立艺术且科学的观点。

建筑的对象大到包括区域规划、城市规划、景观设计等综合的环境设计构筑、社区形成前的相关营造过程，小到室内的家具、小物件等的制作。而其通常的对象为一定场地内的单位。

（二）建筑物

建筑物一般指人们为了可观赏其形象可供观赏或者其空间可供使用，相对于地面固定且可存在一定时间的人造物。它是建筑学或建筑设计研究的对象。汉语中，建筑物（Building）和建筑学（Architecture）有时都会被简称为“建筑”，从而引起某种程度的混淆。

1. 建筑物与构筑（造）物的区别

《民用建筑设计术语标准》（GB/T 50504—2009）第 2.1.3 条对建筑的定义是：“既表示建筑工程的营造活动，又表示营造活动的成果——建筑物，同时表示建筑类型和风格。”第 2.1.4 条对建筑物的定义是“用建筑材料构筑的空间和实体，供人们居住和进行各种活动的场所。”第 2.1.5 条对构筑物的定义是“为某种使用目的而建造的、人们一般不直接在其内部进行生产和生活活动的工程实体或附属建筑设施。”

建筑物是人类借突发的想象力，或模仿自然界的形态，对居住环境进行改善而构筑的人造物，有时是结合许多人经过长时间的持续工作才能完成。建筑物建造出来的目的既侧重于得到人可以活动的建筑空间——建筑物内部的空间（现代主义建筑非常强调这点）或/和建筑物外部之间围合而成的空间（比如城市中的市民广场）；也侧重于获得建筑形象——建筑物的外部形象（如纪念碑）或/和建筑物的内部形象（如教堂）。这其中，重在获得可使用的内部空间和/或可观赏的外部形象的建筑物往往是多数。建筑物通常具有美学的意义或特征，有时也具有特殊的象征性。那些并不重在获取内部空间也不重在获得外部形象，而是重在行使除前所述外的其他特定作用的人造物，则可能被称作“构筑物”或“构造物”（nonbuilding structure），比如水坝、电线铁塔……而有些则可能介于“建筑物”和“构筑物”之间，比如电视塔，一方面它重在电视信号的发射、一方面它也比较被人们重视于展示其外部形象。

2. 建筑物的实用价值

人类借助兴建各种建筑群，提供社会运作的空间或机能需求。它们往往都具备使人能达成居住、宗教、商业、生产等活动的稳定空间，是人造自然的主体。

3. 建筑物的美学诉求

世界上绝大多数的建筑物纯粹是为了使用功能而建造的，但又蕴含着人们追求视觉美感的天性，多数建筑物具有美的特质，有些是因为符合力学原理而产生的稳定感；有些是因使用地域性自然材料，与环境相融形成的和谐；而其余那些经由设计师或使用者刻意进行美化（修饰视觉角度、添加装饰物、增加细部等）的建筑物，就被称为建筑。弗里德里希·谢林在《艺术的哲学》里说：建筑是凝固的音乐（Architecture is frozen music.）；另外也有人说：建筑是一首哲理诗。这都说明了建筑的艺术性。

建筑物虽有时展现艺术性或象征性，但主要仍是因其功能而建造，建筑物多半是为了克服自然环境的挑战与限制，从"遮风"（墙）、"避雨"（屋顶），到跨越河流联系两地（桥梁），有时为了避免阻挡选择架高（无线电塔），有时则选择穿越（隧道）。当人们的需求增加时，建筑物也开始呈现巨大化，由此便产生了各种限制，一般而言，材料、技术、机能、法令甚至是经费都是建筑物主要的限制。

4. 建筑物的种类

（1）按使用性质分类。使用性质是指满足人们同需求的建筑种类。

① 居住建筑：是指供家庭或个人较长时期居住使用的建筑，如宫殿和民居等。

②公共建筑：是指供人们购物、办公、学习、医疗、旅行和体育等使用的非生产性建筑，如公园、绿地、园林、办公楼、商店、旅馆、影剧院、体育馆、展览馆和医院等。

③工业建筑：是指供工业生产使用或直接为工业生产服务的建筑，如厂房、仓库等。

④农业建筑：是指供农业生产使用或直接为农业生产服务的建筑，如料仓、养殖场等。

⑤纪念性建筑：是指供人们记忆或凭吊历史人物或者事件的建筑，如庙坛、碑塔等。

⑥宗教性建筑：是指供人们进行宗教祭祀活动的场所，如佛寺、教堂、清真寺等。

⑦城市防御建筑：是指供人们抵御外敌或者划分功能而修建的防御性建筑，如城堡、塔楼等。

⑧其他用途的建筑。

（2）按建筑结构分类。建筑结构是指建筑物中由承重构件（基础、墙体、柱、梁、楼板、屋架等)组成的体系。如土木结构建筑、砖石结构建筑、砖木结构建筑、砖混结构建筑、钢筋混凝土结构建筑、钢结构建筑。

(3)按施工方法分类。施工方法是指建造建筑物时所采用的方法。如预制装配式建筑、现浇现砌式建筑、部分现浇现砌、部分装配式建筑。

(三)建筑学

建筑学(Architectonic),从广义上说是研究建筑及其环境的学科。在通常情况下,它更多的是指与建筑物设计和与建造相关的艺术和技术的综合。因此,建筑学是一门横跨工程技术和人文艺术的学科。建筑学涉及建筑技术和作为实用艺术的建筑艺术,包括实用与功能、艺术与美学的特点,它们之间虽有不同但又密切联系,其二者在其中的分量随建筑物的具体情况不同而大不相同。在某一建筑物中可能某些方面很强而其余方面很弱,但在其他建筑物中情况则可能迥异。

从狭义上说,建筑学研究的是建筑物可资使用的空间和可供欣赏的形象,以及围绕空间、形象如何产生确立、调整美化等的一系列问题。

事实上,作为专用词的"建筑学"所研究的对象不仅是建筑物本身,更主要的是研究人们对建筑物的要求及其如何得以满足,研究建筑物实体从无到有的产生过程中相应的策划、设计、实施等。

(四)景观建筑

景观建筑(landscape architecture)是表现一个区域的标志性建筑,它可以是兼有实用和装饰等功能、独立存在的单体建筑物,或者以整体形象形成实用功能和美学价值的建筑群落。

限于篇幅的关系,本章所讨论的建筑景观仅选取中国各历史时期、各地区遗存的标志性景观建筑,兼列部分世界范围内的重要景观建筑提纲作为拓展。同时,景观建筑中涉及宗教、园林和民俗类型的分类,本书将在其他章节中探讨。

拓展知识

世界建筑日

1985年6月9日,国际建筑师协会在美国旧金山召开了第63届理事会。为了促进建筑事业的共同进步和感谢那些为人类创造了生活空间的人们,此次会议通过决议,将每年的7月1日定为"世界建筑节"。

1986年4月24—26日在新加坡召开的国际建筑师协会第64届理事会进一步明确规定,今后将每年的世界建筑节同当年的联合国规定的世界人居日主题结合起来举行庆祝活动。这样有利于两者的相互促进,使各国每年有计划有重点地促进建筑事业某一方面的发展与提高。

1996年国际建筑师协会代表大会通过决议,“世界建筑日”将与联合国的“世界人居日”同期举行庆祝活动,“世界建筑日”即确定为每年10月的第一个星期一。此项决议为世界建筑日提供了一个良好的机会。它促使各国、各地区当局、各国际组织、公民和建筑师重视解决当今世界存在着的并带有普遍性的问题:包括住宅奇缺、城市化导致的人口过分集中、生态平衡遭到破坏、环境污染、居住环境严重损坏、建筑特色和文化价值被人忽略等这些带有普遍性的问题。

二、中国古代建筑历史沿革

中国古代建筑以木构建筑体系为特征是世界上独特的,并且传播至日本、韩国、越南等东亚文化区。早期中国建筑以夯土为主要承重结构,辅以木构框架作补强。唐代以后中国木构建筑步向成熟,全木构架普及,以榫卯结构连结构件。中国木结构建筑地域特色浓厚,朝代更替产生的新模式与民间地方手法相互影响,南北建筑特色分明。清末民国后主流建筑被西式建筑取代。

史前时代:最早的构成因就地取材的而有“筑土构木、建房架屋”,大致有以下三种形式:干栏式——长江流域,潮湿多雨,人居楼上因地制宜;木骨泥墙式——黄河流域,伞架方式,圆形结构;夯土墙——奴隶时代,与青铜器时代制度有关。

商周至秦汉:这一时期的代表性建筑以长城、阿房宫、弥山跨谷、未央宫为主,除长城外,均无历史遗存。

魏晋南北朝:这一时期的建筑能从敦煌壁画及佛教石窟得知其形象,或从少量墓葬壁画及经百济传于日本的飞鸟样间接推断其形象。一般认为,南朝建筑因为气候湿暖,夯土容易塌陷,因此比北方建筑更早摆脱土木混合结构承重,早期南朝技术上亦较为先进,成为北朝建筑模仿对象。南朝建筑木构建多数外露,无夯土墙包裹,风格秀美劲挺。

隋唐五代:隋代统一全国,隋文帝杨坚立国之初休养生息,经济发展迅速。至隋炀帝大兴土木,建立大量如仁寿宫等离宫别苑,游幸江都更建立大量行宫,劳民伤财之余同时推动了建筑技术发展。唐太宗李世民曾批评隋代宫室营造太奢,下令烧毁如洛阳则天门等部分隋代过分奢华的建筑,可见隋代宫室十分华丽。隋代建筑除砖石塔外已无遗传,其形象可从墓葬壁画,敦煌壁画及出土明器可见一二。初唐承隋风,贞观之治时国力大大提升,建筑文化南北交融,得到较大发展。初唐早期最大规模的营造活动首推建于龙朔二年的长安大明宫。武周篡唐后,大兴营建,于东都洛阳建明堂,方88米,复原高约86米,体量极大。遗址发掘后复原为全木构建筑,非早期夯土承重结构,可见当时木构建筑技术已经非常成熟。开元之治后,唐代国力到达顶峰,建筑技术亦快速发展,这时期建筑技术的进步是空前的。

这一时期的代表性建筑有佛教寺院、佛塔、石窟，如莫高窟、云岗窟、赵州桥。

宋辽金元：宋代时期中国建筑进入一个民间化发展的空前时期，由于打破了里坊制和夜禁制度，城市的格局发生了较多的变化，成为后世参照的典范。《清明上河图》较好地表现了这一时期的城市建设状况。金代建筑承继辽代北方建筑传统，但揉入纤巧的宋风，使金代建筑比辽代建筑更为秀丽，但缺少辽代建筑的雄浑。金代建筑构架大量使用减柱造及移柱造，典型例子有五台山佛光寺文殊殿。元代建筑大木铺作层进一步简化，用材比两宋建筑进一步缩小，补间铺作已超过宋式两垛之限。元代北方建筑好用未经加工的原木构件，常见使用弯曲的大梁。元代南方建筑承南宋地方传统个别发展。代表性建筑为永乐宫、卢沟桥、长虹桥。

明清时期：明清是官式建筑走向程式化的时代。明清时代对封建等级有更系统的规范，官式建筑多使用和玺彩画及旋子彩画，以龙及几何图形作母题，亦更趋向程式化。代表性建筑为紫禁城建筑群。

三、中国古代建筑景观类型

（一）宫殿景观

1. 概念

宫殿最初是皇帝所用的建筑物的专称，一般称举行礼仪和办公用的主体建筑物为“殿”，而称生活起居的部分为“宫”，后用来泛指君主或重要公众人物所居住的房屋。在国家首都的主要宫殿是全国的权力中心与象征，其象征意义引申为政治或宗教的代号，如北京故宫。

根据各国环境情况的不同，宫殿的设计建造也各不相同。如欧洲的宫殿不少被设计成城堡、堡垒形式，亚洲的宫殿有些设计成寺庙、塔状的形式。中国的宫殿则比较丰富，包括主要行政中心的皇宫，还有行宫、花园等让皇帝、皇族、贵族、官员休息或行乐的地方，都是大型的园林建筑群。

大多数的皇宫都建在首都，中国历代的王朝以及各个地方政权都分别建造有自己的皇宫，又因为各朝都建有行宫，因此宫殿遍布中国各地，例如西安、洛阳、南京、北京、开封、杭州、沈阳、广州、成都、承德等地。

2. 中国古代重要宫殿

（1）故宫，旧称紫禁城，位于北京中轴线的中心，是明清两个朝代 24 位皇帝的皇宫，占地面积 72 万平方米，建筑面积约 15 万平方米。明成祖朱棣永乐四年（1406 年）开始营建，永乐十八年（1420 年）落成。现为故宫博物院的所在地。1987 年，北京故宫被列入世界文化遗产。（详见本章第四节内容）

（2）承德避暑山庄和外八庙是指避暑山庄及周围寺庙，即清朝皇帝的夏季行宫以及依照西藏、蒙古、新疆的藏传佛教寺庙的形式修建的寺庙，位于河北省境内承德市以北。避暑山庄从清朝康熙四十二年(1703 年)开始建造,至康熙四十七年(1708 年)初具规模。康熙五十年(1711 年),康熙帝赐名为“避暑山庄”,并题写“避暑山庄”匾额。历经康熙、雍正、乾隆三代皇帝,费时 89 年(公元 1703 年到 1792 年),才算基本完工,并在山庄外周边修建了“外八庙”。其中,避暑山庄是中国现存最大的皇家园林。清朝前期许多重要的政治、军事、民族和外交等国家大事,都在这里处理。清朝皇帝每年农历四、五月份到九、十月份的夏季到避暑山庄避暑。因此,避暑山庄就成了北京以外第二个政治中心,连同周围寺庙又是接见边疆少数民族政教首领、处理民族关系和外国使节的地方,对安抚和团结中国边疆少数民族、巩固国家统一起到了重要作用。避暑山庄与周围寺庙构成了紧密关联的有机整体,风格迥异,山庄内朴素淡雅,周围寺庙金碧辉煌。1994 年承德避暑山庄和周围寺庙被列入世界文化遗产名录。

(3)布达拉宫,坐落在西藏首府拉萨市区西北的玛布日山(红山)上,是一座规模宏大的宫堡式建筑群。它最初是松赞干布为迎娶尺尊公主和文成公主而兴建的,17 世纪重建后,成为历代达赖喇嘛的冬宫居所,也是西藏政教合一的统治中心。整座宫殿具有鲜明的藏式风格,依山而建,气势雄伟。宫中还收藏了无数的珍宝,堪称是一座艺术的殿堂。1994 年,布达拉宫被列为世界文化遗产。

拓展知识

中国著名宫殿

西安:阿房宫、未央宫、长乐宫、建章宫、大明宫、太极宫、兴庆宫

咸阳:咸阳宫

洛阳:南宫、北宫、上阳宫

南京:六朝台城、明故宫

北京:紫禁城(故宫)、北海、中南海、圆明园、颐和园、香山静宜园、玉泉山静明园

承德:避暑山庄

沈阳:沈阳故宫

拉萨:布达拉宫、罗布林卡

正蓝旗:元上都

(二)住宅景观

1. 概念

住宅,又称民居,是人们所建筑以供居住的建筑物。一般有墙壁和屋顶,内部则区隔出房间,但也可不隔间。大部分住宅能抵挡各种天气变化,以及防御进侵。

中国的民居是我国传统建筑中的一个重要类型,是我国古代建筑中民间建筑

体系中的重要组成内容。由于中国各地区的自然环境和人文情况不同,中国各地民居也显现出多样化的面貌。中国汉族地区传统民居的主流是规整式住宅,以采取中轴对称方式布局的北京四合院为典型代表。

2. 分类

就现存的住宅形式而言,通常我们按地域把中国民居分为北方和南方两大体系。

(1)北方民居。四合院:中国汉族地区传统民居的主流是规整式住宅,以采取中轴对称方式布局的北京四合院为典型代表。北京四合院分前后两院,居中的正房体制最为尊崇,是举行家庭礼仪、接见尊贵宾客的地方,各幢房屋朝向院内,以游廊相连接。北京四合院虽是中国封建社会宗法观念和家庭制度在居住建筑上的具体表现,但庭院方阔,尺度合宜,宁静亲切,花木井然,是十分理想的室外生活空间。华北、东北地区的民居大多是这种宽敞的庭院。

窑洞:中国北方黄河中上游地区窑洞式住宅较多,如陕西、甘肃、河南、山西等黄土地区,当地居民在天然土壁内开凿横洞,并常将数洞相连,在洞内加砌砖石,建造窑洞。窑洞防火,防噪音,冬暖夏凉,节省土地,经济省工,将自然图景和生活图景有机结合,是因地制宜的完美建筑形式,渗透着人们对黄土地的热爱和眷恋。

(2)南方民居。中国南方的住宅较紧凑,多楼房,其典型的住宅是以小面积长方形天井为中心的堂屋。这种住宅外观方正如印,且朴素简洁,在南方各省分布很广。

安徽古民居:安徽省的南部,保留着许多古代的民居。这些古民宅大都用砖木作建筑材料,周围建有高大的围墙。围墙内的房屋,一般是三开间或五开间的两层小楼。比较大的住宅有两个、三个或更多个庭院;院中有水池,堂前屋后种植着花草盆景,各处的梁柱和栏板上雕刻着精美的图案。座座小楼,深深庭院,就像一个个艺术的世界。建筑学家们称赞那里是“古民居建筑艺术的宝库”。

客家土楼:在闽南、粤北和桂北的客家人常居住大型集团住宅,其平面有圆有方,由中心部位的单层建筑厅堂和周围的四、五层楼房组成,这种建筑的防御性很强,以福建永定县客家土楼为代表。在中国的传统住宅中,永定的客家土楼独具特色,有方形、圆形、八角形和椭圆形等形状的土楼共有 8000 余座,规模大,造型美,既科学实用,又有特色,构成了一个奇妙的民居世界。福建土楼用当地的生土、砂石、木片建成单屋,继而连成大屋,进而垒起厚重封闭的“抵御性”的城堡式建筑住宅——土楼。土楼具有坚固性、安全性、封闭性和强烈的宗族特性。楼内凿有水井,备有粮仓,如遇战乱、匪盗,大门一关,自成一体,万一被围也可数月之内粮水不断。加上冬暖夏凉、防震抗风的特点,土楼成了客家人代代相袭,繁衍生息的住宅。

干栏式住宅:在竹木柱底架上建筑的高出地面的房屋。中国古代史书中又有干栏、干兰、高栏、阁栏和葛栏等名,当是由少数民族语言转译而来的音变。此外,一般所说的栅居、巢居等,大体所指的也是干栏式建筑。考古学和民族学中的所谓的水上居住或栅居，以及日本的高床式住居，亦属此类建筑。这种建筑自新石器时代至现代均有流行。主要分布于中国的长江流域以南以及东南亚等地。

一颗印住房：云南昆明一带的传统住房样式。因墙厚、瓦重、地盘和外观方整，形如“一颗印”，故名。常见形式为“三间四耳”，即正房三间、耳房（厢房）东西各两间。正房常为楼房，下有前廊，称为“游春”，上下房皆称“宫楼”。较大住房，也有两个“一颗印”串联而成的。

（三）纪念性建筑景观

1. 概念

纪念性建筑是为纪念有功绩的或显赫的人或重大事件以及在有历史或自然特征的地方营造的建筑或建筑艺术品。这类建筑多具有思想性、永久性和艺术性。

2. 分类

纪念性建筑可以分为留念性的、历史性的和纪念性的。

留念性建筑是指规模较小的诗碑、记事勒石等。

历史性建筑包括一些具有重要历史意义而作为文物加以保护的建筑，如故居、会址等。

纪念性建筑则为规模较大的或专事兴建的纪念堂馆、陵墓、碑亭、牌坊、凯旋门、纪念性雕塑和纪念苑等。纪念性建筑有庆祝性的、表彰性的、宣传性的、祭祀性的、墓葬性的，也有装饰性的和标志性的。这些建筑可以是单体建筑，也可以是群体建筑。

3. 中国古代重要纪念性建筑

（1）秦始皇陵是中国第一位皇帝秦始皇的陵墓，位于中国陕西省西安以东30公里临潼县的骊山，亦称骊山园。建于公元前246年至公元前208年，历时39年，是中国第一个规模宏大、布局讲究且保存完好的帝王陵寝。现存陵冢高76米，陵园布置仿秦都咸阳，分内外两城，内城周长2.5公里，外城周长6.3公里。陵冢位于内城西南，坐西面东，放置棺椁和陪葬器物的地方，为秦始皇陵建筑群的核心，目前尚未发掘。据目前的考证，已发现的秦始皇兵马俑被普遍认为位于秦始皇陵的外围，有戍卫陵寝的含义，是秦始皇陵的有机组成部分。1987年，秦始皇陵及兵马俑坑被联合国教科文组织批准列入《世界遗产名录》，并被誉为“世界第八大奇迹”。（世界第八大奇迹是指一些被认为可以与世界七大奇迹相提并论的事物，并非特指。）

拓展知识

世界七大奇迹

古代世界七大奇迹：最早提出古代世界七大奇迹构想的是公元前3世纪的腓尼基旅行家昂蒂帕克（Antipater of Sidon）。而七大奇迹的项目，由古希腊哲学家费罗(Philo of Byzantium)于公元前225年选出,当中目前唯一存在的只有吉萨大金字塔,而其余皆已毁坏,流传下来的历史资料也相当稀少,有些建筑甚至是否曾经存在仍是个谜。被列入古代世界七大奇迹的是:

胡夫金字塔(埃及吉萨,仍存在)

空中花园(伊拉克巴比伦,毁于地震)

宙斯神像(希腊奥林匹亚,毁于火灾)

亚底米神庙(土耳其以弗所,毁于火灾)

摩索拉斯王陵墓(土耳其哈利卡纳苏斯,毁于地震)

太阳神铜像(希腊罗得港,毁于地震)

亚历山大灯塔(埃及亚历山大,毁于地震)

中古世界七大奇迹:由于古代世界七大奇迹大多已经不复存在,后人又提出了中古世界七大奇迹,传统公认的有:

罗马斗兽场(意大利罗马)

亚历山大地下陵墓(埃及亚历山大)

万里长城(中国)

巨石阵(英格兰埃姆斯伯里)

大报恩寺琉璃塔(中国南京)

比萨斜塔(意大利比萨)

圣索非亚大教堂(土耳其伊斯坦布尔)

世界新七大奇迹:世界新七大奇迹(New Seven Wonders of the World)是瑞士的新七大奇迹协会(New 7 Wonders Foundation, N7W)发起的在世界现存建于公元2000年以前的建筑中挑选七个代替旧的世界七大奇迹的活动。这次活动亦将吉萨金字塔(埃及)列为荣誉奇迹。

长城(中国)

佩特拉古城(约旦亚喀巴省)

里约热内卢基督像(巴西里约热内卢)

马丘比丘(秘鲁库斯科)

奇琴伊察玛雅城邦遗址(墨西哥犹加敦半岛北部)

罗马斗兽场(意大利罗马)

泰姬玛哈陵(印度阿格拉)

(2)北京天坛,位于北京市东城区,是明清两朝帝王祭天、祈谷和祈雨的场所,为现存中国古代规模最大、伦理等级最高的祭祀建筑群。1961年,天坛被中华人民共和国国务院公布为第一批全国重点文物保护单位之一。1998年,北京皇家祭

坛——天坛被列为世界文化遗产。(详见本章第四节内容)

(3)曲阜孔庙,是祭祀中国春秋时期的著名思想家和教育家孔子的本庙,位于孔子故里、山东曲阜城内,又称“阙里至圣庙”,始建于鲁哀公十七年(西元前478年),历代增修扩建,经两千四百余年而祭祀不绝,是中国渊源最古、历史最长的一组建筑物,也是海内外数千座孔庙的先河与范本,和相邻的孔府、城北的孔林合称“三孔”。曲阜孔庙以其规模之宏大、气魄之雄伟、年代之久远、保存之完整,被建筑学家梁思成称为世界建筑史上的“孤例”,现为中华人民共和国全国重点文物保护单位,与北京故宫、承德避暑山庄并列为中国三大古建筑群。1994年被列入世界文化遗产。

(四)城市防御景观

1.概念

城市是人口较为稠密、工商业较为发达的地区,一般包括了住宅区、工业区和商业区等机能分区,并且具备行政管辖功能。城市的行政管辖功能可能涉及较其本身更广泛的区域。城市中有楼房、街道和公园等基础建设。

防御工事泛指一切军事上增加防守方优势的临时或永久建筑,例如要塞、城墙、壕沟、城堡、障碍物等。

2.分类

城市防御景观通常分为古代城址遗存和防御工事遗存,在中国古代,城市建设和防御工事通常是相互渗透的。

3.中国古代重要城市防御景观

(1)楼兰故城。楼兰是中国西部的一个古代小国,距今约1600年前楼兰国消失,只留下几处古城遗迹。楼兰古城地处新疆巴音郭楞蒙古自治州若羌县北境,罗布泊的西北角、孔雀河道南岸的7公里处。楼兰古城现占地面积12万平方米,接近正方形,边长约330米,整个遗址散布在罗布泊西岸的雅丹地貌群中。公元4世纪之后,楼兰国突然销声匿迹。关于其原因,一般有水源改道和外敌入侵两种说法。楼兰王国最早的发现者是瑞典探险家斯文·赫定。1900年3月初,赫定探险队沿着干枯的孔雀河左河床来到罗布尔荒漠,在穿越一处沙漠时才发现他们的铁铲不慎遗失在昨晚的宿营地中。赫定只得让他的助手回去寻找。助手很快找回铁铲甚至还拣回几件木雕残片。赫定见到残片异常激动,决定发掘那处废墟。1901年3月,斯文·赫定开始进行挖掘,发现了一座佛塔和三个殿堂以及带有希腊艺术文化的木雕建筑构件、五铢钱、一封佉卢文书信等大批文物。随后他们又在这片废墟东南部发现了许多烽火台和一直延续到罗布泊西岸的一座被风沙掩埋的古城,这就是楼兰古城。在20世纪初的考察过程中,大量楼兰文物被国外考察团带走。

(2)平遥古城。平遥曾是清代晚期中国的金融中心,并有中国目前保存最完整的古代县城格局。春秋时属晋国，战国时属赵国。秦时置平陶县，汉时置中都县，为宗亲代王的都城。北魏始光元年(424年)改名为平遥。清代晚期，总部设在平遥的票号就有二十多家，占全国的一半以上，被称为“古代中国华尔街”。其中规模最大的是创建于清道光年间、以“汇通天下”而闻名于世的中国第一座票号“日升昌”，随后建立的票号有二十多家。平遥城墙建于明洪武三年，城内目前基本保存了明清时期的县城原型，有“龟”城之称，因有六道城门，南北门为龟首尾，东西四门象征四足。街道格局为“土”字形，建筑布局则遵从八卦的方位，体现了明清时的城市规划理念和形制分布。城内设四条大街、八条小街和72条小巷。古城以南大街为中轴线，城东有城隍庙，城西有平遥县署，城左立文庙、城右立武庙，东道观、西佛寺，对称布局；城内外有各类遗址、古建筑300多处，有保存完整的明清民宅近4000座，街道商铺都体现历史原貌，被称作研究中国古代城市的活样本。环绕古城的城墙是中国现存规模较大、历史较早、保存较完整的古城墙之一。1997年，平遥古城被列入世界文化遗产。

(3)丽江古城。丽江古城由大研镇、束河镇和白沙乡三部分组成。其中大研镇坐落在丽江坝中部，它是中国历史文化名城中唯一没有城墙的古镇，据说是因为丽江土司(世袭统治者)姓木，筑城势必如木字加框而成“困”字之故。纳西族名称叫“巩本知”，“巩本”为仓廪，“知”即集市，可知丽江古镇曾是仓廪集散之地。丽江古镇始建于宋元，至今已有八百多年的历史。当时丽江木氏先祖将统治中心由白沙迁至现狮子山。1253年，蒙古军南征，木氏先祖阿宗阿良迎降。1254年，蒙古设三赕管民官。1277年，改丽江路通安州。1382年(明洪武十五年)通安州知州阿甲阿得归顺明朝，改设丽江军民府，赐阿甲阿得木姓，封世袭知府。明末徐霞客的《滇游日记》曾写丽江古镇中木氏土司宫邸“宫室之丽，拟于王者”。城区则“居庐骈集，萦城带谷”、“民房群落，瓦屋栉比”，可见当时丽江古镇已有名。丽江古镇曾是明朝丽江军民府和清朝丽江府的府衙署所在地，明朝称大研厢，清朝称大研里，民国以后改称大研镇。丽江古镇，因为集中体现了纳西文化的精华，并完整地保留了宋、元以来形成的历史风貌，1986年2月被国务院列为国家历史文化名城。海拔2400余米的丽江古城是一座风景秀丽、历史悠久和文化灿烂的名城，也是中国罕见的保存相当完好的少数民族古镇。1997年，丽江古镇被列入世界文化遗产。

(4)长城。长城是不同时期的古代中国为抵御塞北游牧部落联盟侵袭而修筑的规模浩大的军事工程的统称。长城东西绵延上万华里，因此又称作万里长城。现存的长城遗迹主要为始建于14世纪的明长城，西起嘉峪关，东至虎山长城；长城遗址跨越北京、天津、青海、山东、内蒙古等15个省市自治区，总计有43721处长城遗址。2009年4月，中国国家测绘局及国家文物局报告最新的完整考古研究显示，明长城全长8851.8千米，其中人工墙体的长度为6259.6千米，壕堑长度为359.7

千米，天然险的长度为2232.5千米，墙体平均高6米至7米，宽4米至5米。历经近5年的调查和认定，国家文物局于2012年宣布，中国历代长城总长度为21196.18千米。这是中国首次科学、系统地测量历代长城的总长度。

拓展知识

中国的世界遗产

截止2012年，中国共有43项遗产被列入《世界遗产名录》，其中自然遗产9项，文化遗产30项，自然与文化双重遗产4项。

自然遗产：

九寨沟风景名胜区（1992年）

黄龙风景名胜区（1992年）

武陵源风景名胜区（1992年）

云南三江并流保护区（2003年）

四川大熊猫栖息地（2006年）

中国南方喀斯特（2007年）

三清山国家公园（2008年）

中国丹霞（2010年）

澄江化石地（2012年）

文化遗产：

长城（1987年）

北京及沈阳的明清皇家宫殿：北京故宫（1987年）、沈阳故宫（2004年）

莫高窟（1987年）

秦始皇陵（1987年）

周口店北京人遗址（1987年）

承德避暑山庄和外八庙（1994年）

曲阜的孔庙、孔林、孔府（1994年）

武当山古建筑群（1994年）

拉萨布达拉宫历史建筑群（1994年，2000年，2001年）：布达拉宫（1994年）—大昭寺（2000年）—罗布林卡（2001年）

庐山国家公园（1996年）

丽江古城（1997年）

平遥古城（1997年）

苏州古典园林（1997年，2000年）：网师园、环秀山庄、留园、拙政园（1997

年)—沧浪亭、狮子林、艺圃、耦园、退思园(2000 年)

颐和园(1998 年)

天坛(1998 年)

大足石刻(1999 年)

青城山与都江堰(2000 年)

皖南古村落—西递、宏村(2000 年)

龙门石窟(2000 年)

明清皇家陵寝(2000 年,2003 年,2004 年):明显陵、清东陵、清西陵(2000 年)—明孝陵、明十三陵(2003 年)—盛京三陵(2004 年)

云冈石窟(2001 年)

高句丽王城、王陵及贵族墓葬(2004 年)

澳门历史城区(2005 年)

殷墟(2006 年)

开平碉楼与村落(2007 年)

福建土楼(2008 年)

五台山(2009 年)

登封"天地之中"历史建筑群(2010 年)

杭州西湖文化景观(2011 年)

元上都遗址(2012 年)

自然与文化双重遗产:

泰山(1987 年)

黄山(1990 年)

峨眉山风景区,含乐山大佛风景区(1996 年)

武夷山(1999 年)

第二节　古代建筑景观鉴赏方法

一、古代建筑景观的审美特征

古代建筑是人类繁衍发展和征服自然的历史遗存,蕴含着众多科学技术与文化艺术的元素,散发着浓郁的地域风韵和厚重的历史魅力。建筑审美就是通过对建筑物及其环境进行审美评价,来把握建筑的美学特征和价值。

(一)自然地域性

由于气候、地形、资源等自然条件的制约,古代建筑在结构形式、工艺材料、功能布局和艺术风格等方面体现出强烈的地域特征，表现出对自然环境的极大适应。北方建筑的土木结构、厚实的墙壁设计和南方建筑的竹木结构、轻巧通透的架空设计形成鲜明的对比，无一不显示出其适应环境的建筑思想。

（二）文化传承性

以道家思想为核心的中庸和谐、天人合一等中国的传统文化和哲学思想在中国古代传统建筑中潜移默化地成为建筑的灵魂，千百年支配着中国建筑师的设计思路，启发着他们的创作灵感。这种思想集中体现在中国民间建筑当中，其中北方的四合院民居建筑表现得尤为突出，这些思想也使院落成为中国建筑的审美中心。

（三）道德伦理性

以儒家思想为核心的重伦守礼、对称均衡等等级森严的思想观念深刻地反映在中国古代从奴隶社会到封建社会的千年历程中，特别是在皇宫和贵族的生活圈中，无论宫殿庙坛，还是城市规划，乃至彩绘装饰，这种等级规范深入到了建筑的每一个细节。

（四）空间整体性

与西方建筑大多单体成型不同，中国古代建筑更多地注重建筑群体之间的平衡与呼应，同时注重建筑与自然之间的协调，构建出博大精深的整体空间意象。北京故宫建筑群即是这一特点的突出代表。

（五）设计缜密性

阴阳、八卦、风水、堪舆等玄学元素在建筑上的运用，客观地使中国古代建筑呈现出宏观上的统一和细节上的精细。大至城郭的坐北朝南，小至厅堂的屏风玄关，乃至家具摆放或案头陈设，都表达出中国建筑对力与美、人与自然的和谐追求。

（六）建筑艺术性

无论来自民间或者官方的建筑形式，中国古代建筑均在照顾到其实用价值的同时，刻意地追求其美学价值，并在材料的选取、结构的组合、色彩的运用等方面不遗余力地追求超越技术层面的美学法则，使建筑的结构、布局、装饰等元素彰显出整体的美感。

（七）风格多样性

中国古代建筑不仅在地域上体现了不同民族的生活习俗和审美追求，也在引进西方宗教的同时充分吸收了其建筑特色，呈现出纷繁复杂的建筑风格。

二、古代建筑景观的鉴赏方法

（一）古代建筑的构造鉴赏

1. 建筑构件

(1)台基：台基出现得很早，从殷墟考古遗址的宫殿夯土高台来看，中国传统建筑已有建筑台基概念,增加建筑物尊贵感。到六朝时,佛教传入,台基形式开始变化,须弥座成为富视觉装饰意味的台基。

(2)柱础:柱础位于柱与地面接触位置,功能在于防水、防止脚踢、方便木柱抽换等,造型多样。

(3)铺面:铺面是指覆盖在主支承体表面的材料,它具有保护主支承体和表面装饰作用。铺面可分为室内铺面与室外铺面。

(4)栏杆:又称栏槛或钩栏。材料分木与石两种。

(5)屋身:屋身位于台基与屋顶之间,构造分为承重墙构造、梁柱构造与混合建造。

(6)斗栱:也称斗栱,是中国古代建筑独特的构件。方形木块叫斗,弓形短木叫拱,斜置长木叫昂,总称斗拱。一般置于柱头和额枋(又称阑头,俗称看枋,位于两檐柱之间,用于承托斗拱)、屋面之间,用来支撑荷载梁架、挑出屋檐,兼具装饰作用。由斗形木块、弓形短木、斜置长木组成,纵横交错层叠,逐层向外挑出,形成上大下小的托座。

(7)屋顶:中国古代屋顶有很多不同的形式,主要是坡顶,也有平顶的。坡顶有单坡顶、两坡顶、四坡顶等。两坡顶根据屋顶与山墙的关系分为硬山和悬山两种,四坡顶一般有四坡五脊的庑殿顶和四坡九脊的歇山顶。在处理大脊上还有清水脊和卷棚脊等形式。此外还有攒尖顶(分三角攒尖、四角攒尖、六角攒尖、八角攒尖、圆攒尖等)、盔顶、盝顶、十字脊顶。屋顶的形式与其等级有关,其等级由高至低分为:

庑殿顶(四阿顶):四坡屋顶,多用于殿堂式建筑。

歇山顶(九脊顶):由上半部硬山或悬山、下半部庑殿所组成,基本上只准官署使用。

攒尖顶(撮尖顶):包括圆攒尖、四角攒间、三角攒尖及八角攒尖等。

悬山顶(挑山顶):屋顶两侧突出于山墙。

硬山顶:屋顶两侧不突出于山墙。

卷棚顶:没有中脊之屋顶。

(8)门与窗,天花与藻井。门窗按其所处的位置不同分为围护构件或分隔构件,因不同的设计要求分别具有保温、隔热、隔声、防水、防火等功能,是中国古代建筑中重要的装饰构件。天花亦称顶棚,是建筑物内用以遮蔽梁以上部分的构件,一般可分为硬天花、软天花。藻井是中国传统建筑中室内顶棚的独特装饰部分,一般做成向上隆起的井状,有方形、多边形或圆形凹面,周围饰以各种花藻井纹、雕刻和彩绘,多用在宫殿、寺庙中的宝座、佛坛上方最重要部位。

(9)隔断:用于空间界定与分隔,材料分砖造、石造、木造及土墼造等。隔断分为完全隔断和部分隔断。

(10)装饰：内容分为彩画、雕刻、泥塑、剪黏、交趾陶与家具等。

2. 建筑特点

(1)以木为构。中国古代传统建筑多采用木构架为主的结构方式，大致分为抬梁式、穿斗式、井干式和干栏式等结构方式。

(2)单体造型。独特的单体造型设计得益于木构架的灵活使用，中国古代建筑在台基、铺面、屋身较为单一化的同时，呈现出平面布局和屋顶形式的多样化。

(3)中轴对称。以庭院为中心的古代建筑群落布局，多以一条主要的中轴线为核心，向两翼平面展开布局，表现出精致平和的对称美。

(4)方正严谨。院落布局的封闭性，既满足了安全舒适的生活需求，也顺应了中国传统的礼教宗法。受建筑材料、等级制度和审美情趣的三重影响，建筑高度和空间运用较西方建筑克制，保证了中国传统建筑的规整性。

(5)装饰丰富。木构架的大量重复运用为中国古代建筑产生了节奏和韵律，尺度的控制和比例的分割形成多样化的统一。木制材料的可塑性造就了中国建筑大量使用雕刻技法的可能性。基于防潮、防腐、防蠹的油漆技术亦逐渐发展成为具有强烈形式美感和等级划分的彩绘技艺。

(6)群体布局。通过中轴对称的展开或者十字对称的扩散，中国古代建筑的单体结构呈平面化群体布局，弥补了建筑单体不甚高大宏伟的弱点，强化了建筑空间序列的延展。

(7)文化意蕴。无论是中国固有的传统文化，还是从西方引进的宗教文化，对中国古代建筑都形成了强烈的影响。这些影响不仅体现在单体建筑的制式和装饰上，也体现在建筑周边的附属陈设上，它们以隔断、照壁、匾额、对联、雕塑、铸造等丰富和点缀着建筑。

(8)顺应自然。中国古代建筑在建筑与环境的配合协调方面具有很高的成就。除了以庭院为中心对自然景观的引进和利用外，中国传统建筑还十分注重与周边氛围乃至地域环境的协调与和谐。

(二)古代建筑的历史文化鉴赏

承载着千百年历史的中国古代建筑无言地述说着风雨往事，那些耳熟能详或是深藏不露的掌故、传说和史实，都为古代建筑披上一层神秘的面纱，赋予了刚性的建筑实体以无尽的人文色彩。可以说，若是没有“明朝那些事”和“清宫秘史”，北京紫禁城将变得机械和呆板；要是失去了孔子的事迹和儒学的思想，曲阜孔庙也将黯然失色。中国传统历史文化中的点点滴滴，成为中国古代建筑点睛之笔的最后一道装饰，也是最值得世人品味的神韵。

拓展知识

中国四大名楼与古代名人名篇

1. 黄鹤楼(湖北武汉)

崔颢《黄鹤楼》:昔人已乘黄鹤去,此地空余黄鹤楼。黄鹤一去不复返,白云千载空悠悠。晴川历历汉阳树,芳草萋萋鹦鹉洲。日暮乡关何处是,烟波江上使人愁。

2. 岳阳楼(湖南岳阳)

范仲淹《岳阳楼记》中名句"先天下之忧而忧,后天下之乐而乐"。

3. 滕王阁(江西南昌)

王勃《滕王阁序》中名句"落霞与孤鹜齐飞,秋水共长天一色"。

4. 鹳雀楼(山西永济)

王之涣《登鹳雀楼》:白日依山尽,黄河入海流。欲穷千里目,更上一层楼。

第三节　现代建筑景观与鉴赏

一、现代建筑的概念

中国现代建筑是指中国传统建筑受西方建筑与思潮影响,有别于中国传统建筑的空间、造型语汇、材料、艺术、营造方式的建筑。现代建筑又可大致分为新传统建筑、折中式建筑及世界建筑等。

新传统建筑指规格、方位为承袭传统建筑规制、工法等,但材料、营建系统、空间使用等,符合现代营建方式与法规的建筑。

折中式建筑指造型语汇、材料、工法等皆取各国之长处,外观有别于中国传统建筑,但仍保留诸多中国传统建筑风格的建筑。

世界建筑则指受世界现代建筑思潮影响,外观造型、材料等脱离中国传统建筑,与世界其他国家现代建筑有类似之处,但在空间观与人文内涵方面仍有中国观等的建筑。

二、中国现代建筑景观类型

(一)商业建筑景观

中国城市化进程的加速、市场经济的快速发展、城市人口密度日益增大,使得中国现代商业建筑如雨后春笋般迅速拔地而起,世界最高的五大摩天大楼中,中国大陆以及香港和台湾各占一席。

台北 101(TAIPEI 101)是位于台湾台北市信义区的一栋摩天大楼,楼高 509.2 米(包括 1.2 米的地基),总楼层共地上 101 层、地下 5 层,由建筑师李祖原及其团队设计、KTRT 团队建造,于 1999 年动工,2004 年 12 月 31 日完工启用。其最初名称为台北国际金融中心(Taipei World Financial Center),之后改为现名,亦俗称为 101 大楼。名称除了点出大楼的楼层总数,更有超越顶尖的含义。台北 101 整合了东方古典主义文化及台湾本土特色,以劲竹节节高升为造型,通过高科技材质营造生生不息的形象。台北 101 以中国人的吉祥数字八作为设计单元,每八层楼为一个结构单元形成一组自主构成的空间,彼此接续、层层相叠,构筑整体。该楼曾于 2004 年 12 月 31 日至 2010 年 1 月 4 日间拥有"世界第一高楼"的纪录。以美国权威建筑机构世界高楼协会(CTBUH)所定的高度标准计算,台北 101 目前是世界第三高楼、全球最高绿建筑、环地震带最高建筑,同时也是台湾、东亚及环太平洋地区最高的建筑物;大楼内拥有全球最大的阻尼器、全球起降速度次快的电梯。

拓展知识

摩天大楼

摩天大楼(Skyscraper),又称摩天楼、超高层大楼,是指高度相当高的建筑物。起初为 10～20 层的建筑,但是现在通常指超过 40～100 层的大厦。随着高层建筑在各地的发展,各地对摩天大楼的定义也略微不同。在日本,法规定义超过 60 米就属于超高层建筑;在美国,则普遍认为 500 英尺(152 米)以上的建筑为摩天大楼;中华人民共和国《民用建筑设计通则》GB50352—2005 规定,建筑高度超过 100 米时,不论住宅及公共建筑均为超高层建筑,随着大量超高层建筑的发展,现今中国大陆则普遍认为 650 英尺(198 米)以上的建筑为摩天大楼。

直到 19 世纪,超过 6 层楼的建筑物仍相当罕见。人们不愿爬太多的阶梯,而水压式垂直升降机仅能提升约 15 米的高度。发达的钢铁技术,钢筋混凝土与抽水泵让建筑极高的大楼成为可能,那些极高的建筑物之中有些超过 300 米高。实际上摩天大楼的发展,主要的因素源于升降机的发明。

摩天大楼最初兴起于 19 世纪末美国纽约市与芝加哥地价昂贵、用地不足的区域。为了城市商业发展,增加更多营业面积而兴建摩天大楼。

1871 年 10 月 8 日美国芝加哥发生大火,灾后重建时为了节约市中心用地,高层建筑应运而生。城市的重建计划广泛地采用新的建筑技术与新的建材,包含电梯的使用。随之诞生的密斯·凡德罗模式探讨了新技术在高层建筑上的应用,也探讨了高层建筑的造型问题。

威廉·勒巴隆·詹尼设计的芝加哥家庭保险大楼被世界公认为第一幢摩天建筑。这座10层楼的大楼建造于1884—1885年,毁于1931年。

第一次世界大战之后,世界经济重心从欧洲移转至美国,至1929年经济大恐慌,美国建筑迎来繁荣期,摩天大楼也随着美国经济而快速发展。1931年,102层的帝国大厦于纽约落成,此后长达40年的时间,帝国大厦雄踞世界第一高楼的地位,帝国大厦成为摩天大楼甚至纽约的象征。

1974年芝加哥西尔斯大厦竣工,取代纽约世界贸易中心双塔的世界最高大楼的地位,也让世界第一的光荣重回芝加哥——这座被称为摩天大楼发源地的城市。近年来,亚洲新兴国家的经济实力逐渐上升,超高摩天大楼的排行榜,也从原来的美洲独霸,转移到亚美争锋。1998年完工的吉隆坡双峰塔将原来竞逐世界第一高楼阵营的美洲大陆,转移到亚洲。2004年完工启用的台北101大楼,是现今世界第三高的摩天大楼。阿拉伯联合酋长国迪拜的哈利法塔,则成为现今最高的摩天大楼。

世界最高摩天大楼排名(前10名)

排名	名称	城市	所在地区	所在洲	高度	楼层	落成年份
1	哈里发塔	迪拜	阿拉伯联合酋长国	亚洲	828米	163	2010
2	麦加皇家钟塔饭店	麦加	沙特阿拉伯	亚洲	601米	120	2012
3	台北101大楼	台北	中国台湾	亚洲	508米	101	2003
4	上海环球金融中心	上海	中国	亚洲	492米	101	2008
5	环球贸易广场	香港	中国	亚洲	484米	118	2010
6	双峰塔	吉隆坡	马来西亚	亚洲	452米	88	1998
7	紫峰大厦	南京	中国	亚洲	450米	89	2009
8	韦莱集团大厦	芝加哥	美国	北美洲	442米	108	1973
9	京基100	深圳	中国	亚洲	441米	100	2011
10	广州国际金融中心	广州	中国	亚洲	438米	103	2010

备注:排名截止2011年,已被摧毁的大厦未列入。它包含最高的建筑细节,但不纳入不算是建筑结构所带来的高度,譬如天线。

(二)公共性建筑

随着中国举办2008奥运会和2010世博会,中国的现代公共性建筑达到了历史上前所未有的高度,走在世界的前列。世界精英建筑艺术家们的眼光一时间都集中到了中国北京和上海两块炙手可热的土地，以期发挥他们丰富的想象力和创造力。体育场馆和会展中心成为中国现代公共性建筑的标志和典范。

国家体育场，位于北京市朝阳区奥林匹克公园，是2008年北京奥运会的主场馆，由于独特的造型又俗称“鸟巢”。体育场在奥运会期间设有10万个座位，承办2008年奥运会的开、闭幕式，以及田径和足球等比赛项目。奥运会后座位数将减至8万个。国家体育场长330米，宽220米，高度为69.2米，占地25万平方米，整个建筑造型呈椭圆的马鞍形。运用高达4.5万吨钢建成的体育馆，建筑费用高达人民币35亿元。同时，场馆使用了聚四氟乙烯的气枕式薄膜，这薄膜的好处是耐腐蚀、透光性能好，可以柔和地散射开阳光，避免结构框架投下凌乱的阴影。在2002年，北京市规划委员会举办了2008年北京市奥运会主场馆的全球方案征集活动。该建筑的设计由普利兹克奖获得者、建筑大师赫尔佐格（Herzong）和皮埃尔·德麦隆（Pierre Demeuron）以及中国建筑设计师李兴刚合作完成。此馆于2003年12月动土，2004年3月正式开工。但因庞大的建筑经费而不得不于2004年8月暂时停工。经过一连串的讨论与修改，原计划中体育场的上盖被取消，专家称这不但会使体育场更加安全，同时也可以消减部分开支。最终体育场于2005年初恢复开工，并于2008年6月28日完工。国家体育场的外形是以众多钢铁不规则地“编织”而成，外形如一个鸟巢般，因此又称为“鸟巢”体育场。而钢架的空隙拉上半透明的充气薄膜，既可防水又可让阳光渗进。

国家游泳中心，俗称“水立方”，是2008年北京奥运主要的水上项目比赛场馆，位于奥林匹克公园，奥运期间用作游泳、花样游泳与跳水赛事。建筑费用为10.2亿元。国家游泳中心是为北京奥运而新建的体育场，是众多北京奥运比赛场馆当中唯一由港澳台人士、华侨等华人捐资建造的场馆。工程于2003年12月24日正式展开。签订合约。该比赛场馆由澳大利亚PTW公司、ARUP公司、新南威尔士大学城市建筑学院、中建国际（深圳）设计公司联合设计。2006年8月3日，国家游泳中心的外部支架（即钢架）工程完成，并开始安置大小不一的“气泡”——膜结构外墙。9月17日，钢结构安装顺利完成。随后两个月，634个气枕安装全部完成。12月26日，外层膜结构封闭完成。2008年1月29日，“水立方”正式竣工，在奥运会期间用于外围赛和好运北京测试赛。国家游泳中心表面看如一个装满水的立方体，在外墙上安装了面积大小不一、镀点不同的膜结构。覆盖了10万平方米外墙的膜结构由于镀度不一和，可使光折射角度改变，减少场馆因室温高而增加用电的状况。为了让它看起来像是一个个泡泡，设计团队采取聚四氟乙烯膜，先将3000多个聚四氟乙烯膜气枕铺设于水立方建筑上，再透过管线充气，并以电脑监控，使气泡维持最佳状态。聚四氟乙烯膜运用在建筑外观的好处是容易清洁，能防腐并可散热，透光性强，且形体轻盈，不需要厚重钢架支撑。另外，国家游泳中心的总建筑面积为6.5万至8万平方米,地下部分的建筑面积不少于15000平方米,内除设多个游泳池、跳台、永久座席6000个、临时座席11000个外,还包括随队官员区、竞赛管理区、贵宾区与媒体区。

中国2010年上海世界博览会中国馆(简称中国馆)是2010年上海世博会上代表中国的主题展馆,位于世博园区的核心区。中国馆共分为国家馆和地区馆两部分。其中,国家馆建筑面积为27000平方米,地区馆为45000平方米。展馆于2007年12月18日正式开工,并于2010年2月正式竣工。现已被改为中华艺术宫。(详见本章第四节内容)

(三)具有审美特征的构造物

随着时代的进步,中国现代建筑中的部分构造物亦在完成其实用功能要求的同时,达成了人们对于审美的需求。

广州塔又称广州新电视塔,昵称小蛮腰,位于广州市天河区(艺洲岛)赤岗塔附近地面,标高600米,距离珠江南岸125米,与海心沙岛及珠江新城隔江相望。广州塔是一座以观光旅游为主,具有广播电视发射、文化娱乐和城市窗口功能的电波塔,为2010年在广州召开的第十六届亚洲运动会提供转播服务。广州塔由上海建工集团负责施工,在2009年9月竣工,并于2010年10月1日起正式对公众开放。广州塔竣工后的整体高度达到600米,其中塔身主体454米,天线桅杆146米,成为广州的新地标。但这一高度在2012年3月1日,被日本东京晴空塔(634米)的世界第一高塔超越。此外,广州塔比世界第一高楼哈里发塔(828米)矮228米,在世界最高的独立构筑物列表中排名第三。塔身设计方案为圆形的渐变网格结构,其造型、空间和结构由两个向上旋转的椭圆形钢外壳变化生成,一个在基础平面,一个在假想的450米高的平面上,两个椭圆扭转在腰部收缩变细。格子式结构底部比较疏松,向上到腰部则比较密集,腰部收紧固定了,像编织的绳索,再向上格子式结构放开,由逐渐变细的管状结构柱支撑。平面尺寸和结构密度是由控制结构设计的两个椭圆控制的,它们同时产生了不同效果的范围。顶部更开放的结构产生了透明的效果,可供瞭望;建筑腰部较为密集的区段则可提供相对私密的体验。塔身整体网状的漏风空洞,可有效减少塔身的笨重感和风荷载。阻尼装置为电视塔靠近顶层的中央核心筒的两个各500吨容量的铁质水箱,水箱的下面安装有轨道,以便水箱可以滑动。当塔身晃动时,水箱可以通过传感器向反方向滑动,以此来消减塔身的晃动幅度,这可以使晃动位移降低40%。塔身采用特一级的抗震设计,可抵御强度7.8级的地震和12级台风,设计使用年限超过100年。塔身外形通过钢斜柱、斜撑、环梁和内部的钢筋混凝土筒体的运用,实现垂直圆柱、水平圆环和对角线三个主要设计元素。塔身主色调为银灰色,采用外浅内深、层层深入的色彩过渡方案,其中,由24根锥形钢柱组成的外筒钢结构采用浅灰色,46个圆环采用中灰色，而最里面的混凝土核心筒采用深灰色；塔身灯由 1080 个节点 LED 灯组成，通过计算机控制电路，可以产生各种变化的视频广告效果。塔顶有三台射程超过 1000 米的激光灯束，分别指向珠江新城的广州双塔和中信广场；而天线桅杆通过时控电路控制，每天亦可锁定不同颜色。塔身设计结合建筑、结构和美学，构成了一个纤细、挺拔、镂空、开放的外形效果。

拓展知识

世界塔式建筑高度排名(支柱式铁塔除外)

1. 东京晴空塔
2. 广州塔
3. 西恩塔
4. 奥斯坦金诺电视塔
5. 东方明珠广播电视塔
6. 默德塔
7. 吉隆坡塔

三、中国现代建筑景观鉴赏

由于缺乏历史沉淀，人们在观察现代建筑的时候，往往只能通过建筑物的材料选取、造型设计、实用功能和艺术展现的角度去鉴赏和品味，全球一体化和经济全球化的浪潮使得包括建筑在内的产业同质化，真正经得起时间和历史考验的建筑艺术作品也许需要等待未来的人们来甄别。

以下提供对于现代建筑鉴赏的部分原则：

- 强调建筑随时代发展而变化，现代建筑应该与工业时代的条件特点相适应。
- 强调建筑师要研究和解决建筑的实用功能需求和经济问题。
- 强调现代建筑对古代建筑优良品质的传承。
- 主张采用新材料、新结构，促进建筑技术革新，在建筑设计中运用和发挥新材料、新结构的特性。
- 主张摆脱历史上过时的建筑传统的束缚。
- 主张创造新的建筑艺术风格，发展建筑美学。
- 主张采用最少材料最大功能性导向。
- 主张采用几何外形达成美感。
- 主张不使用不含有意义的特殊装饰。

• 主张通过简单连续的复制完成结构。

• 主张符合结构力学。

第四节　典型案例鉴赏

一、古代建筑

（一）北京故宫

北京故宫南北长961米，东西宽753米，面积约为725000平方米。城墙高12米，底厚10米，顶厚6米至7米，由四周52米宽的护城河围护。有四门：正南为午门，东为东华门，西为西华门，北为玄武门（神武门）。玄武门现为故宫博物院正门。

明朝初期有殿宇1630余座，清朝乾隆时期有殿宇1800余座，现存殿宇约2631座；紫禁城各宫殿样式图细画至“寸”，自康熙起雷氏家族代代测量、绘制典藏到民国初年。相传故宫共有9999.5座屋，实际据1973年专家现场测量故宫有大小院落90多座，房屋有980座，共计8704间。而此“间”并非现今房间之概念，此处“间”指四根房柱所形成的空间。

故宫在辛亥革命之前被称为“紫禁城”。它的名字来自“紫微星垣”，中国古代星像学家把天上的星星分为三垣、四象、二十八星宿等。其中三垣指紫微星垣、太微星垣和天市星垣。紫微星垣居于正中，据传皇天上帝的居所（紫宫）就在紫微星垣中，人间皇帝自称“天子”便仿皇天上帝居所的名字用其“紫”字为紫禁城。故宫是以黄瓦、红墙、金饰、白石构成的建筑群。其中黄色琉璃瓦是天子的象征。

紫禁城最初的建设投入工匠23万人，民工士兵上百万，前后延续了15年之久。

北京故宫为明成祖朱棣于公元1406年开始建设，为厌弃元代气运，基本上并没有在元朝大都皇宫的基础上建构，而向东移150米，重新起造皇宫，包括所有宫殿宫墙均重新建造，规模超过大都皇宫，略小于南京紫禁城，设计师为工匠出身的御用匠师蒯祥，公元1420年正式落成。从1420年落成到1911年清帝逊位的约500年间，共有明清两代24帝在故宫生活过。

1403年（永乐元年），朱棣颁诏改北平为北京。从永乐元年至三年，多次下令从各地迁入人口至北京。永乐五年闰七月，朱棣颁诏开始营建紫禁城。主持营建工程为泰宁侯陈圭、工部侍郎吴中、刑部侍郎张思恭、设计师蔡信。著名的工匠如石工陆祥、瓦工杨青等以及大量工匠，在永乐五年五月到达北京。

建造紫禁城和改造北京是同时进行的，以原来的元大都城为基础改建。紫禁城工程开始后不久受到长陵建设及永乐八年和十一年朱棣攻打蒙古影响放慢，至永乐十六年六月方才开始重新集中力量开工。这次由蔡信统筹安排，在木工蒯祥、石工陆祥、瓦工杨青配合下，制作预制件并加紧拼装。

永乐十八年（1420 年）十一月紫禁城完工前，朱棣正式宣布定都北京。十二月紫禁城完工。永乐十九年（1421 年）正月初一明都迁移完成，朱棣特意在紫禁城内举行庆祝活动。五月遭雷击发生大火，前三殿被焚毁。

1440 年（正统五年），重建前三殿及乾清宫。1459 年（天顺三年），营建西苑。1557 年（嘉靖三十六年），紫禁城大火，前三殿、奉天门、文武楼、午门全部被焚毁，至 1561 年才全部重建完工。1597 年（万历二十五年），紫禁城大火，焚毁前三殿、后三宫。复建工程直至 1627 年（天启七年）方完工。

1644 年（崇祯十七年），李自成军攻陷北京，明朝灭亡。李自成向陕西撤退前焚毁紫禁城，仅武英殿、建极殿、英华殿、南薰殿、四周角楼和皇极门未焚，其余建筑全部被毁。同年清顺治帝至北京。明末清初任职工部 40 年官员周九依十分之一缩小比例模型，重建紫禁城成功，此后历时 14 年放大原比例复建，将中路建筑基本修复。1683 年（康熙二十二年），开始重建紫禁城其余被毁部分建筑，至康熙三十四年基本完工。1735 年（雍正十三年），清高宗（乾隆帝）即位，此后六十年间对紫禁城进行大规模增建和改建。1813 年（嘉庆十八年），天理教教徒林清率教众攻打紫禁城。光绪十四年（1886 年）太和门护军值班室发生火灾，由于救火设施不完善，大火烧了两天，贞度门、太和门、昭德殿被焚。此次损坏直到光绪二十年才修复完毕。

1911 年，武昌起义爆发，清帝退位。但按照与中华民国签订的优抚条件，清皇室仍然居住于紫禁城内。1923 年（民国十二年），建福宫发生火灾。1924 年（民国十三年），冯玉祥发动“北京政变”，驱逐清帝溥仪。1925 年（民国十四年）10 月 10 日，在原紫禁城的基础上建立国立故宫博物院。1933 年（民国二十二年），国立故宫博物院文物南迁，以躲避日本侵略。1948 年（民国三十七年），国立故宫博物院南迁约总量 2/3 的文物到台湾。

1949 年 2 月，解放军占领北平后，不久成立故宫博物院。1950 至 1960 年，陆续有人提出故宫改建计划，后因种种原因搁置。

1961 年，经政务院批准，北京故宫被定为全国第一批重点文物保护单位。1966 年，在周恩来的命令下故宫受到保护，逃过文化大革命的劫难。

1987 年，北京故宫被联合国教科文组织列入世界文化遗产名录。

2004 年北京市规划委员会和北京市文物局为保护世界文化遗产故宫的周边环境，以达到联合国教科文组织保护世界文化和自然遗产政府间委员会对世界遗产周边缓冲区的要求，对故宫保护缓冲区作出规划草案。经过市民评议确定了以 1984 年市政府批准（1987 年修正）的旧皇城及北城区（含故宫）保护范围建设控制地带为基础，并结合北京历史文化名城保护规划、北京皇城保护规划要求的故宫保护缓冲区。缓冲区的范围北至北二环中路，南至前三门大街东西至东西皇城根，占地面积780公顷；建设控制区占地面积597公顷；故宫占地面积86公顷；共计1463公顷。该缓冲区方案于2005年2月经批准报世界遗产中心备案后正式生效。

在紫禁城的建设中，供应建设紫禁城的楠木木料，从西南各省、长江沿岸及浙江江西的深山老林中砍伐后利用江河运送出去，运到崇文门外的神木厂存储加工。楠木如从四川运达北京往往要三到五年。地板的金砖是苏州、松江等五府生产；大城砖和青砖来自山东临清；红色颜料取自山东鲁山、博山；汉白玉来自房山县大窝；京西门头沟提供青石、白石；花岗石来自曲阳县；河北宣化烟筒山提供杏黄色刷墙包金土。其中石材的运送最为困难，例如保和殿后面的云龙石雕，是冬天时在地面浇水冻成冰后，下铺滚木用人力从房山花20多天拉到北京。紫禁城所用琉璃瓦件，是北京海王村（今天的琉璃厂）和黑窑厂（今天的陶然亭北一带）烧制的，白灰则是京西大灰厂制作。

各门简介：

天安门：建于明永乐十五年（1417年），原名“承天门”。皇城城门的正门。最初时，它仅是一座三层五间式的木结构牌楼，名字叫做“承天门”。天顺元年（1457年），牌楼毁于雷火，八年后的成化元年（1465年）重建为面阔九间、进深五间的重檐歇山式城楼。崇祯十七年（1644年），李自成攻入北京，仅逗留40日便被迫撤出，撤退前草草登极，当晚“焚毁宫殿及九门城楼”，承天门再次被毁。清顺治八年（1651年）在废墟上进行了大规模改建，重修为一座城楼，名字也改成“天安门”，取“受命于天，安邦治民”之意。

午门：建于明永乐十八年（1420年），清顺治年间重建。楼阁巍峨，十分壮观。平面呈倒“凹”字形，分上下两部分。上部正中为门楼一座，面阔9间，进深5间，重檐庑殿顶。两侧有重檐攒尖顶的方亭。下部为墩台，正中开三门，两侧各有一掖门。中门为皇帝出入专用，但在清代，新科状元、榜眼、探花在发榜之日可以从该门进出一次。此外，皇帝结婚时，皇后可以乘轿从中门进入，其他文武官员从左门进出，宗室王公从右门进出。清代时，午门还是皇帝每年冬至颁发下一年历书之处。遇有战争获胜，也在此处举行凯旋、“献俘”的仪式。

神武门：建于明永乐十八年（1420年），原名“玄武门”。清康熙帝（玄烨）即位为避讳所以将其易名“神武门”。原来门楼上设有钟鼓，每日起更、黄昏时鸣钟108响。清代，该门是帝后巡幸和去京西各园时进出的大门。当选秀女时，此门也是被选女子出入紫禁城的通道。

地安门：建于明永乐十八年（1420年），原名“北安门”。清顺治九年（1652年）重修，改名“地安门”。整体建筑为宫门式砖木结构，面阔七间，中央三间为通道，左右各两间作为值房。

东华门:故宫的东侧门。

西华门:故宫的西侧门。

门禁制度:明代夜间,紫禁城各城门采用传铃巡更制度。在紫禁城城垣和护城河之间,建看守铺房40座,名为红铺,每铺驻10人。设了41个铜铃,放在阙右门。每晚从阙右门开始每隔一段时间传出一个铃,最后全部传回阙右门。

清代入夜后四门都会上锁,钥匙由护军校送到景运门司钥长保管,第二天送回。传铃制则改为传筹,每晚传红色木棒八根。四个城门的守卫任务交给八旗的满族护军担当,乾隆年间四门又设章京各二人。嘉庆十八年林清起义后,四门又增设火器营官兵400人守卫。对无故闯入者施以重刑。

外朝及三大殿:太和殿、中和殿、保和殿合称三大殿,连同东侧文华殿、西侧武英殿称为"外朝"。

太和门:面阔9间,进深3间。明初称"奉天门",后称"皇极门",清朝时称"太和门",全高23.8米。现存的太和门是光绪年间重建的。明朝规定,文武官员每天拂晓在奉天门早朝,皇帝也亲自到此处接受朝拜和处理政务,叫作"御门听政"。清初,皇帝曾在太和门受朝、赐宴等,但御门听政改在乾清门举行。

太和殿:俗称"金銮殿",明初称"奉天殿",后称"皇极殿",清朝时称"太和殿"。"太和"二字是说宇宙间一切关系都得到协调的意思。建在有汉白玉围栏的三层高大露台上,为"前三殿"之第一殿,殿高35米,面积2381平方米,是中国最大的一座木结构宫殿。面阔11间,进深5间,为中国古代殿宇最高等级的重檐庑殿顶。檐角有10个走兽,为中国古建筑之特例。太和殿是举行新皇帝登基、颁布重要诏书、"金殿传胪"(公布新进士名单)、派大将出征以及每年元旦节、冬至节、皇帝生日等重大仪式的地方。

中和殿:明初称"华盖殿",后称"中极殿",清朝时称"中和殿"。"中和"二字是说凡事要做到不偏不倚,才能使各方面关系处理得协和调顺,符合"中庸之道"。面阔、进深各3间。四角攒尖顶。内设宝座,皇帝参加大典前先在此休息,或由近臣演习礼仪。

保和殿:明初称"谨身殿",后称"建极殿",清朝时称"保和殿"。"保和"二字是说要保持事物间的协调关系。面阔9间,进深5间。重檐歇山顶。宴请外藩王公大臣的场所。从乾隆开始,殿试由太和殿移到此举行。

后三宫:

乾清门:清初"御门听政"在此举行。清康熙时,在此处听政最多,至咸丰以后就不再实行了。乾清门东为九卿值房,西为内务府值房,中间为军机值房,俗称"军机处"。

乾清宫:故宫“后三宫”之第一宫。连廊面阔9间,进深5间,重檐庑殿顶。明思宗崇祯于此宫内迫周皇后悬梁自尽,至清康熙时为康熙幼年时代寝室。内有“正大光明”匾,清朝雍正帝设“秘密立储”制度后传位诏书藏此匾后。清初,该宫也是皇帝的寝宫,而至清代第三个皇帝雍正移居养心殿后,皇帝就不再居住在这里了。

交泰殿:故宫“后三宫”之第二宫。面阔进深匀为3间,单檐攒尖顶。该殿是皇后过生日举办寿庆活动的地方。

坤宁宫:故宫“后三宫”之第三宫。清顺治十二年(1655年),该宫仿照沈阳故宫重建。面阔连廊9间,进深3间,重檐庑殿顶。紫禁城内最具满族住宅风格宫殿。明及清朝雍正帝之前的皇后寝宫。雍正后,西暖阁为满人的信仰——萨满的祭祀地,东暖阁为帝后成婚的大婚喜房。

养心殿:清朝自雍正之后,皇帝在故宫内的实际居所。慈禧、慈安二太后垂帘听政就在养心殿东暖阁。内设宝座、御案,皇帝在此办理日常政务及接见大臣。

御花园:该园建于明代,为皇宫的宫廷花园。面积约一万余平方米,布局紧凑,建筑富丽,小巧玲珑,古色古香,极为幽雅。

(二)北京天坛

天坛始建于明永乐十八年(1420年),最初实行天地合祀,叫作天地坛。嘉靖九年(1530年)实行四郊分祀制度后,在北郊觅地另建地坛,原天地坛则专事祭天、祈谷和祈雨,并改名为天坛。清代基本沿袭明制,在乾隆年间曾进行过大规模的改扩建。目前的主体建筑除祈年门和皇干殿是明代建筑外,其余都是清代建造的。

1860年和1900年天坛先后被英法联军和八国联军占据,他们将几乎所有的陈设和祭器都席卷而去。八国联军甚至还把司令部设在这里,并在圜丘坛上架设大炮,攻击正阳门和紫禁城。中华民国成立后,除袁世凯登基外,天坛不再进行任何祭祀活动。1918年起辟为公园,正式对民众开放。目前园内古柏葱郁,是北京城南的一座大型园林。

天坛占地约273万平方米,是故宫面积的四倍。作为中国规模最大、伦理等级最高的古代祭祀建筑群,它的布局严谨,建筑结构独特,装饰瑰丽,巧妙地运用了力学、声学和几何学等原理,具有较高的历史、科学和文化价值,在中国建筑史上占有重要的地位。

天坛被两重坛墙分隔成内坛和外坛,形似“回”字。两重坛墙的南侧转角皆为直角,北侧转角皆为圆弧形,象征着“天圆地方”,俗称“天地墙”。外坛墙周长6553米,原本只在西墙上开辟祈谷坛门和圜丘坛门,1949年后又陆续新建了东门和北门,并把内坛南面的昭亨门改为南门。

天坛的内坛墙周长4152米,辟有六门:祈谷坛有东、北、西三座天门,圜丘坛的南面有泰元、昭亨和广利门。主要建筑都集中在内坛,南有圜丘坛和皇穹宇,北有祈年殿和皇干殿，两部分之间有隔墙相隔，并用一座长360米、宽28米、高2.5米的“丹陛桥”（砖砌甬道）连接圜丘坛和祈谷坛，构成了内坛的南北轴线。

圜丘坛是皇帝举行祭天大礼的地方，始建于嘉靖九年（1530年）。坛平面呈圆形，共分三层，皆设汉白玉栏板。坛面原来使用蓝琉璃砖，乾隆十四年（1749年）重建后，改用坚硬耐久的艾叶青石铺设。每层的栏杆头上都刻有云龙纹，在每一栏杆下又向外伸出一石螭头，用于坛面排水。顶层中心的圆形石板叫做太阳石或者天心石，站在其上呼喊或敲击，声波会被近旁的栏板反射，形成显著的回音。

古代中国将单数称作阳数，双数称作阴数。在阳数中，数字9是“阳数之极”，表示天体的至高至大，叫作“天数”。圜丘坛的栏板望柱和台阶数等，处处是9或者9的倍数。顶层圆形石板的外层是扇面形石块，共有9层。最内一层有9块石块，而每往外一层就递增9块，中下层亦是如此。三层栏板的数量分别是72块、108块和180块，相加正好360块。三层坛面的直径总和为45丈，除了是9的倍数外，还暗含“九五之尊”的寓意。

圜丘坛外有两重围墙，内圆外方，四面各辟棂星门一座。西南角有望灯台三座（南北二座仅余遗迹），东南角有燔柴炉、瘗坎、燎炉和具服台。坛东还有神库、神厨、宰牲亭、祭器库、乐器库和棕建库等附属建筑。

圜丘坛以北是皇穹宇，祭天时使用的祭祀神牌都存放在这里。它始建于嘉靖九年（1530年），初名泰神殿，十七年（1538年）起改称皇穹宇。乾隆十七年（1752年）重修后为鎏金宝顶单檐攒尖顶建筑，用蓝色琉璃瓦铺设屋顶，象征青天。大殿直径15.6米，高19.02米，由八根金柱和八根檐柱共同支撑起巨大的殿顶，三层天花藻井层层收进，构造精巧。殿正中有汉白玉雕花的圆形石座，供奉“皇天上帝”牌位，左右配享皇帝祖先的神牌。正殿东西各有配殿，分别供奉日月星辰和云雨雷电等诸神牌位。整个殿宇的外观状似圆亭，坐落在2米多高的汉白玉须弥座台基上，周围均设石护栏。

皇穹宇的正殿和配殿都被一堵圆形围墙环绕，墙高3.72米，直径61.5米，周长193.2米。内侧墙壁由磨砖对缝砌成，弧度规则，墙面平整光洁，能够有规则地传递声波，而且回音悠长，故称“回音壁”。另外，在皇穹宇殿前到大门中间的石板路上，由北向南的三块石板叫做三音石。在皇穹宇门窗关闭而且附近没有障碍物的情况下，站立于第一块石板上击掌，可听到回音一声；于第二块石板上击掌，可听到回音两声；于第三块石板上击掌，可听到回音三声。

祈年殿在天坛的北部，位于祈谷坛中央，原名大祈殿、大享殿，始建于明永乐十八年（1420年），是天坛最早的建筑物。乾隆十六年（1751年）修缮后，改名为祈年殿。光绪十五年（1889年）毁于雷火，数年后按原样重建。目前的祈年殿是一座直径32.72米的圆形建筑，鎏金宝顶蓝瓦三重檐攒尖顶，层层收进，总高38米。祈年殿的内部结构比较独特，不用大梁和长檩，仅用楠木柱和枋桷相互衔接支撑屋顶。殿内有楠木柱二十八根，数目排列切合天象：中央 4 根龙柱高 19.2 米、直径 1.2 米，象征四季，中圈 12 根金柱象征一年十二个月，外层 12 根巨柱象征一天十二个时辰，中层和外层相加象征二十四节气，三层柱总共 28 根象征二十八宿。殿内地板的正中是一块圆形大理石，带有天然的龙凤花纹，与殿顶的蟠龙藻井和四周彩绘金描的龙凤和玺图案相互呼应，使整座殿堂显得十分富丽堂皇。祈年殿的殿座就是圆形的祈谷坛，三层 6 米高，气势巍峨。坛周有矮墙一重，东南角设燔柴炉、瘗坎、燎炉和具服台。坛北有皇干殿，面阔五间，原先放置祖先神牌，后来牌位移至太庙。坛边还有祈年门、神库、神厨、宰牲亭、走牲路和长廊等附属建筑。长廊南面的广场上有七星石，是嘉靖年间放置的镇石。

天坛的附属建筑主要有斋宫和神乐署；原本还有牺牲所等，现已被毁。斋宫在西天门内，是皇帝在祭祀前的沐浴斋戒之所。宫殿面向东，占地约 4 万平方米，外围有城壕环绕，内部房屋总共 60 多间。大殿面阔五间，殿内没有梁枋木柱，因此也被称作无梁殿。正殿的月台上有两座石亭，左为斋戒铜人亭（相传是仿唐代魏徵像铸造的）、右为时辰牌位亭。殿后有寝殿五间，东北隅有钟鼓楼一座，内悬明永乐年间铸造的“太和钟”一口。神乐署在西天门外，是专门用来培训祭祀乐舞人员的机构，俗称天坛道院。内有三进院落，前殿面阔五间，用于排演，后殿面阔七间，供奉神祇。两旁的东西跨院内还有不少从属建筑。

天坛建筑的主要设计思想是突出天空的辽阔高远，以表现“天”的至高无上。在布局方面，内坛位于外坛的南北中轴线以东，而圜丘坛和祈年坛又位于内坛中轴线的东面，这些都是为了增加西侧的空旷程度，使人们从西边的正门进入天坛后，就能获得开阔的视野，以感受到上天的伟大和自身的渺小。就单体建筑来说，祈年殿和皇穹宇都使用了圆形攒尖顶，它们外部的台基和屋檐层层收缩上举，也体现出一种与天接近的感觉。

天坛还处处展示着中国传统文化所特有的寓意、象征的表现手法。北圆南方的坛墙和圆形建筑搭配方形外墙的设计，都寓意着传统的“天圆地方”的宇宙观。而主要建筑上广泛地使用蓝色琉璃瓦，以及圜丘坛重视“阳数”、祈年殿按天象列柱等设计，也是这种表现手法的具体体现。

此外，在天坛中的大片柏树林在创造肃穆、静谧的环境方面也起很大作用，利用姿态挺拔和色调沉静的常绿树所具有的庄严肃穆的氛围，衬托祭祀活动的威严庄重。

（三）罗马竞技场

罗马竞技场（又译作罗马大角斗场、罗马圆形斗兽场、科洛西姆或哥罗塞姆；原名弗莱文圆形剧场），是古罗马时期最大的圆形角斗场，建于公元 72 年—82 年间，现仅存遗迹位于现今意大利罗马市的中心。

竞技场由韦斯巴芗皇帝下令修建,在其儿子提图斯在位期间建成,下一位国王图密善又曾修建它,是古罗马帝国标志性的建筑物之一。竞技场建在另一个罗马皇帝尼禄的“金宫”原址之上。斗兽场是古罗马举行人兽表演的地方,参加的角斗士要与一只牲畜搏斗直到一方死亡为止,也有人与人之间的搏斗。根据罗马史学家狄奥·卡西乌斯的记载,竞技场建成时罗马人举行了为期100天的庆祝活动,宰杀了11000只牲畜。

竞技场这种建筑形态起源于古希腊时期的剧场,例如埃庇道努剧场(约公元前330年,设计师:皮力克雷托斯),当时的剧场都傍山而建,呈半圆形,观众席就在山坡上层层升起。但是到了古罗马时期,人们开始利用拱券结构将观众席架起来,并将两个半圆形的剧场对接起来,因此形成了圆形剧场,并且不再需要靠山而建了。罗马竞技场就是罗马帝国内规模最大的一个椭圆形角斗场,它长轴187米,短轴155米,周长527米,中央为表演区,长轴86米,短轴54米,地面铺上地板,外面围着层层看台。看台约有60排,分为五个区,最下面前排是供元老、长官、祭司等使用的贵宾区,第二区供贵族使用,第三区是给富人使用的,第四区由普通公民使用,最后一区则是给底层妇女使用,全部是站席。在观众席上还有用悬索吊挂的天篷,这是用来遮阳的;而且天篷向中间倾斜,便于通风。这些天篷由站在最上层柱廊的水手们像控制风帆那样操控。

竞技场的看台用三层混凝土制的筒形拱上,每层80个拱,形成三圈不同高度的环形券廊(即拱券支撑起来的走廊),最上层则是50米高的实墙。看台逐层向后退,形成阶梯式坡度。每层的80个拱形成了80个开口,最上面两层则有80个窗洞,观众们入场时就按照自己座位的编号,首先找到自己应从哪个底层拱门入场,然后再沿着楼梯找到自己所在的区域,最后找到自己的位子。整个斗兽场最多可容纳5万人,却因入场设计周到而不会出现拥堵混乱,这种入场的设计即使是今天的大型体育场依然沿用。

竞技场表演区地底下隐藏着很多洞口和管道,这里可以储存道具和牲畜,以及角斗士,表演开始时再将他们吊起到地面上。竞技场甚至可以利用输水道引水。公元248年就曾这样将水引入表演区,形成一个湖,表演海战的场面,来庆祝罗马建城1000年。

公元217年竞技场遭雷击引起大火,受到部分毁坏,但是很快在238年又修复,继续举行人与兽或人与人之间的搏斗表演,这样的活动一直到公元523年才被完全禁止。公元442年和508年发生的两次强烈地震对竞技场结构本身造成了严重的损坏,在中世纪时期该建筑物并没有受到任何保护,因此损坏进一步加剧,后来干脆被用来当作碉堡。15世纪时教廷为了建造教堂和枢密院,拆除了斗兽场的部分石料。1749年罗马圣座以早年有基督徒在此殉难为由才宣布其为圣地，并对其进行保护。约翰·保罗二世教皇生前每年都会在此举行仪式纪念那些殉难者，但是却没有历史证据显示确曾有基督徒在此殉道。

二、现代建筑

（一）中国2010年上海世界博览会中国馆（中国上海）

中国2010年上海世界博览会中国馆（简称中国馆）是2010年上海世博会上代表中国的主题展馆，位于世博园区的核心区。中国馆共分为国家馆和地区馆两部分。其中，国家馆建筑面积为27000平方米，地区馆为45000平方米。展馆于2007年12月18日正式开工，并于2010年2月正式竣工。现已被改为中华艺术宫。

中国馆是上海世博会园区中最重要的场馆之一，于2007年4月25日开始面向所有华人建筑师征集建筑方案，方案主题为“城市发展中的中华智慧”。中国馆的国家馆日是2010年10月1日（中国国庆节）。到2007年6月15日为止，共收到合格应征方案344个，最后由评审委员会表决产生了51件交流作品、5件入围作品与3件优秀作品。最终的方案以华南理工大学建筑设计院的“东方之冠”为主，并吸纳了清华大学建筑学院简盟工作室和上海建筑设计院的“叠篆”方案以及北京市建筑设计院的“龙”方案。之后，由中央美术学院院长潘公凯为首的联合设计团设计出了国家馆展示深化方案。由华南理工大学建筑学院院长何镜堂院士领衔主持的联合设计团队推出了中国馆的最终方案。中国馆的建筑外观以“东方之冠，鼎盛中华，天下粮仓，富庶百姓”为主题，代表中国文化的精神与气质。其中，“中国红”作为建筑的主色调，大气而沉稳，也易于为世界所理解。

中国馆位于世博园区南北与东西轴线交汇处，是园区的核心地段。其中，国家馆居于馆区中央，上部最大边长为138米、下部立柱外边距为70.2米，建筑面积27000平方米。馆高63米，下方架空层高33米，以提供人们交流所用的开放空间。地区馆则高13米，建筑面积约为45000平方米，形成一个开放的城市广场。展馆可同时容纳7000名观众。

高耸的国家馆与在地面上水平展开的地区馆相呼应，以体现东方哲学中“天”与“地”的对应关系。同时，国家馆的整体造型以中国古代木结构建筑中的斗拱为来源，并从夏商周的青铜器中吸取了灵感，不过并没有相互穿插的梁、拱、榫等部件。所以，与其说中国馆是穿斗式建筑的翻版，不如说中国正向传统建筑中的抬梁式建筑致敬。

而在地区馆的外墙上，还采用中国古老的叠篆文字传递二十四节气的信息。其屋顶平台上名为“新九州清晏”的城市花园，则引入了圆明园中“九州清晏”的概念。其中，“九州”之首即为国家馆，取名“雍”，其他八州则分别取名为“田”、

“泽”、“渔”、“脊”、“林”、“甸”、“壑”、“漠”。建筑的边界则融入了江南园林的概念，以弱化建筑与城市的关系。

中国馆中采用了一些先进的技术以符合环保的理念。所有的门窗使用的是低辐射镀膜玻璃（Low－E 玻璃），反射热量的同时还能降低能耗。顶层的雨水收集系统可以净化雨水，以冲洗卫生间或车辆。而地区馆平台上的覆土层能够节约 10%以上的能耗。

中国馆国家部分展示内容共有 3 个层次，分别为核心展区“东方足迹”（49 米层）、体验展区“智慧之旅”（41 米层）与功能展区“绽放的城市”（33 米层）。核心展区展示了《清明上河图》，并能通过巨大的环幕影院欣赏到一段展示中国城市发展的 8 分钟长的影片。

在中国国家馆方案公布之后，有人发现该设计方案与日本建筑师安藤忠雄为 1992 年塞维利亚世博会设计的日本馆和 1993 年设计的光明寺相似。但也有人指出，国家馆与安滕忠雄的作品只是看起来相似，其内涵与内部做工并不相同。同时，也有人认为中国国家馆借鉴了卡塔尔国家图书馆、东京国际会展中心等建筑。同时光明寺设计者安藤忠雄对世博会中国馆和自己作品的相似性问题表示：“有人说中国馆和我之前的作品很像，我并不这么认为。我很钦佩中国馆的设计者，他有自己的想法，我们只是切入点比较接近。”

（二）自由女神像（美国纽约）

自由女神像，又称“自由照耀世界”，像高 46 米，连同基座 93 米，位于美国纽约附近的自由岛，是一座新古典主义的巨型铜像，由法国雕塑家巴特勒迪设计，落成于 1886 年 10 月 28 日。这座自由女神像是法国在美国独立一百周年时所赠。自由女神头戴花冠，身披长袍，手举火炬，左手执美国独立宣言，脚踩被挣断的铁链。

巴特勒迪 1870 年为雕像制作了第一个模型。巴特勒迪设计自由女神像的主要考虑是如何最好地表达美国的自由。在美国早期的历史上，两位女性的形象经常被用于代表美国的文化符号。其中之一是被当作美国国家象征的哥伦比亚，其相对美国的地位类似于不列颠尼亚之于英国和玛丽安娜之于法国，而哥伦比亚所替代的印第安公主常被认为是贬损美国人未开化。另一个形象则是来自于古罗马时期被广泛崇拜的自由女神的化身，这一形象装饰了大多数当时的美元硬币，还在大量艺术品中代表了自由，包括美国国会大厦圆顶之上的自由神像。

巴特勒迪创作的形象中，自由女神身披完整的长袍，选择了代表进步的火炬，使用了带有七道尖芒的皇冠，与火炬共同形成了新的含义，即自由照耀世界。雕塑的脸部根据巴特勒迪的母亲的外貌进行设计。雕塑的轮廓十分简洁，没有过分刻画细节，同时又能照顾到雕塑尺寸上的特点，显得庄重严肃。巴特勒迪这样描述他的设计:“(自由女神像的)外表的设计应当是比较大胆而简洁清楚的,强调重要的部位,同时需要小心对待放大了的细节及其带来的多样性。通过对形式的夸张,雕像整体应当具有概括性的特征,使人能够产生类似于速写的感觉。”随着计划的进展,巴特勒迪对设计进行了修改。他最初的设计中,自由女神手持一截打断的铁链,但后来认为在美国内战后的背景下容易造成不和。修改后的设计将断链转移到了自由女神脚下,被其长袍遮掩住了大半,从地面上很难看到。取代自由女神手中铁链的是一块楔石形状的平板,巴特勒迪最终选择在平板上铭刻美国独立宣言被大陆会议通过的日期,从而更紧密地联系“自由”这一主题。

巴特勒迪在自由女神像的总体计划确定下来之前即开始创作自由女神像的头部和举着火炬的右臂。1876 年 5 月,巴特勒迪作为法国代表团的一员参加了在美国举办的百周年博览会,并将一幅自由女神像的巨型画像在纽约作为博览会的一部分展示。巴特勒迪还在费城展示了自由女神像的手臂,参观者可以登上环绕火炬的阳台,从高处环视博览会场地。博览会结束后,手臂被运往纽约,展示于麦迪逊广场花园,最后又被运回法国和自由女神像的其他部分进行组装。1877 年,巴特勒迪回到巴黎后,开始集中于自由女神像的头部的工作,同年完成并在第 3 届巴黎世界博览会上进行了展示。1885 年 1 月,位于纽约的基座施工进度达到要求,于是自由女神像被拆解打包,以便从海路运往纽约。

自由女神像的选址最终确定为伍德堡。位于贝德罗岛上的伍德堡是当时已停用的军事基地,建造于 1807 年至 1811 年间。从 1823 年起,伍德堡除了内战期间曾被用于招收新兵的场所外,几乎从未使用过。自由女神像的基座面向东南,对从大西洋进入港口的船只致意。1881 年,美国委员会委任著名建筑师理查德·莫里斯·亨特设计基座。数月后,亨特提交了一份具体计划,计划中的建造时间约九个月。他的计划中,基座高 35 米;由于资金紧张,美国委员会将这一数字降低为 27 米。亨特的基座设计中使用了古典建筑中的元素,包括多立克柱式的大门和其他用于将注意力集中于雕像本身的建筑细节。在形式上,基座是一个截去顶端的金字塔,底部边长 19 米,顶部边长 12 米。四边的外观相同。在每一边的大门上方,设有立柱环绕的阳台;其上的基座顶端附近又有一个观景平台。

自由女神像的地基于 1883 年开挖,深度为 4.6 米。1884 年,基座正式奠基。亨特原本设想以花岗石建造基座,但是最终迫于财政压力修改了设计,只用花岗石作为墙面,内中浇筑 6.1 米厚的混凝土。这是当年最大规模的混凝土浇筑。自由女神像最终于 1886 年 10 月 28 日落成。

思考与练习

云南建水文庙建筑景观鉴赏

云南建水文庙始建于元朝至元二十二年，至今已有700多年的历史。经历代50多次扩建增修，占地面积已达到7.6万平方米，其现存规模、建筑水平和保存完好程度，都仅次于山东曲阜孔庙，在全国大型文庙中名列前茅。为全国重点文物保护单位。

建水文庙完全依曲阜孔庙的风格规制建造，采用南北中轴线对称的宫殿式，东西两侧对称布置多个单体建筑。原主要建筑包括一池、二殿、二庑、二堂、三阁、四门、五亭、五祠、八坊等共37个，现除杏坛、射圃、尊经阁、文星阁、敬一亭和斋亭被毁外，其余31个建筑都得到较为完好的保护。整个建筑宏伟壮丽，结构严谨，给人以庄严肃穆之感，为建水这个国家级历史文化名城增添了极其丰富的传统文化内涵。

建水文庙整个建筑群坐北朝南北，纵深达625米，共分七进空间。

第一进空间从万仞宫墙(红照壁)至"太和元气"坊。

第二进空间为"太和元气"坊至月台边。进入"太和元气"坊，迎面便是一尊3米多高的孔子铜像，"太和元气"坊后是泮池。泮池北端筑有一小岛，上建"思乐亭"，亦名"钓鳌亭"。

第三进空间从下马碑开始，通过"礼门"、"义路"坊、进入"洙泗渊源"坊。

第四进空间为"洙泗渊源"坊至棂星门及横向对称的"德配天地"、"道冠古今"、"贤关近仰"、"圣域由兹"四座牌坊及碑廊。

第五进空间从棂星门至大成门。棂星门的四棵中金柱穿屋顶而出，高出屋脊两米余，柱顶上罩明代盘龙青花瓷罩，下段裸柱上有木制饰物，这是全国文庙中罕见的建筑形式。五进空间正中是专为纪念孔子办学设教建造的杏坛，内用斗八藻井，瓦用黄色琉璃瓦，彩绘金龙和玺，规格很高。坛内竖明代"孔圣弦诵图"石碑。杏坛左前有奎星阁；左后有名宦祠、金声门，右后有乡贤祠、玉振门。

第六进空间从大成门以内至先师殿及两庑两耳围合的庭院，此庭院由大成门、先师殿、东西两庑、东西碑亭、东西两耳组建成。院内还有相传植于元代的古松、古柏，植于明代的山茶和植于清代的金银桂。院内的一对伏坐石雕白象，上驮一米多高的青铜花瓶。先师殿即大成殿。全殿用材坚固粗大，共采用28棵柱作承重构架柱，其中20棵是用整块青石斧剁凿磨而成。前檐左右两棵辅柱(角柱)，上半部镂雕成龙腾祥云的"石龙抱柱"，下半部采用浮雕与透雕相结合的艺术手法。殿前拜台三面有石栏板望柱围护，拜台中放置清乾隆五十五年(1790年)铜鼎香炉，高2.85米，上部为宫殿亭楼牌坊建筑式造型，四棵铜柱游龙盘绕，四足为四只象头，卷曲的象鼻支撑在莲花座上。

大成殿是文庙的主体建筑,一字排开的五间殿堂,正堂内置龙宝座,供奉着孔子塑像。殿堂单檐九脊歇山顶,琉璃黄瓦,翘角飞甍,巍巍宏丽,气象庄严。大殿正面五个开间共有22扇雕花隔扇门,其中明间六扇各雕云龙一条,组成“六龙捧圣”,排列于殿内孔子圣像前;次间、梢间每扇为一中国民间传统吉祥图案,如“双狮分水”、“喜鹊闹梅”、“三阳开泰”、“旭日东升”、“竹报平安”、“禄禄有福”、“一路连科”等,共雕有一百多个大小动物及翎毛花卉。大殿中共悬挂了清代帝王赞孔尊孔的“御题”贴金匾额八块,它们分别是康熙的“万世师表”、雍正的“生民未有”、乾隆的“与天地参”、嘉庆的“圣集大成”、道光的“圣协时中”、咸丰的“德齐帱载”、同治的“圣神天纵”以及光绪的“斯文在兹”。大殿内主位供奉孔子圣像,两侧依次是四配和十二贤哲。大殿东西两侧各有东西碑亭一座。东碑亭中立有清朝雍正皇帝的《平定青海告成太学碑记》。西碑亭中立有乾隆皇帝御制《平定回部告成太学碑记》,这是用两块巨石和满汉两种文字书写雕刻而成的满汉碑,两块碑上镶一块完整的碑首,将其联为一体。该碑原立于北京文庙内,临安知府双鼎摹刻于建水文庙。大殿后墙外墙脚处,还立有十多块石碑,其中元代至元年武宗皇帝追封孔子为“大圣至圣文宣王”的圣旨碑,为滇南现存最古老的碑刻。

第七进空间从大成殿至崇圣祠,崇圣祠是祭祀孔子前五代列祖列宗的场所,其为五开间三进深单檐歇山顶抬梁式建筑,通面阔24米,进深16.5米,高9米,占地396平方米,前檐梁架、斗拱上施彩画,图案精美、色彩古朴,殿前有石栏板望柱(栏板24块,望柱26棵),石栏板上刻有西湖24景名胜图。在大成殿庭院东西两侧,还有体现“庙学合一”的东西明伦堂。崇圣殿东侧有二贤祠和仓圣祠。二贤祠是乡人纪念明洪武年间被贬谪至文庙讲学十余年的两位文人学士而建的祠堂。仓圣祠是祭祀我国古代发明者仓颉的场所。

祠后还有象征“孔林”的古柏树林,使文庙更添庄严古雅之色。

鉴赏测试

1. 请结合中国古代建筑的审美特征,从孔子生平、后世影响、道德伦理和文化传承等方面,分析建水文庙的文化价值;从空间整体性、设计缜密性和建筑艺术性等方面,分析建水文庙的美学价值;通过对曲阜孔庙与建水文庙的对比分析,探讨建水文庙建筑对曲阜孔庙的传承性、流变性和地域性。

2. 请结合中国古代建筑的构造形式和方法,通过对建筑群整体布局、建筑构件和建筑小品等分析和鉴赏,探讨建水文庙的建筑特点。

3. 请结合本书“园林景观鉴赏”和“宗教景观鉴赏”等相关知识,分析建水文庙其他景观鉴赏元素。

第六章 宗教景观鉴赏

引 言

宗教，是人类发展过程中的产物，千百年来，它以不同的方式影响着人们的生活和价值观。宗教与哲学、艺术、道德等有密切的联系，已成为一种主要的旅游资源。不同地域、不同种类的宗教形成不同类型的宗教景观。随着旅游的不断发展，宗教场所的观赏功能日益凸显。学习宗教景观鉴赏的相关知识，对于更好地开展宗教旅游、发展旅游业有着重要的意义。

学习目标

1. 了解宗教景观的概念。
2. 熟悉著名的宗教景观。
3. 掌握宗教景观的审美方法。

第一节 宗教景观概述

一、宗教景观的概念

1. 宗教

宗教是人类社会发展到一定历史阶段出现的一种文化现象，属于社会意识形态。宗教是具有一定教义、教规，有一定仪式、一定组织的社会实体。

2. 宗教景观

宗教景观是指以宗教建筑为主体的景观环境综合体，它是文化景观中的一种。

文化景观一词在20世纪20年代被人们普遍接受，是指人们在其居住的土地上，为满足某种需要，利用自然界所提供的材料，有意识地在自然景观之上叠加了自己所创造的景观。

文化景观可以分为物质文化景观和精神(非物质性)文化景观。前者是在大自然提供的物质基础上,创造出来的那些看得见、摸得着的文化凝聚物,与人类的生产、生活是密切相关的,如农田、道路、城市、乡村、建筑、园林等,其主要的特征是可视性;后者是在客观物质环境的作用下,人的文化行为所创造的那些虽看不见,却可以感知的文化创造物,如语言、法律、道德、宗教、价值观、某些艺术如音乐等,它所形成的独特的文化氛围,如同文化区的个性一样,是一种通过联想实现的抽象而真切的感觉。

在文化景观中,宗教景观的形象是很鲜明、很具特色的,不同的宗教类型有不同的景观,同一种宗教类型在不同地方受当地的文化影响也会呈现出不同的风格,这样具有文化性、艺术性、地域性的景观,会对游客产生特殊的吸引力。

宗教景观不仅包括相关宗教建筑,有时它还与名山大川等构成丰富的自然人文景观。天下名山僧占多,风景优美的名山被佛、道教徒占后经过多年的修建成为宗教名山,这些名山是旅游资源中的主要组成部分,也因有了宗教,使得名山更具文化。

拓展知识

"文化景观"一词自20世纪20年代起即已普遍应用。德国人文地理学家拉采尔最先系统地阐明文化景观的概念,他称之为历史景观。他主张对田地、村落、城镇及道路等进行分类,以便了解其分布、相互联系和历史起源。

文化景观论是由德国地理学家施吕特尔提出的。他在1906年提出文化景观与自然景观的区别,并要求把文化景观当作从自然景观演化来的现象进行研究。

美国地理学家索尔继施吕特尔之后提倡文化景观论,他在1925年发表的《景观的形态》一文中,把文化景观定义为由于人类活动添加在自然景观上的形态,认为人文地理学的核心是解释文化景观。

另一个美国地理学家惠特尔西1929年更进一步提出"相继占用"概念,认为地理学不应是研究人类对环境的适应,而是研究一个地区内人类社会占用的历史演变过程。

但也有一些地理学家对文化景观论提出异议,如德国地理学家赫特纳反对施吕特尔关于地理学限于研究景观的可见现象的观点。美国地理学家哈特向则对文化景观提出疑义,认为在任何地方只有一种景观,如果那里没有人,就不是文化景观;如果人类已进入,自然景观就不复存在了。

二、宗教景观的类型

宗教景观存在时间较早，在其发展的过程中，形成了丰富多彩的景观，按不同的分类方法，大致可以分为以下几种。

（一）按表现形式分

1. 物质景观

宗教景观的物质内容是宗教的载体，具体说来就是宗教活动场所中的建筑实体，包括建筑（如寺观）、造像、石窟、壁画、石刻、陵墓及其附属建筑等。它的存在，为宗教活动提供物质保障，也是宗教景观中建筑美的体现。在旅游活动中，游客经常被建筑实体吸引并为之惊叹，宗教景观的物质内容是宗教景观鉴赏的主要方面，宗教建筑是最具代表性的宗教景观。许多的宗教建筑，比如寺庙、古塔、教堂等已成为当地的标志。

2. 行为景观

宗教景观的行为内容是宗教的特殊表现形式，包括各种伴随宗教产生的仪式、活动、音乐等。它从另一个方面体现着宗教的魅力。在旅游活动中，有时游客会因为某个宗教活动或仪式专门前往。由于这些有宗教色彩的行为内容有别于世俗社会，对于游客也十分具有吸引力。

3. 精神景观

宗教景观的精神内容是最高层次的宗教表现，虽然旅游者很难达到，但这是宗教景观审美的关键，是深入鉴赏宗教景观的关键，它包括宗教的教义、思想等。了解宗教的教义、历史、宣扬的思想，能帮助对宗教景观的内涵的理解，提升感受宗教景观意境美的能力。

（二）按宗教派别分

1. 佛教旅游景观

我国佛教旅游景观主要包括佛寺、佛塔和石窟。佛教从印度传入中国后，很快受到中国文化的影响，体现出和谐、平静的内涵，同时也结合了中国传统建筑方式，如中轴对称、添加各种建筑小品等。

2. 道教旅游景观

道教是我国的本土宗教，其景观主要以名山、宫观庙宇、洞窟石刻等为主。道教建筑中充分体现了中国建筑的手法，并受儒家思想和佛教的影响。

3. 伊斯兰教旅游景观

中国伊斯兰教的宗教建筑，主要以清真寺为主，由于受中亚建筑的影响，形成了独特的异域风格。中国的伊斯兰教建筑融合了阿拉伯和中国的建筑特色，形成一座座全新的中国伊斯兰教建筑。

4. 基督教旅游景观

基督教是当今世界上传播最广,信徒人数最多的宗教。基督教主要以教堂为主要景观。

特别提示

基督教的教堂风格主要有罗马式、拜占庭式和哥特式三种。

第二节　宗教景观鉴赏方法

我国大多数的名胜古迹都与宗教景观密切相关,在许多名胜古迹的知名度上,宗教景观起着十分重要的作用,世界遗产中很多也包含宗教内容。可见,宗教与旅游有着千丝万缕的关系,探索宗教景观对旅游的发展有重要的意义。宗教建筑是宗教景观的主要组成部分,形式多样,有较高的审美价值。

一、佛教建筑审美

(一)中国佛教建筑的特点

中国佛教建筑是随着佛教的传入而出现的,最早受印度风格的影响,建筑中有些印度建筑的影子,但后来,中国佛教建筑就开始变得中国化。

中国汉族地区佛教建筑和明清时期的官邸很相似,都会有正殿、偏殿之分,而且会有不同程度的高低等级。佛寺多广植花木,环境优雅安逸。如北京的广济寺等。

西藏的佛寺建筑,由于地势较高,很多寺院都建在山上,寺院高高在上,气势宏伟,一般都有庞大的建筑群、金顶、具有强烈装饰效果的壁画等。建筑群体上没有中轴线,没有对称的房屋布局,多为碉房式建筑,如拉萨的布达拉宫等。

南传上座部佛教的佛寺没有明显的庭院和中轴线形式,也无依山就势高台形式,而是以塔为主或以释迦牟尼佛像为主,以殿堂相配合,周围分布或分散布置房屋。在佛寺建筑形式与结构上多受缅、泰建筑风格影响,屋顶高起,坡度较大。如西双版纳的曼春满佛寺等,但它们吸收的汉族建筑技巧与艺术也不少。

特别提示

中国佛教包括了北传佛教、南传佛教和藏传佛教三大体系。

北传佛教(大乘佛教),在中国信仰的民族除汉族之外,还有部分白族、彝族、壮族、布依族、侗族、纳西族、羌族、满族、朝鲜族等。

南传佛教(南传上座部佛教),在中国主要分布在西双版纳、德宏、思茅、临沧和保山等地。

藏传佛教,主要是印度密乘佛教与藏区苯教融合而形成的具有西藏地方色彩的佛教,由于它的经典用藏文写成,故也称藏语系佛教。藏传佛教现有四大教派:宁玛派(因该派僧人穿戴红色袈裟、僧裙、僧帽,俗称红教)、萨迦派(因该派寺院围墙涂有象征文殊、观音和金刚手菩萨的红白黑三色花纹,俗称花教)、噶举派(因该派僧人穿白色僧裙和上衣,俗称白教)、格鲁派(因该派僧人戴黄色桃形僧帽,俗称黄教)。上述四派加上当地原始宗教苯教(因该派僧人穿黑色僧衣,俗称黑教),合称西藏五大教派。

(资料来源:云南省旅游局.全国导游基础知识.昆明:云南大学出版社,2011.)

(二)佛塔

佛塔起源于印度,是佛教的象征,佛塔传入中国后,与中国原有的传统建筑形式相结合,出现了许多新的塔形。中国佛塔可分为楼阁式、密檐式、覆钵式和金刚宝座式等类型。

拓展知识

佛塔,藏语称"藏文"(曲登)。原是印度梵文 Stupa(窣堵波)的音译。还有称为浮屠,即来源"Buddastupa"。最早用来供奉和安置舍利、经文和各种法物。由台基、复钵、平头、竿、伞五部分组成,最初形式为圆冢,即埋遗体或舍利于土中。

1. 楼阁式塔

它来源于中国传统建筑中的楼阁,是我国汉民族所特有的佛塔建筑样式,这种塔的每层间距相近且比较大,每层都设有券门(拱门),从远处望去就像一座高层的楼阁。塔身内部一般是空心的,设有楼梯,可攀登。有些楼阁式塔在塔身外部设有环形走廊平台及栏杆,可供人们登临远眺。楼阁式塔是我国现存数量最多的佛塔。楼阁式塔早期为木结构,隋唐以后多为砖石仿木结构。著名的有陕西西安大雁塔、山西应县木塔等。

2. 密檐式塔

这种塔的第一层(底层)很高大,设有门窗,有的雕刻佛像或佛经故事;而第一层以上各层之间的距离则特别短,各层的塔檐紧密重叠着,檐与檐之间不设门窗,因而叫作"密檐"。塔身内部多为实心,也有空心的,但大多不能攀登,多为砖石结构。从南北朝到宋朝时期,密檐式塔在我国北方地区非常流行,现存的密檐式塔也多分布在北方,到了明清时期,已经很少再建造密檐式塔了。著名的有河南登封嵩岳寺塔、西安小雁塔、云南大理千寻塔等。

3. 覆钵式塔(宝瓶塔)

又称喇嘛塔,多分布在藏传佛教(喇嘛教)传播的地区。塔的下部是一个高大的基座,上面是圆形或圆柱形的塔身和一圈圈向上收缩的细高的塔颈,环圈多为十三层,称为十三天相轮。塔刹上有的还设有华盖和宝珠。塔身一般刷成白色,显得素雅庄重,有些还在侧面开有佛龛。著名的有北京妙应寺白塔等。

4. 金刚宝座塔

它的造型具有浓厚的印度风格。其基本特征是:下面有一个高大的基座,座上建有五塔,位于中间的一塔比较高大,而位于四角的四塔相对比较矮小。基座上五塔的形制并没有一定的规定,有的是密檐式的,有的则是覆钵式的。著名的有北京真觉寺金刚宝座塔。

特别提示

以上所述是比较常见的佛塔类型,除此之外还有以下几种类型的塔:

亭阁式塔,这种塔可以看作单层的楼阁式塔,实际上它同时具有印度的覆钵式塔与中国古代传统的亭阁建筑的特征,外表上如同中国式的亭阁顶上加了个印度式的塔刹。亭阁式塔都是单层的,有的在顶上还加建一个小阁,在塔身的内部一般设立佛龛,安置佛像。早期亭阁式塔为木质结构,后来被砖石所取代。最初亭阁式塔只是为了供奉佛像,后来由于这种塔结构简单、费用不大、易于修造,曾经被作为许多高僧们的墓塔。现存实物中,以山东济南四门塔为最早。

花塔,又叫华塔,塔身的下半部和亭阁塔类似,上半部分是个圆锥形,且高度很大,约占塔身高度的1/3至1/2。圆锥体表面装饰极其华丽,一般密布着多种小型雕刻,题材包括莲花瓣、佛像、佛龛、神兽和各种动植物等。整个塔身犹如一支巨大的花束。花塔始建于唐代,流行于宋、辽、金,到元代逐渐消失,因此保存下来的全国只有区区十几座,著名的有河北正定广惠寺花塔等。

除了以上的类型外,我国还有一些特殊造型的古塔。如广州怀圣寺光塔,是一座伊斯兰教塔,外观是一个高耸的圆筒,具有浓厚的阿拉伯古建筑色彩。又如云南西南部经常可见到的具有南亚建筑风格的傣族塔等等。

(三)佛教寺院基本布局

中国佛寺中数量最多、分布最广的是汉传寺院,下面就着重以汉传寺院来介绍佛寺的布局。佛寺是佛教僧侣供奉佛像、舍利（佛骨），进行宗教活动和居住的处所。布局依次为山门、天王殿、大雄宝殿、法堂、毗卢殿或藏经楼、方丈室等。

1. 山门

即佛寺的大门，中间是大门，两旁各有一小门，象征佛教的空门（中）、无相门（东）、无作门（西）的“三解脱门”。

2. 钟楼、鼓楼

进山门之后，有钟、鼓二楼相对。左（东）为钟楼，右（西）为鼓楼。一般早晨先敲钟，以鼓相应；傍晚则先击鼓，以钟相应。汉式寺庙中，专以大钟闻名。

3. 天王殿

进山门之后，两旁的钟楼、鼓楼和中间的天王殿构成寺庙的第一重院落。天王殿正中为大肚弥勒，这是释迦牟尼佛的接班人。弥勒佛的两侧有四大天王护卫，左右各二位。弥勒佛身后为神将韦驮，佛教护法神。韦驮背对弥勒佛，面向大雄宝殿，降魔伏鬼，保护佛法。

特别提示

四大天王分别是：东方持国天王，身白色，手持琵琶；南方增长天王，身青色，持宝剑；西方广目天王，身红色，手持龙或蛇，有的另一手持宝珠；北方多闻天王，身绿色，手持宝伞。

拓展知识

佛寺中韦陀手中的金刚杵的位置是很有讲究的：如果杵扛在肩上，表示这个寺庙是大型寺庙，可以招待云游到此的和尚免费吃住三天；如果韦陀杵平端在手中，表示这个寺庙是中等规模寺庙，可以招待云游到此的和尚免费吃住一天；如果韦陀杵拄在地上，表示这个寺庙是小寺庙，不能招待云游到此的和尚免费吃住。

4. 大雄宝殿

大雄宝殿是寺庙中心主体建筑，供奉佛祖释迦牟尼，有一、三、五、七尊不同。通常以三佛同殿居多，常见的有“三方佛”、“三世佛”和“三身佛”。殿内两侧多塑十八罗汉或二十诸天。此外，寺中常供奉的还有菩萨。菩萨中，属文殊、普贤、观音、地藏菩萨最为著名。

规模较大的佛寺在大雄宝殿两旁还有东西配殿。东为伽蓝殿，供伽蓝神关羽，西为祖师殿，专祀该宗奠基与功绩卓著的祖师。

5. 法堂

一些大型佛寺都会有法堂，置于大雄宝殿之后。法堂为演说佛法的地方，用以传播佛教。法堂中央为法座，供高僧讲经说法。不少佛寺不设讲堂，一般就在大雄宝殿诵读经书或举行佛教仪式。

6. 罗汉堂

寺院供奉的罗汉有多种：最常见的有十六罗汉、十八罗汉和五百罗汉。只有一些大型寺院修建罗汉堂，往往是寺院最有华彩之处，如苏州的西园寺，北京西山的碧云寺，四川成都的宝光寺，昆明的筇竹寺等。

7. 禅房

禅房又称禅屋、禅居、禅堂，是静居之处，在这里可以安静地思考问题。禅房一般在寺院的后部或方丈室附近，是修禅人居住之所。

8. 方丈室

方丈是德高望重、学问高深的僧人，是寺院的领袖。方丈室是方丈的正寝之所，一般在寺院的后部单独建一处房屋或院落，作为寺院方丈的住所。一些小型寺院，不设方丈室，而将寺院内的旁院作为方丈居住之所。

9. 藏经阁

有名的寺院大都建有藏经阁，位置在佛寺最后一个院落，常为一座两三层的阁楼，作为储藏佛经之用。在藏经阁的两侧，设有配楼或配阁。

拓展知识

放生池是许多佛寺中常见的一种设施，池的大小视寺的规模而定。由香客将购来的鱼再放入水中，以示佛家好生之德。放生池还能起到贮水作用，可用来救火。

（四）石窟

石窟原是印度的一种佛教建筑形式，最早是用于僧侣们修行之用。印度石窟的格局大致是以一间方厅为核心，周围是一圈柱子，三面凿几间的修行用的小禅室，窟外为柱廊。中国的石窟起初是仿印度石窟的制度开凿的，后演变出更多的形式，中国佛教石窟多依山而建，数目众多，其中甘肃敦煌石窟、甘肃天水麦积山石窟、山西大同云冈石窟和河南洛阳龙门石窟被称为“中国的四大石窟”。

拓展知识

石窟在早期是印度虔诚的佛教徒在僻静的山间，用竹、木为筋修筑并外涂草泥的小屋，用作对佛顶礼膜拜之所，后来逐渐发展成石窟寺。现发现最早的石窟寺，是公元前1—2世纪阿旃陀石窟，有洞窟29个，窟中有石雕佛像和佛经故事人物等。

1. 中国石窟的类型

(1)龛型窟。这是一种比较简单的石窟，在岩壁上凿出一个大龛，没有前廊，也没有前堂或后室，正中雕刻、塑或绘出一个或一组佛像，四周为装饰花纹。

(2)中心柱型窟。它的特点是在窟的中心雕凿成塔柱或其他形式的柱子。柱子的四周和四壁雕刻、塑成绘佛像、佛传故事、动植物及各种花纹作为装饰。

(3)前廊列柱型窟。这种窟型的特点在于洞口有一排长廊，有的为单间双柱，有的为多间多柱，气势壮观。如麦积山石窟的七佛阁，前面八根巨柱一字排开，构成雄伟的前廊，后面为七间佛阁，顶上覆盖巨大的殿顶，甚为壮观。

(4)前堂后室型窟。受中国传统建筑前堂后室、前朝后寝的影响，其洞窟前半部有一开阔的空间，在这里不设佛坛或其他巨型雕塑，以使参拜之人有所准备。后半部的墙壁上刻有佛像、菩萨以及佛传故事等。这类洞的形制在初唐时尤为盛行。

(5)大厅式窟。由于大型佛像、群像及大幅壁画的发展，为了满足僧侣、佛教徒们参拜的方便，原来小型的龛室已满足不了要求，于是便出现了仿照寺庙大殿的大厅式穹形。这种石窟空间高大，可容纳大型佛像和大幅壁画等。

2. 石窟壁画的内容

(1)佛像画。包括佛、菩萨、罗汉、护法部众等。

(2)经变画。即经文图像化，是用画像来解释某部佛经的思想内容，是佛教宣传画的一个重大发展。

(3)佛教故事画。主要是描写释迦牟尼的故事。其中又分为“本生故事”和“佛传故事”两种。本生故事主要讲述佛教创始人释迦牟尼前生，包括他做王子以前的若干世的故事。依据佛教灵魂不灭、因果报应、轮回转世的教义，佛教徒认为像释迦牟尼这样的圣人，在修道成佛之前，经过无数次的善行转世、无私奉献、历经磨难，最后才能修行成佛。佛传故事主要讲述释迦牟尼幼童菩萨托梦投胎、降生人世后，至出家成佛的故事。

(4)供养人画、礼佛图和出行图。这些画中的人物与佛、菩萨不同，都是现实世界的人，有明确的社会身份，穿着当时服饰。画面写实性强，富有生活气息。这些人物中，有至尊的天子，显赫的官吏，也有一般平民，各个民族，男女老幼，形形色色，是中国封建社会人物的写实画卷。

(5)装饰图案和建筑图案。壁画的图案非常丰富，有动植物形、几何形花纹，还有建筑形象，五彩斑斓、光彩夺目。尤以窟顶的藻井和门窗边框等处装饰最为富丽。建筑图案内容十分丰富，有殿堂、楼阁、城池、宫殿、寺观、住宅等。

由于石窟特有的条件，保存了各个时代的大量佛教人物造像和壁画、佛经故事、书法艺术、民俗风情，具有重要的历史价值和艺术价值，是我国重要的文化旅游资源，很有开发前景。

二、道教建筑审美

道教是中国本土宗教，对中国的政治、经济、文化均产生了重要的影响。道教的宫观建筑是从中国古代传统的宫殿、神庙、祭坛建筑发展而来的，是道教徒祭神礼拜的场所，也是他们隐居、修炼之处所。

1. 道教的建筑

道教建筑，又称宫观建筑，道教宫观多为我国传统的群体建筑形式，即由个别的、单一的建筑相互连接组合成的建筑群。这种建筑形式从其个体来看，是低矮的、普通的，但就其整体建筑群来讲，却是结构方正、对称严谨的。这种建筑形象，充分表现、道教徒追求平稳、自持、安静的审美心理。这种有机组合成的群体建筑，一步一步地向纵深方向展开，依次递进，突出了建筑空间的艺术效果，使其更加宏伟壮观。其组合原理与建筑样式，与宫殿、佛寺、宅第大体相同。

道教的建筑通常由神殿、膳堂、宿舍、园林等组成。神殿是宗教活动的主要场所，建于中轴线上，是建筑群的主体部分。神殿通常包括山门、灵官殿、三清殿、玉皇阁、三官殿等。膳堂包括客堂、斋堂、厨房等，一般建于中轴线侧面。宿舍为道士、信徒住宿之地，常建于幽静之处。园林是道教建筑的一部分，常利用周围的名胜古迹和奇异的地形地貌，巧妙构建楼、阁、亭、榭、坊、廊等，形成自然山水与建筑自然结合的独特风格。

2. 道教建筑特点

道教建筑的特点可以归纳为几个方面，首先，与神仙信仰密切相关，最突出的是以其所信奉的神仙的神位来确定宫观殿宇的规格、大小和装饰；其次，与传统哲学观念密切相关，主要表现在布局、结构等方面，与传统的阴阳五行和八卦及哲学观念等紧密联系；再次，与其宗教教义密切相关，道教认为，建筑布局，要聚四方之气，迎四方之神，要有利于区分长幼尊卑；最后，与民俗密切相关，建有客堂、食堂、茶社、亭子等，以供人们社交、游览、食宿、娱乐、休闲。不少宫观还开展“花会”、“庙会”，形成民间节庆习俗。

3. 道教建筑的艺术价值

道教建筑具有丰富的艺术内容，将绘画、雕塑、诗文、书法、篆刻、联额、题词、碑刻、园林等诸多艺术形式融为一体；除宫观建筑外，还仿效佛教开凿石窟和摩崖造像，以具体生动的形象，表现长生不老、羽化登仙的理想和对吉祥如意、福寿和睦的追求。道教建筑文化是我国民族文化中十分重要的组成部分,它的艺术魅力和价值是无限的。

4. 道教建筑风格

道教宫观继承了我国传统的建筑思想,在道家审美意识和价值观念的主导下,形成了自己的风格。道家认为"道"为宇宙万物之根本,而人则应当效法大而无垠的宇宙自然。"天人对应"思想,是道教宫观建筑和布局的重要依据,也是道教宫观建筑的重要特点,道教宫观便本着顺乎"自然"的规律来建造。

道教宫观根据八卦方位建筑,形成坐北朝南的布局,供奉道教尊神的殿堂都设在中轴线上。两边则设置配殿供奉诸神。这种对称的布局,体现了"尊者居中"的等级思想。大的宫观由数进四合院、三合院纵向铺开,层层院落依次递进。

5. 道教建筑的规格

道教宫观的建筑规格与其所供奉神仙的神阶及封建帝王对道教的是否崇奉有着密切的关系。道教神仙中的长幼尊卑区别是十分严格的。早在南朝梁时,著名道教学者陶弘景撰写的《真灵位业图》,就是专门记述道教神仙排列次序的。根据《真灵位业图》所记,神仙世界分为7个等级,每级设有一中位主神,左右配有诸神,道教认为这些神仙与人间帝王将相一样,居住在不同等级的宫殿、王府、官邸,因而道教宫观建筑也是有等级差别的。中国古代建筑可分为殿式建筑、大式建筑和小式建筑3个等级。奉祀道教的天神、帝君,或受到帝王敕封的庙宇多为殿式或大式建筑,一般供奉地方神或专用于修行的小庙,除少数庙宇为大式建筑外,多为小式建筑。例如供奉三清、四御、玉皇、五岳、真武等神仙的庙宇和殿堂多是殿式或大式建筑。另外,道教宫观的规模、规格还与历朝帝王对道教的态度有很大关系。

特别提示

殿式建筑即宫殿式样建筑,是帝王后妃起居之处;大式建筑低于殿式建筑,不许用琉璃瓦,不许描龙画凤,其斗拱、屋顶、基座的使用也有一定的限制;小式建筑即普通民居建筑。

三、伊斯兰教建筑审美

中国伊斯兰教的宗教建筑,包括礼拜寺(清真寺)、教经堂、教长墓等几个类型。伊斯兰教大约在唐代传入中国,先后为回、维吾尔等民族所信仰。中国伊斯兰教建筑有两个体系:一是以广大内地的回族为主的礼拜寺和教长墓(拱北)为代表;二是以维吾尔族为主的礼拜寺和陵墓(玛札)为代表。

一般的礼拜寺由礼拜殿(祈祷堂)、唤醒楼(拜克楼)、浴室、教长室、经学校、大门等建筑组成。唤醒楼即中亚礼拜寺中的密那楼(Minaret),原是塔形,称密那塔,或按波斯语称邦克塔,为呼唤教民作礼拜的建筑,因为体形高耸,也成了伊斯兰教特有的标志。礼拜殿一定要坐西朝东,这是为使教民做礼拜时面向西方的麦加。寺内装饰用几何形、植物花纹及阿拉伯文字的图案。

早期的伊斯兰教建筑,直接采用中亚建筑形成或深受中亚建筑的影响,但又接受了中国传统的建筑形式。至明代初年,内地的伊斯兰教建筑已大量融进甚至接受当地的传统,如讲究纵轴对称,采用院落布置,增加牌坊、碑亭、香炉等建筑小品。

由于中国各地的建筑技术及材料的不同,以及地方风俗的不同,产生了形式各异的清真寺建筑。原则上可分为两大类:回族建筑与维吾尔族建筑。

(一)回族伊斯兰教建筑

回族清真寺是在汉族传统建筑的技艺上发展形成的,也可以说是最具东方特色的伊斯兰教建筑。它有以下一些特点:

1. 院落式布局

它采用了汉族建筑的院落式布局,使建筑物组合成封闭形的院落,有明显的轴线对称关系。

2. 融入中国建筑小品

在建筑中大量应用了中国特色小品建筑,如牌楼、影壁、砖门楼、屋宇式门房,甚至把伊斯兰教的特色建筑邦克楼做成亭阁式样。有些清真寺重复地应用上述小品建筑于总体布局中,更强调出中国的传统特色。如济宁东大寺在大殿前布置了四道门才到达主体建筑。

3. 组合式屋顶

由于一般礼拜殿的空间纵深很大,同时又要解决采光与防雨的问题,所以回族礼拜殿多为组合式坡屋顶,多者达五座屋顶勾联相接。这种实例很多,如北京牛街清真寺、山东济宁西大寺等。

4. 注重屋顶美感

清真寺为进一步强调屋顶的华美性,在组合屋顶之上再加上高峻的亭阁。从远处看,冲天挺拔之势异常显著,与阿拉伯伊斯兰教建筑中尖塔式邦克楼有异曲同工之妙。

5. 融合汉族装饰

回族清真寺应用了大量传统的汉族建筑的装修装饰手法,但又与伊斯兰文化相结合,开创出具有清新情调的民族新艺术。此外,中国传统的砖雕、木刻,也在清真寺中大量应用,有些雕刻品几乎成为珍贵的艺术品。

（二）维吾尔族伊斯兰教建筑

它以南疆地区最为典型。由于这个地区干旱少雨，冬夏分明，以及历史上与中亚交往甚密等原因，当地建筑多与内地建筑有较大的不同。

维吾尔族礼拜寺及礼拜殿是非对称式的布局，没有严格的轴线对位关系。礼拜殿大都是横长形状，圣龛也不一定在中心。寺院内皆有较大的庭院。其入口多建有高大的穹隆顶拱门及邦克楼，建筑华丽醒目，往往成为广场上的主景建筑。

礼拜殿分为内殿与外殿，供冬季和夏季做礼拜时分别使用。内殿面积小，较为封闭；而外殿面积较大，使用时间也长。

礼拜殿的装饰集中在圣龛、藻井、花窗、柱头几个部位。圣龛周围一般用维吾尔族特有的石膏花饰装饰起来，四方连续的几何纹是主要的纹样，线路间填绘彩色颜料，造成纤巧华丽的效果。礼拜殿的内外殿之间的门窗常装配有棂花格窗，图案是较为细密的几何纹样。柱身明显分出柱头、柱身、柱裙三部分，柱头多用放射状的小尖拱龛点缀起来，形同盛开的花朵。

四、中国基督教建筑审美

中国的基督教教堂建筑其形式主要是以模仿或照搬西方教堂建筑的样式为主，总的说来，中国的教堂建筑主要受以下几种形式的影响。

1. 罗马式教堂

早期在中国出现的教堂多采用这种形式。罗马式教堂建筑采用典型的罗马式拱券结构。它是从古罗马时代的巴西利卡式演变而来。罗马式教堂的雏形是具有山形墙和石头的坡屋顶并使用圆拱。它的外形像封建领主的城堡，以坚固、沉重、敦厚、牢不可破的形象显示教会的权威。1860 年在上海法租界四川南路建造的洋泾浜天主堂，原名圣·约瑟堂，就是较典型的法国罗马式教堂。

2. 哥特式教堂

这种式样在中国天主教和基督教新教建筑中都很常见。哥特式教堂建筑在艺术造型上的特点：首先在体量和高度上创造了新纪录。其次是形体向上的动势十分强烈，轻灵的垂直线直贯全身。不论是墙和塔都是越往上分划越细，装饰越多，也越玲珑，而且顶上都有锋利的、直刺苍穹的小尖顶。不仅所有的顶是尖的，而且建筑局部和细节的上端也都是尖的，整个教堂处处充满向上的冲力。概括起来就是以高、直、尖和具有强烈向上动势为特征。

如果说罗马式以坚厚、敦实、不可动摇的形体来显示教会的权威，形式上带有复古继承传统的意味，那么哥特式则以粗犷奔放、灵巧、上升的力量体现教会的神圣精神。

与哥特建筑一起应运而生的是优美的彩色玻璃窗画。圆形的玫瑰窗象征天堂,当人们走近教堂不仅产生对天国的神幻感,也产生装饰美感。由于它是玻璃,画能依光线的穿透而生艳,以其光色的奇妙而引人入胜。

中国最杰出的哥特式天主教堂是上海最大的教堂——徐家汇天主堂,其正门两侧有高耸的塔楼,内部为哥特式的骨架券结构,整座教堂体形高大,色彩和谐,给人以神圣、崇高的印象,被称为"中国教堂之巨擘"。

拓展知识

"哥特"是指野蛮人,哥特艺术是野蛮艺术之义,是一个贬义词。在欧洲人眼里罗马式是正统艺术,继而兴起的新的建筑形式就被贬为"哥特"(野蛮)了。第一个哥特式建筑是在法国国王的领地上诞生的。之后整个欧洲都受到"哥特化"的影响。

3. 仿文艺复兴与巴洛克式教堂

这类建筑在中国也为数不少。青岛浙江路圣爱弥尔教堂就是在哥特式与罗马风混杂风格中掺进了文艺复兴建筑的设计手法,是典型的折中主义建筑。

巴洛克风格打破了对古罗马建筑的盲目崇拜,也冲破了文艺复兴晚期古典主义者制定的种种清规戒律,反映了向往自由的世俗思想。另一方面,巴洛克风格的教堂富丽堂皇,而且能造成相当强烈的神秘气氛,也符合天主教会炫耀财富和追求神秘感的要求。因此,巴洛克建筑从罗马发端后,不久即传遍欧洲,以至远达美洲。有些巴洛克建筑过分追求华贵气魄,甚至到了烦琐堆砌的地步。从 17 世纪 30 年代起,意大利教会财富日益增加,各个教区先后建造自己的巴洛克风格的教堂。由于规模小,不宜采用拉丁十字形平面,因此多改为圆形、椭圆形、梅花形、圆瓣十字形等单一空间的殿堂,在造型上大量使用曲面。如上海董家渡天主堂。

4. 乡村式教堂

教士把西方建筑文化的影响从北京、上海、天津等近代主要城市向中国广大内地散播开来,甚至在偏远的城镇、乡村,也常常可以看到矗立在众多中国传统建筑中的西式教堂。不过修筑在这些地方的教堂在建筑形式上更为灵活。

在中国的基督教建筑也融合了一些中国元素,中国传统建筑中的塔、屋顶、牌坊、垂花门等,与西方教堂建筑中的塔楼、穹顶、柱式、拱券、玫瑰窗、十字架等随意组合,形成各种生动活泼、充满趣味的建筑形式,构成中国近代中西建筑文化交融史上一道独特的风景线。

第三节　典型案例分析

一、佛教建筑典型案例

（一）佛寺

1. 北京广济寺

广济寺，位于北京西城区阜成门内大街 25 号。占地 2.3 公顷。始建于宋朝末年，1931 年寺院失火焚毁，1935 年重建。

广济寺坐北朝南，在中轴线上依次分布着山门殿、弥勒殿（天王殿）、大雄宝殿、圆通殿（观音殿）和多宝殿。东西两侧除钟楼和鼓楼外，还有整齐的配殿。

广济寺最引人注目的是天王殿。这里有明代仿唐三彩的四大天王，象征着“风调雨顺”。中间为明代铜弥勒像，与各地寺院看到的布袋和尚像不同，广济寺天王殿中所供奉的是—天冠弥勒。

广济寺最大的殿堂是“大雄殿”。广济寺大雄殿是帝王所敕建，故着黄琉璃瓦。大雄殿所供奉的三世佛，即西侧是过去世迦叶佛，中间是现在世释迦牟尼佛，东侧是未来世弥勒佛。

大雄殿后为圆通殿，供奉着观音菩萨。殿中正座是观音菩萨像。西侧一尊是元代铜观自在菩萨；东边一尊是明代多罗菩萨，即藏传佛教所称的度母。

第三进院落就是藏经楼，因为 20 世纪 50 年代曾经从北京灵光寺出土有释迦牟尼佛真身舍利暂存广济寺藏经楼，故称“舍利阁”。阁下是多宝殿，多宝殿是佛教文物、艺术的宝库。殿正中供奉着三尊明代铸造的铜佛像，两旁高大明亮的玻璃柜中陈列着尼泊尔、印度、孟加拉、日本、印尼、越南、美国等地区佛教界来访人士赠送的珍贵礼品。

寺庙的西北隅，有一座建于清康熙十七年（1678 年）的殿，内有汉白玉砌成的戒坛。戒坛，高 3 层，是广济寺保存完好的最古老的建筑，也是北京城区唯一一座清代汉白玉戒台。

2. 拉萨布达拉宫

布达拉宫屹立在西藏首府拉萨市区西北的红山上，始建于 8 世纪松赞干布时期。十七世纪五世达赖喇嘛时期重建后，成为历代达赖喇嘛的住息地和政教合一的中心。主体建筑分白宫和红宫，主楼十三层，高 115.7 米，由寝宫、佛殿、灵塔殿、僧舍等组成。布达拉宫是历世达赖喇嘛的冬宫，从五世达赖喇嘛起，重大的宗教、政治仪式均在此举行，同时又是供奉历世达赖喇嘛灵塔的地方。

布达拉宫依山垒砌，群楼重叠，殿宇嵯峨，气势雄伟，有横空出世，气贯苍穹之势，坚实敦厚的花岗石墙体，松茸平展的白玛草墙领，金碧辉煌的金顶，具有强烈装饰效果的巨大鎏金宝瓶、幢和经幡，交相辉映，红、白、黄三种色彩的鲜明对比，分部合筑、层层套接的建筑形体，都体现了藏族古建筑迷人的特色。布达拉宫是藏式建筑的杰出代表，也是中华民族古建筑的精华之作。

宫宇叠砌，迂回曲折，同山体有机地融合，这是布达拉宫给人最为直接的感受。其外观有13层，自山脚向上，直至山顶。整体建筑主要由东部的白宫（达赖喇嘛居住的部分），中部的红宫（佛殿及历代达赖喇嘛灵塔殿）及西部白色的僧房（为达赖喇嘛服务的亲信喇嘛居住）组成。在红宫前还有一片白色的墙面为晒佛台，这是每当佛教节庆之日，用以悬挂大幅佛像的地方。

白宫横贯两翼，为达赖喇嘛生活起居地，有各种殿堂长廊，摆设精美，布置华丽，墙上绘有与佛教有关的绘画，多出自名家之手。红宫居中，供奉佛像、松赞干布像、文成公主和尼泊尔尺尊公主像数千尊，以及历代达赖喇嘛灵塔，黄金珍宝嵌间，配以彩色壁画，辉煌金碧。整个建筑群占地10余万平方米，房屋数千间，布局严谨，错落有致，体现了西藏建筑工匠高超技艺。

大殿内的壁画是布达拉宫内一道别致风景，在这堪称巨型绘画艺术长廊内，既记载有西藏佛教发展历史，又有五世达赖生平，文成公主进藏过程，还有西藏古代建筑形象和大量佛像金刚等，说它是一部珍贵的历史画卷毫不为过。

3. 西双版纳曼春满佛寺

曼春满佛寺坐落在西双版纳傣族自治州景洪市勐罕镇傣族园内，始建于公元583年，距今已有1400多年历史，是当地有名的佛寺之一，传说是佛教传入西双版纳后修建的第一座佛寺。但原先的佛寺在20世纪60年代被毁，现在人们看到的佛寺是70年代末重建的。

曼春满是傣语，意为花园寨。传说景洪宣慰使曾经派人到此栽花，后来发展成为村寨，故名曼春满——花园寨。以曼将、曼春满、曼乍、曼听、曼嘎5个傣族村寨组成的傣族园，以曼春满佛寺为核心，充分展示了千年南传上座部佛教的神秘奇异。曼春满佛寺在东南亚享有盛名，每年的重大佛事活动期间，斯里兰卡、泰国、缅甸、老挝、西双版纳等地的僧侣和信教群众都要云集曼春满佛寺举行朝拜和诵经活动。

屹立于中央的大殿是建筑群的主体，占地490平方米，大殿长23.5米，宽21米，呈长方形。屋脊端有吉祥鸟卧立，中间是若干陶饰品，室内佛殿高大宽阔，44棵直径分别为0.4米和0.6米的圆形水泥柱分列在殿宇两旁。圆柱高的12米，矮的也有四五米，所有圆柱都以红色为基色，用金粉绘制图案作装饰，显得金碧辉煌。

（二）佛塔

1. 陕西西安大雁塔

西安大雁塔位于陕西西安市南慈恩寺内。建于唐永徽三年（652年）。塔初建为砖表土心5层方形，后改建为10层。后经战火破坏，剩下7层。明代在外表加砌面砖予以保护，即为今塔。高59.9米，合底座与塔身总高64.1米。寺建成不久，名僧玄奘由弘福寺迁此译经。大雁塔是玄奘西行求法，归国译经的纪念建筑物，具有重要历史价值。

2. 山西应县木塔

应县木塔，即佛宫寺释迦塔，坐落在山西应县佛宫寺内。木塔建于辽清宁二年(1056年)，平面呈八角形，外观五层，夹有暗层四层，实为九层，通高67.13米。塔内明层均有塑像。应县木塔是我国现存最古最高的一座木构大塔，通体没有一颗钉子。

3. 河南登封嵩岳寺塔

嵩岳寺塔建于北魏正光年间(520—524年)，是我国现存年代最早的砖塔。塔高约39.5米，平面呈十二角形，底层直径约10.6米，外部以密檐分为十五层。塔身四壁开券门，门洞宽敞高大，塔身每层各面均砌出拱形门和小窗，这些门窗多为装饰性的，共计门窗500余个。整个塔身呈抛物线形，线条清晰流畅，造型雄伟秀丽。

4. 西安小雁塔

小雁塔位于陕西西安市南荐福寺内。小雁塔的塔形秀丽，被认为是唐代精美的佛教建筑艺术遗产。小雁塔始建于公元707年，是一座典型的密檐式砖塔。小雁塔与位于西安南郊慈恩寺内的大雁塔是唐代长安城保留至今的两处标志性建筑。小雁塔与大雁塔相距三公里。因规模小于大雁塔，故称小雁塔。小雁塔规模虽不及大雁塔宏大，但环境清幽，风景优美。

5. 云南大理千寻塔

千寻塔建于公元九世纪，在大理属南诏国，约为唐代中晚期。塔高69.13米，塔心中空，在古代有井字形楼梯可以供人攀登。塔身16层，每层正面中央开券龛，龛内有白色大理石佛像一尊。两边龛为窗洞，两级窗洞的方向交替错开，解决了塔内的采光通风问题。塔檐越往上间距越小，自第三、四层起逐层向内收束，最后集束于塔顶。因此塔身的外形轮廓不是僵硬地直线向上，而是微凸，形制与西安小雁塔相同。塔顶四角各有一只铜铸的金鹏鸟，传说用以镇压洱海中的龙妖水怪。

6. 北京妙应寺白塔

妙应寺白塔建于元至元八年(1271年)，是我国建筑年代最早、规模最大的一座喇嘛塔，由尼泊尔青年匠师阿尼哥设计。塔通高51米，通体洁白，下有三层须弥式基座。其上覆莲座，塔身形似宝瓶。此塔各部分的比例十分匀称，轮廓雄浑，气势磅礴，是喇嘛塔中最杰出的创作。

7. 北京真觉寺金刚宝座塔

真觉寺金刚宝座塔是我国同类塔中年代最早、雕刻最精美的一座。此塔于明成化九年(1473 年)竣工,由汉白玉石和砖砌筑而成,总高 17 米,分塔座和五塔两部分。宝座为正方形,高 7.7 米,前后辟门,门内有阶梯,盘旋可达宝座顶部。顶部有五座石塔。此塔以精美的雕刻艺术而著称,塔座和五塔上遍刻绚丽多姿的佛像、花草、鸟兽等图案。

(三)石窟

1. 甘肃敦煌石窟

敦煌石窟,被誉为 20 世纪最有价值的文化发现,坐落在河西走廊西端的敦煌,以精美的壁画和塑像闻名于世。它始建于十六国的前秦时期,历经十六国、北朝、隋、唐、五代、西夏、元等历代的兴建,形成巨大的规模,现有洞窟 735 个,壁画 4.5 万平方米、泥质彩塑 2415 尊,是世界上现存规模最大、内容最丰富的佛教艺术圣地。近代以来又发现了藏经洞,内有 5 万多件古代文物,由此衍生专门研究藏经洞典籍和敦煌艺术的学科——敦煌学。1961 年,莫高窟被公布为第一批全国重点文物保护单位之一。1987 年,莫高窟被列为世界文化遗产。

2. 甘肃天水麦积山石窟

麦积山石窟属全国重点文物保护单位,也是闻名世界的艺术宝库。麦积山位于甘肃省天水市东南约 35 公里处,是我国秦岭山脉西端小陇山中的一座奇峰,海拔 1742 米,但山高离地面只有 142 米,山的形状奇特,孤峰突起,犹如麦垛,因此人们称之为麦积山。

麦积山石质皆为紫褐色水成岩,其山势陡然起独峰,最初有许多天然岩洞。现存佛教窟龛 194 个,泥塑石雕、石胎泥塑 7200 余身,壁画 1300 余平方米,全部窟龛开凿在山崖峭壁之上,分布于东、西两崖。

3. 山西大同云冈石窟

云冈石窟,石窟依山而凿,属全国重点文物保护单位,位于山西省大同市,有窟龛 252 个,造像 51000 余尊,代表了公元 5 世纪至 6 世纪时中国杰出的佛教石窟艺术。云冈石窟始建于公元 460 年,由当时的佛教高僧昙曜奉旨开凿。现存的云冈石窟群,是 1961 年国务院公布的第一批全国重点文物保护单位之一。整个石窟分为东、中、西三部分,石窟内的佛龛,像蜂窝密布,大、中、小窟疏密有致地嵌贴在云冈半腰。东部的石窟多以造塔为主,故又称塔洞;中部石窟每个都分前后两室,主佛居中,洞壁及洞顶布满浮雕;西部石窟以中小窟和补刻的小龛为最多,修建的时代略晚,大多是北魏迁都洛阳后的作品。整座石窟气魄宏大,外观庄严,雕工细腻,主题突出。石窟雕塑的各种宗教人物形象神态各异。在雕造技法上,继承和发展了我国秦汉时期艺术的优良传统,又吸收了犍陀罗艺术的有益成分,创建出云冈独特的艺术风格,对研究雕刻、建筑、音乐、宗教都是极为珍贵的宝贵资料。

4. 河南洛阳龙门石窟

龙门石窟,位于河南省洛阳市区南面 12 公里处,这里有东、西两座青山对峙,伊水缓缓北流。远远望去,犹如一座天然门阙,龙门石窟始开凿于北魏孝文帝迁都洛阳(公元493年)前后,后来,历经东西魏、北齐,到隋唐至宋等朝代又连续大规模营造达400余年之久。密布于伊水东西两山的峭壁上,南北长达1公里,现存窟龛2345个,题记和碑刻2680余品,佛塔70余座,造像10万余尊。其中最大的佛像高达17.14米,最小的仅有2厘米。这些都体现出我国古代劳动人民极高的艺术造诣。

二、道教建筑典型案例

1. 山西永乐宫

永乐宫是目前中国现存最早的道教宫观,较完整地保留了元代建筑的风貌。原在山西永济县后迁至芮城的永乐宫始建于唐代,元中统三年(1262年)重建。

永乐宫,是为奉祀中国古代道教"八洞神仙"之一的吕洞宾而建,原名"大纯阳万寿宫",属全国重点文物保护单位,是典型的元代建筑风格,粗大的斗拱层层叠叠地交错着,四周的雕饰不多,比起明、清两代的建筑,显得较为简洁、明朗。几个殿以南、北为中轴线,依次排列。特别是宫殿内部的墙壁上,布满了精心绘制的壁画,其艺术价值之高,数量之多,实属世上罕见,可与敦煌壁画媲美。这些绘制精美的壁画总面积达960平方米,题材丰富,画技高超,继承了唐、宋以来优秀的绘画技法,又融汇了元代的绘画特点,形成了永乐宫壁画的可贵风格,成为元代寺观壁画中最吸引人的一处。

在永乐宫内,宫宇规模宏伟,布局疏朗。除山门外,中轴线上还排列着龙虎殿、三清殿、纯阳殿、重阳殿等四座高大的元代殿宇。这些元代建筑,是中国古建筑中的优秀遗产。在建筑总体布局上风格独特,东西两面不设配殿等附属建筑物,在建筑结构上,吸收了宋代"营造法式"和辽、金时期的"减柱法",形成了自己特有的风格。

2. 上海城隍庙

在上海地区众多的道教宫观中,上海城隍庙以其历史悠久、建筑宏伟著称,在国内外享有盛名。

上海市老城隍庙坐落于上海市最为繁华的城隍庙旅游区,是上海地区重要的道教宫观,始建于明代永乐年间(1403—1424年),距今已有近六百年的历史。从明代永乐(1403—1424年)到清代道光(1821—1850年),上海城隍庙的庙基不断扩大,宫观建筑不断增加,最为繁盛时期,占地总面积达到49.9亩土地,约合3.3万平方米。作为上海地区重要的道教宫观,上海城隍庙在"文革"时期,遭受了重大的打击,神像被毁,庙宇被挪为他用。1994年,随着宗教信仰自由政策的逐步落实,上海城隍庙得到恢复,重新成为由正一派道士管理的道教宫观。今天的上海城隍庙，包括霍光殿、甲子殿、财神殿、慈航殿、城隍殿、娘娘殿、父母殿、关圣殿、文昌殿九个殿堂，建筑面积约2000余平方米。

3. 湖北武当山

武当山又名“太和山”，位于中国中部湖北省丹江口市的西南部。明代（公元1368—1644年）时，武当山被皇帝敕封为“大岳”、“玄岳”，地位在“五岳”诸山之上。武当主峰天柱峰，海拔1612米，周围又有“七十二峰”、“三十六岩”、“二十四涧”等胜景环绕，风光旖旎，气势宏伟，被世人赞为“万山来朝”。

武当山古建筑群始建于唐代贞观年间（公元627—649年）。明代是其发展的鼎盛时期，这一时期在武当山兴建了大批建筑，到嘉靖三十一年（公元1552年）“治世玄岳”牌坊建成，武当山建筑群形成了以八宫两观为主体的庞大规模。

现在武当山古建筑群主要包括太和宫、南岩宫、紫霄宫、遇真宫四座宫殿，玉虚宫、五龙宫两座宫殿遗址，以及各类庵堂祠庙等共200余处。建筑面积达5万平方米，占地总面积达100余万平方米，规模极其庞大。被列入的主要文化遗产包括：太和宫、紫霄宫、南岩宫、复真观、“治世玄岳”牌坊等。

此外，武当山各宫观中还保存有各类造像1486尊，碑刻、摩岩题刻409通，法器、供器682件，还有大量图书经籍等，也是十分珍贵的文化遗存。

建筑主体以宫观为核心，主要宫观建筑在内聚形盆地或山助台地之上，庵堂神祠分布于宫观附近地带，自成体系，岩庙则占峰踞险，形成“五里一庵十里宫，丹墙翠瓦望玲珑”的巨大景观。在建筑艺术、建筑美学上达到了极为完美的境界，有着丰富的中国古代文化和科技内涵，是研究明初政治和中国宗教历史以及古建筑的实物见证。武当山古建筑群具有以下主要特征：

（1）规划严密。武当山古建筑群分布在以天柱峰为中心的群山之中，总体规划严密，主次分明，大小有序，布局合理。建筑位置选择，注重环境，讲究山形水脉，布局疏密有致。建筑设计的规划或宏伟壮观，或小巧精致，或深藏山坳，或濒临险崖，达到了建筑与自然的高度和谐，具有浓郁的建筑韵律和天才的创造力。

（2）建筑杰出。武当山古建筑群类型多样，用材广泛，各项设计、构造、装饰、陈设，不论木构宫观、铜铸殿堂、石作岩庙，以及铜铸、木雕、石雕、泥塑等各类神像都达到了高度的技术与艺术成就。

（3）道教瑰宝。武当山道教建筑群始终由皇帝亲自策划营建，皇室派员管理。现存建筑其规模之大，规划之高，构造之严谨，装饰之精美，神像、供器之多，在中国现存道教建筑中是绝无仅有的。

三、伊斯兰教建筑典型案例

1. 西安化觉巷清真寺（回族伊斯兰建筑）

化觉巷清真寺，又叫东大寺，建于明初，是时代较早规模较大的回族伊斯兰建筑。全寺总面积 1.3 万平方米,建筑面积约 6000 平方米,被联合国教科文组织列为世界伊斯兰文物之一。清真寺位于西安市鼓楼西北隅,是一座历史悠久、规模宏大的中国殿式古建筑群,是伊斯兰文化和中国文化相融合的结晶。

基地南北窄东西长,两座寺门分设在基地东端南北两角。总布局采取沿东西向轴线纵深串联多重院落的形式,一共四进。单体建筑都是汉族式样。

第一进是全寺前导,砖砌大照壁对着三间木牌楼。第二进以院内石牌坊为中心。第三进院内省心楼为汉式楼阁,八角,二层三檐,琉璃攒尖顶;北侧厢房为讲经室,前廊正中高起一座歇山小屋顶,轮廓变化丰富,造型轻巧。第四进是主院,正中的凤凰亭在八角大亭左右连接左右各一小亭,造型丰富。礼拜殿体量巨大,可以容纳上千人,屋顶由两座歇山顶以前后串联构成。殿前有大月台,配以月台边上的几座石牌坊和碑亭小品,烘托出大殿的重要。彩画纹样仍以阿拉伯文和植物纹为主,闪着金光。

2. 喀什艾提卡尔清真寺(维吾尔族伊斯兰建筑)

艾提卡尔清真寺是中国伊斯兰教著名清真寺,位于新疆维吾尔自治区喀什市解放路。"艾提卡尔"是阿拉伯语'Id(节日)与波斯语 Kar(地方)的复合词,一译"艾提尕尔",意为"节日活动场所",新疆特指穆斯林举行会礼的大清真寺,宗教教育和文化的中心。该寺始建年代与早期历史已不可考。

该寺占地约 25 亩。主要由门楼、礼拜大殿、宣礼塔、寺院用房、人工湖等组成。正门东向,门前为以寺命名的艾提卡尔广场。门楼属阿拉伯式建筑。顶作穹隆式,上建小尖塔。门厅呈八角形,通往院内的两侧各开一拱形门洞。两座高约 18 米的圆柱形砖砌宣礼塔,耸立在寺院东南和东北隅,塔身由下至上逐层收分,并利用砖砌手法变化形成多种花纹图形。塔与门楼间以短墙相连。墙与门楼均为淡黄色,砖缝和墙上凹壁全部以白灰勾勒,线条清晰流畅,增加了平面的立体感。礼拜大殿坐落在寺院西端,砖木结构,平顶,长 160 米,进深 16 米。由内、外殿和长廊组成。

全部采用廊柱式,由 158 根成网络状排列的雕花木柱,支撑白色密肋顶棚。顶棚藻井彩绘各种花卉和几何图案。院内湖光粼粼,绿荫婆娑,景色清幽。全寺布局合理,建筑工艺精细,装饰古朴典雅,风格独特,是我国阿拉伯式伊斯兰教清真寺建筑的典范。礼拜大殿、寺院和艾提卡尔广场总计可容纳近 10 万人做礼拜。

四、基督教建筑典型案例

1. 上海洋泾浜天主堂

洋泾浜天主堂位于黄浦区四川南路 36 号,始建于清咸丰十年(1860 年),次年落成,因地处洋泾浜(今延安东路)入黄浦江的出口处南岸,故称"洋泾浜天主堂",这是上海租界中最早的教堂之一,建筑风格为罗马式与哥特式组合。

建筑平面为拉丁十字形，内部使用束柱和肋骨拱顶形式，外墙用厚实的红砖砌筑。门窗均为半圆形券。教堂正中是大祭台，左右各有一座祭台，都绘有巨幅圣母玛利亚及耶稣像，教堂四周悬挂着一幅幅描绘圣经故事的画像。当时，教堂坐落在法租界，专门为法籍天主教徒服务。建筑形式深受法国影响，采用单钟塔式立面构图，这种单钟塔形制普遍出现在当时大量的小型哥特复兴式教堂中，它的正立面中央是拱形大门，上有三角形装饰，两边为拱形边门。墙上有 4 座壁龛，内放神像。大门上部有玫瑰窗及扶壁，顶部是哥特式尖塔，由四个小钟座和中央大钟座组成，大钟座座基装有精致的百叶窗，尖塔顶部装有十字架，这些都同欧洲十三世纪盛行的哥特建筑基本相仿。

2. 上海徐家汇天主堂

徐家汇天主教堂是中国著名的天主教堂，为天主教上海教区主教座堂，堂侧有天主教上海教区主教府，修女院。教堂始建于清光绪三十一年（1905 年），宣统二年（1910 年）告成，1980 年重修；为中世纪哥特式建筑，高 50 米平面呈长十字形，正面向东，两侧建钟楼，高耸入云。整幢建筑高五层，砖木结构。大堂顶部两侧是哥特式钟楼，尖顶。大堂内圣母抱小耶稣像立祭台之巅，俯视全堂，为整座教堂之中心。这座圣母耶稣像是 1919 年由巴黎制成后运抵上海的。

3. 青岛圣爱弥尔大教堂

圣爱弥尔大教堂占地面积 11480 平方米，其中建筑面积 6301.54 平方米。教堂以黄色花岗岩和钢筋混凝土砌成，表面雕以简洁优美的纹案。窗户为半圆拱形，线条流畅，显得庄重而朴素。大门上方设一巨大玫瑰窗，两侧各耸立一座钟塔，塔身高 56 米，红瓦覆盖的锥形塔尖上各竖立一个 4.5 米高的巨大十字架，塔内悬有四口大钟，一旦钟乐鸣奏，声传数里之外。

进入教堂，是一个高达 18 米，可容千人的宽敞明亮的大厅，色彩斑斓的玻璃花窗透射出柔和的光线。大厅东西两侧设有走廊，后面设有两个大祭台，四个小祭台，厅的穹顶绘以圣像壁画，灯光炫目，充满浓厚的宗教气氛。屋顶覆盖舌头红瓦，气势庞大，且又古朴典雅。

教堂装饰系采用意大利文艺复兴时期形式。堂内大厅，宽敞明亮，顶棚悬有七个大吊灯，后方设有祭台，配之穹顶的圣像壁画，堪称庄严美观，基督教建筑艺术的杰作。

4. 上海董家渡天主堂

董家渡天主堂是上海目前尚存较老的天主教堂之一，位于董家渡路和万裕街的交汇处。董家渡天主堂兴建于 1847 年，它的外观造型属西班牙风格，建筑风格则归于巴洛克式。

董家渡天主堂的正立面为三段式。下段以四对爱奥尼克式柱划成三间，使大门开有三个入口。进门旁的双柱当间有砖砌的中国式对联,外端的两对立柱间则塑有神龛;中段墙面正中嵌入一只圆形大时钟,其上两端各耸立一座钟楼,楼内铜钟据说是一个半世纪前的原物;上段山墙做成具有典型巴洛克气质的卷涡式样,中央辟出一额,直书“天主堂”三个大字;顶上竖起铁十字架,长近四米,据说有一吨来重。大堂内部采拱顶而非穹顶,辅之以青绿藻井图案构成天花;堂内粗壮的立柱约有四米周长,其中一柱内还有楼梯可上唱经楼。唱经楼是位于进门上的一道夹层,这里遥对远处的祭坛,侧望还可以清楚地看到堂内墙面高处的精美浮雕。作为中西合璧的具体体现,这些浮雕表现了十分中国化的莲、鹤、葫芦、宝剑、双钱等内容。在建造期间,当时发生了瘟疫疾病,传教士把部分资金分施给急需的人,解了燃眉之急。最后取消了上层一排的玻璃和中央圆顶,在原来式样的三分之二高度处封了顶,缩小和简化了钟楼,并形成圣堂内几个2.5米×2.5米硕大的柱子,它们的周长约有十米左右,其中一柱子内建有旋转梯子抵达唱经楼。大堂顶部是拱形吊顶,起共鸣作用。教堂的钟楼内有四口大小与教堂同年龄的铜钟,祈祷鸣钟时,方圆几公里都能听见。圣堂顶上的铁十字架长逾四米,重达一吨。

董家渡天主堂圣堂正面为巴洛克式风格。室内更多地采用文艺复兴时代的风格,平面呈长十字形,中央主廊较多,两侧较低为三廊型巴西利卡式,极为宽敞。同时室内装饰也体现了中国文化的风韵。室内浮雕有莲花、仙鹤、双钱、地坪铺大方砖,为早期天主堂沿袭中国装饰习俗的范例,体现了当时东西文化在建筑上的交融。

五、国外宗教建筑典型案例

(一)佛教建筑

1.泰国曼谷玉佛寺

玉佛寺位于曼谷大王宫的东北角,是泰国最著名的佛寺,也是泰国三大国宝之一。建于1784年的玉佛寺是泰国大王宫的一部分,面积约占大王宫的1/4。玉佛寺是泰国王族供奉玉佛像和举行宗教仪式的场所,寺内有玉佛殿、先王殿、佛骨殿、藏经阁、钟楼和金塔。玉佛殿是玉佛寺的主体建筑,大殿正中的神龛里供奉着被泰国视为国宝的玉佛像。玉佛高66厘米,宽48厘米,是由一整块碧玉雕刻而成。每当换季时节,泰国国王都亲自为玉佛更衣,以保国泰民安。每当泰国内阁更迭之际,新政府的全体阁员都要在玉佛寺向国王宣誓就职。每年5月农耕节时,国王还要在这里举行宗教仪式,祈祷丰收。

2.缅甸仰光大金塔

大金塔是一座位于缅甸仰光的佛塔。塔高98米,表面镀有一层金。它是缅甸最神圣的佛塔,因为它供奉了四位佛陀的遗物,包括拘留孙佛的杖,正等觉金寂佛的净水器,迦叶佛的袍及佛祖释迦牟尼的八根头发。金碧辉煌的缅甸仰光大金塔,与印度尼西亚的婆罗浮屠塔和柬埔寨的吴哥窟一起被称为东方艺术的瑰宝,是驰名世界的佛塔,也是缅甸国家的象征。缅甸人称大金塔为“瑞大光塔”,“瑞”在缅语中是“金”的意思,“大光”是仰光的古称,缅甸人把大金塔视为自己的骄傲。

3. 柬埔寨吴哥窟

吴哥窟又称吴哥寺,位在柬埔寨西北方。它是吴哥古迹中保存最完好的庙宇,以建筑宏伟与浮雕精细闻名于世,也是世界上最大的庙宇。12 世纪时,吴哥王朝国王苏耶跋摩二世希望在平地兴建一座规模宏伟的石窟寺庙,作为吴哥王朝的国都和国寺。因此举全国之力,花了大约 35 年建造。吴哥窟的整体布局,从空中乘坐热气球可以一目了然:一道明亮如镜的长方形护城河,围绕一个长方形的满是郁郁葱葱树木的绿洲,绿洲有一道寺庙围墙环绕。绿洲正中的建筑乃是吴哥窟寺的印度教式的须弥山金字坛。吴哥窟寺坐东朝西。一道由正西往正东的长堤,横穿护城河,直通寺庙围墙西大门。过西大门,有一条较长的道路,穿过翠绿的草地,直达寺庙的西大门。在金字塔式的寺庙的最高层,可见矗立着五座宝塔,如骰子五点梅花,其中四个宝塔较小,排四隅,一个大宝塔巍然矗立正中,与印度金刚宝座式塔布局相似,但五塔的间距宽阔,宝塔与宝塔之间连接游廊,此外,须弥山金刚坛的每一层都有回廊环绕,乃是吴哥窟建筑的特色。那里的台阶陡峭,需要手脚并用地爬上去。这寓意着人们到达天堂需要经历许多艰辛。

(二)伊斯兰教建筑

1. 麦加大清真寺

麦加大清真寺是世界著名的清真大寺,伊斯兰教第一大圣寺,世界各国穆斯林向往的地方和去麦加朝觐礼拜的圣地。据《古兰经》经文启示,在此禁止凶杀、抢劫、械斗,故又称禁寺。禁寺位于沙特阿拉伯麦加城中心,规模宏伟,经几个世纪以来的扩建和修葺,特别是沙特时代的扩建,总面积已扩大到 18 万平方米,可容纳 50 万穆斯林同时做礼拜。禁寺有精雕细刻的 25 道大门和 7 座高 92 米的尖塔,还有 6 道小门,24 米高的围墙将门和尖塔连接起来,其中 6 座塔分别耸立在 3 座主要大门的两侧,另一座塔则与直径为 35 米的圆顶毗邻。这 7 座塔环绕着圣寺,象征着一周的天数,巍峨高耸,是典型的伊斯兰风格。全寺围墙西北长 166 米,东南长近 170 米,东北近 110 米,西南约 111 米。禁寺的整个建筑、墙壁、圆顶、台阶、通道都是用洁白大理石铺砌,骄阳之下光彩夺目,气势磅礴。入夜,千百盏水银灯把禁寺照耀得如同白昼,显得格外庄严、肃穆。

2. 印度泰姬陵

泰姬陵全称为“泰吉·玛哈尔陵”,又译泰姬玛哈,是印度知名度最高的古迹之一,在今印度距新德里 200 多公里外的北方邦的阿格拉近郊,亚穆纳河右侧;是莫卧儿王朝第5代皇帝沙贾汗为了纪念他已故皇后阿姬曼·芭奴，即泰吉·玛哈尔而建立的陵墓，被誉为“完美建筑”。它由殿堂、钟楼、尖塔、水池等构成，全部用纯白色大理石建筑，用玻璃、玛瑙镶嵌，有极高的艺术价值，是印度伊斯兰教建筑中的代表作。泰姬陵的构思和布局充分体现了伊斯兰建筑艺术庄严肃穆、气势宏伟的特点，整个建筑富于哲理，是一个完美无缺的艺术珍品。

（三）基督教建筑

1. 意大利比萨大教堂

比萨大教堂是意大利罗马式教堂建筑的典型代表，位于意大利比萨。大教堂始建于1063年，由雕塑家布斯凯托·皮萨谨主持设计。教堂平面呈长方的拉丁十字形，长95米，纵向四排68根科林斯式圆柱。纵深的中堂与宽阔的耳堂相交处为一椭圆形拱顶所覆盖，中堂用轻巧的列柱支撑着木架结构屋顶。在比萨广场上有大教堂、洗礼室、钟楼和墓地。比起教堂本身来说，比萨斜塔的名气似乎更大一些。其实，它只是比萨大教堂的一个钟楼，因其特殊的外形、历史上与伽利略的关系而名声大噪。并且历经多年，塔斜而不倒，被公认为世界建筑史上的奇迹。

2. 德国科隆大教堂

科隆大教堂是位于德国科隆的一座天主教主教座堂，是科隆市的标志性建筑物。在所有教堂中，它的高度居德国第二（仅次于乌尔姆市的乌尔姆大教堂），世界第三。论规模，它是欧洲北部最大的教堂。集宏伟与细腻于一身，它被誉为哥特式教堂建筑中最完美的典范。它始建于1248年，几经波折，1880年最后完成。它为罕见的五进建筑，内部空间挑高又加宽，高塔直向苍穹，象征人与上帝沟通的渴望。除两座高塔外，教堂外部还有多座小尖塔烘托。教堂四壁装有描绘圣经人物的彩色玻璃；钟楼上装有5座响钟，最重的达24吨，响钟齐鸣，声音洪亮。

3. 土耳其圣索菲亚大教堂

圣索非亚大教堂建于东罗马皇帝统治时期（公元532年—公元537年），当时拜占庭帝国正处于鼎盛阶段，它是拜占庭式建筑的代表作。它的突出成就在于创造了以帆拱上的穹顶为中心的复杂拱券结构平衡体系。大教堂是集中式的，占地面积近8000平方米，东西长77米，南北长71米。布局属于以穹隆覆盖的巴西利卡式。中央穹隆突出，四面体量相仿但有侧重，前面有一个大院子，正南入口有二道门庭，末端有半圆神龛。中央大穹隆，直径32.6米，穹顶离地54.8米，通过帆拱支承在四个大柱墩上。其横推力由东西两个半穹顶及南北各两个大柱墩来平衡。内部空间丰富多变，穹隆之下，柱之间，大小空间前后上下相互渗透，穹隆底部密排着一圈40个窗洞，光线射入时形成的幻影，使大穹隆显得轻巧凌空。教堂内部空间曲折多变，饰有金底的彩色玻璃镶嵌画。装饰富丽堂皇，地板、墙壁、廊柱是五颜六色的大理石，柱头、拱门、飞檐等处以雕花装饰，圆顶的边缘有40具吊灯，教坛上镶有象牙、银和玉石，大主教的宝座以纯银制成，祭坛上悬挂着丝与金银混织的窗帘，上有皇帝和皇后接受基督和玛利亚祝福的画像。

思考与练习

河南省洛阳市白马寺景观鉴赏

白马寺位于今洛阳市东约12公里处，北依邙山，南临洛水，绿树红墙，梵殿宝塔，环境肃穆幽静。被誉为“中国第一古刹”。

白马寺是佛教传入中国之后由国家营建的第一座寺院。它创建于东汉永平十一年，距今已有1900多年的历史了。白马寺是佛教在中国赖以发展滋长的第一座菩提道场，被佛门弟子尊为“祖庭”和“释庭”。

白马寺原建筑规模极为雄伟，历代又曾多次重修，但因屡经战乱，数度兴衰，古建筑所剩无几，新中国成立后，政府为保存这一著名文化古迹，曾进行过多次修葺。现有五重大殿和四个大院以及东西厢房。前为山门，山门是并排三座拱门。山门外，一对石狮和一对石马，分立左右。五重大殿由南向北依次为天王殿、大佛殿、大雄殿、接引殿和毗卢殿。

天王殿系元代建筑，明清两代均有重修，为一座单檐歇山式建筑。殿基高0.9米，长20.5米，宽14.5米，是明朝由原山门殿改建而成的。整个建筑面阔五间，进深三间，四周绕以回廊。屋顶正脊有“风调雨顺”、后脊有“国泰民安”几个大字。殿内两侧泥塑四大天王像。中央佛龛内是明代塑造的弥勒笑像。

天王殿后是一座大佛殿，长22.6米，宽16.3米，殿脊前部有“佛光普照”、后部有“法轮常转”各四个字。殿的中央供奉着三尊塑像：中为释迦牟尼佛，左为迦叶，右为阿难。三尊塑像旁边，还有手拿经卷的文殊和手持如意的普贤两位菩萨。释迦牟尼佛像背后是观音菩萨像。殿内还有一口引人注目的大钟，高1.65米，重1500公斤，上饰盘龙花纹，刻有“风调雨顺，国泰民安”等字。

大佛殿之后是大雄殿，长22.8米，宽14.2米。殿前有一月台，是寺院内最大的殿宇。由歇山顶改为悬山顶，面积有所缩小。殿内贴金雕花的大佛龛内塑的是三世佛：中为释迦牟尼佛，左为药师佛，右为阿弥陀佛。三尊佛像前，站着两位护法天将的塑像，执持法器。两侧排列十八尊神态各异、眉目俊朗的罗汉塑像。这十八罗汉都是用漆、麻、丝、绸在泥胎上层层裱裹，然后揭出泥胎，制成塑像，这种“脱胎漆”工艺在国内是独一无二的，乃寺中塑像之精品，每座佛都是空心的，一只手即可托起。背后殿壁上还排列整齐地刻镂着五千余尊微型佛像。

大雄殿后有接引殿，为一般寺院所罕见。长14米，进深10.7米。为双层殿基，是寺内最小建筑。殿内供西方三圣。中为阿弥陀佛立像，左为观世音菩萨，右为大势至菩萨，均为清代泥塑。

毗卢殿是白马寺内最后一座佛殿，坐落于清凉台上，系一组庭院式建筑。清凉台原是明帝少时读书乘凉之处，后为摄摩腾、竺法兰译经之所。在寺中位置最高，长43米，宽33米，高5米。正面大殿毗卢殿为重檐歇山楼阁式建筑，长15.8米，宽10.6米，初建于唐，元、明、清历代都曾重修。阁内正中有一座砖台座，设一木龛，龛内供奉一尊毗卢遮那佛像，左立文殊，右立普贤，这一佛两菩萨，在佛教中合称“华严三圣”。毗卢阁外两侧有两座配殿，即摄摩腾与竺法兰配殿，分置二高僧泥塑像，以示纪念。今山门东西两侧尚有二僧之墓。

白马寺东南有一座齐云塔，为方形密檐式砖塔。塔边长7.8米，通高35米，13层。每层南边开一拱门，可以登临眺望。旧与清凉台、腾兰墓、断文碑、夜半钟、焚经台合称“白马寺六景”。

寺南还有两座夯筑高土台，台上立着一块“东汉释道焚经台”字样的通碑，这就是“六景”之一的焚经台。这个焚经台记述了佛教徒与中国方士之间的一场角逐，以佛教取胜而告终，汉朝佛教由此兴盛。“明月见古寺，林外登高楼。南风开长廊，夏日凉如秋。”这是唐朝诗人王昌龄笔下的白马寺。今天这座著名古刹仍名扬海内外，巍然屹立在邙山脚下。

鉴赏测试

1. 请结合白马寺的审美特征，从白马寺的文化历史、地位等方面，分析白马寺的文化价值；从宗教景观的分类方式来定位白马寺的景观类型；通过对白马寺美学价值的分析，讨论该寺的旅游价值。

2. 请结合中国佛教建筑的特点和风格，通过对该寺整体布局、建筑单体、特有建筑等的分析和鉴赏，探讨白马寺的建筑特色。

3. 请结合本书“建筑景观鉴赏”和“旅游景观鉴赏基本方法”等相关知识，探讨白马寺相关景观鉴赏。

第七章 园林景观鉴赏

引言

园林艺术源远流长,它与文学、绘画密切相关。园林的美寄情于自然物及其综合关系之中,随周边环境和观赏者的不同,会产生不同的美感,在审美方面给感受者以余味或遐想余地。由于园林独特的魅力,在旅游活动中有着主要的地位,是旅游景观的一大构成要素。

学习目标

1. 了解园林景观的概念
2. 熟悉著名的园林景观
3. 掌握园林景观的审美方法

第一节 园林景观概述

一、园林景观的概念

(一)园林

园林,是指在一定的地域上,运用工程技术和艺术手段,通过改造地形、种植树木花草、营造建筑和布置园路等途径创作而成的美的自然环境和游憩境域。

园林包括庭园、宅园、小游园、花园、公园、植物园、动物园等,随着园林的发展,还出现了森林公园、广场、街道、风景名胜区、自然保护区或国家公园的游览区以及休养胜地。

中国的园林与西方的园林,在性质、规模上虽不完全一样,但都具有一个共同的特点:即在一定的地段范围内,利用并改造天然山水地貌或者人为地开辟山水地貌、结合植物的栽植和建筑的布置,从而构成一个供人们观赏、游憩、居住的环境。

拓展知识

历史上园林的不同称呼

中国殷周时期出现的园林形式叫囿,它是园林的雏形,用以畜养禽兽供狩猎和游赏,也叫猎苑。中国秦汉时期的园林称为苑或宫苑,是专门供帝王游憩的地方,属官署或私人的称为园、园池、宅园等。

"园林"一词,见于西晋以后的诗文,如西晋张翰《杂诗》"暮春和气应,白日照园林";北魏杨衒之《洛阳伽蓝记》:"园林山池之美,诸王莫及。"唐宋以后,"园林"一词的应用更加广泛,常用以泛指各种游憩之地。

(二)园林景观

景观指某地区或某种类型的自然景色,也指人工创造的景观。泛指自然景色,景象。景观一词最早出现在《圣经》旧约全书中,景观的含义同汉语的"风景"、"景致"、"景色"一致,都是视觉美学意义上的概念。

园林从最早的囿,经过人工的装饰形成园,到了现代,又有了新的发展,涵盖了更大的环境,包括古代的、现代的,区域的、城市的,凡此种种,构成了今天的园林景观。

特别提示

园林景观与人们的审美观念、社会的科学技术水平是紧密相关的,它更多地体现了当代人们对生存空间的一种向往。现在,园林选址已不拘泥于名山大川、深宅大府,而广泛建于街头、交通枢纽、住宅区、工业区以及大型建筑的屋顶,使用的材料也从传统的建筑用材与植物扩展到了灯光、音响等综合性的高科技手段。

(三)园林的分类

根据不同的分类方式,园林可分为以下类别:

(1)以历史来区分可以分为古典园林与现代园林。

(2)以地域来区分可以分为中国园林与西方园林。

(3)以功能来区分可以分为综合园林、动物园、植物园、儿童公园和城市绿地等。

在园林的发展史中,中国园林因其独特的魅力而享誉世界,其中又以中国古代园林为最。中国园林历史悠久,是我国古代建筑艺术的珍宝,造园艺术更是源远流长,在我国的旅游资源中,古代园林是无可替代的。

二、中国古代园林的起源与发展

早在商周时期我们的祖先就已经开始利用自然的山、水、树木、鸟兽进行初期的造园活动。最初的形式为囿。囿是指在圈定的范围内让草木和鸟兽滋生繁育;除此之外还挖池筑台,供帝王和贵族们狩猎和享乐。

春秋战国时期的园林中已经有了成组的风景,既有土山又有池沼。自然山水园林已经萌芽,而且在园林中构亭造桥,种植花木。园林的组成要素都已具备,不再是简单的囿了。

秦汉时期出现了以宫室建筑为主的宫苑,秦始皇建上林苑,引渭水作长池,并在池中筑蓬莱山以象征神山仙境。

魏晋南北朝时期是中国园林发展中的转折点。佛教的传入及老庄哲学的流行,使园林转向崇尚自然,私家园林逐渐增加。

唐宋时期园林达到成熟阶段,官僚及文人墨客自建园林或参与造园活动,将诗与画融入园林的布局与造景中,反映了当时社会上层地主阶级的诗意化生活需求。另外,唐宋写意山水园在体现自然美的技巧上取得了很大的成就,如叠石、堆山、理水等。

明清时期,园林艺术进入精深发展阶段,园林在设计和建造上,都达到了高峰。现代保存下来的园林大多属于明清时代,这些园林充分体现了中国古代园林的独特风格和高超的造园艺术。

三、中国古代园林的特点

(一)造园追求自然

中国古典园林强调"虽由人做,宛自天开",强调"源于自然而高于自然",强调人对自然的认识和感受。在园林布局和细节要素组合上都力求符合自然规律。

(二)强调适宜环境的营造

由于中国古代生活环境相对恶劣,中国古典园林造景都非常注重小气候条件的改善,营造更加舒适宜人的环境,如山水的布局、植物的种植、亭廊的构建等,无不以光影、气流、温度等人体舒适性的影响为依据,形成适宜人居住生活的理想环境。

(三)巧用周边景物

园林建筑不拘泥于庭院范围,善于利用周边景物扩大空间视觉效果,使园林景观与外面的自然景观等相联系、相呼应,营造整体性园林景观。

（四）循序渐进的空间组合

动静结合、虚实对比、承上启下、循序渐进、引人入胜、渐入佳境的空间组合手法和空间的曲折变化，使园林中景物参差交错、互相掩映，将自然、山水、人文景观等分割成若干片段，形成丰富的空间层次感。

（五）诗情画意的园林文化

人们常常用山水诗、山水画，表达追求超脱，寄情山水与自然协调共生的思想和意境。古典园林中常常通过楹联匾额、刻石、书法、艺术、文学、哲学、音乐等形式表达景观的意境，从而使园林的构成要素富于内涵和景观厚度。

四、中国古代园林分类

中国古代园林形式多样，内容丰富，从不同角度，有不同的分类方法。

（一）按占有者身份分

1. 皇家园林

皇家园林是专供帝王休息享乐的园林。古人讲普天之下莫非王土，在统治阶级看来，国家的山河都是属于皇家所有的。其特点是规模宏大，真山真水较多，园中建筑富丽堂皇，建筑体型高大。现存著名的皇家园林有：北京的颐和园、河北承德的避暑山庄等。

2. 私家园林

私家园林指供皇家的宗室外戚、王公官吏、富商大贾等修筑的休闲园林。其特点是规模较小，所以常用假山假水，建筑小巧玲珑，表现其淡雅素净的色彩。现存的私家园林，如苏州的拙政园、留园、北京的恭王府、沧浪亭、网师园，上海的豫园等。

3. 寺庙园林

寺庙园林是中国园林的一个分支，与皇家园林和私家园林相比，它有以下几个特点：数量多；地域分布广，可以广布在自然环境优越的名山胜地；讲究内部绿化；注重超凡脱俗的意境。寺庙园林自然景色的优美，环境景观的独特，天然景观与人工景观的高度融合，内部园林气氛与外部园林环境的有机结合，都是皇家园林和私家园林所望尘莫及的。

（二）按园林所处地理位置分

1. 北方园林

北方园林，因地域宽广，所以范围较大，又因大多为都城所在，所以建筑富丽堂皇。但由于自然气象条件的局限，河川湖泊、园石和常绿树木都较少。风格粗犷，秀丽感显得不足。北方园林的代表大多集中于北京、西安、洛阳、开封，其中尤以北京为代表。

2. 江南园林

南方人口较密集，所以园林地域范围小，又因河湖、园石、常绿树较多，所以园林景致较细腻精美。南方园林清新秀雅、淡雅朴素、曲折幽深，但面积较小，略感局促。南方园林的代表大多集中于南京、上海、无锡、苏州、杭州、扬州等地，其中尤以苏州为代表。

3. 岭南园林

因为地处亚热带，终年常绿，又多河川，所以造园条件比北方、南方都好。其明显的特点是具有热带风光，建筑物都较高且宽敞。现存岭南类型园林，著名的有广东顺德的清晖园、东莞的可园、番禺的余荫山房等。

特别提示

岭南，是我国南方五岭之南的概称，其境域主要涉及福建南部、广东全部、广西东部及南部，位于欧亚大陆的东南边缘，处于低纬地域。

五、中国古代园林的组成要素

（一）筑山

为表现自然，筑山是造园的最主要的手段之一。秦汉的上林苑，用太液池所挖土堆成岛，象征东海神山，开创了人为造山的先例。

东汉梁翼模仿伊洛二峡，在园中累土构石为山开创了从神仙世界的向往转向对自然山水模仿的先例，标志着造园艺术以现实生活作为创作起点。

魏晋南北朝的文人雅士们，采用概括、提炼手法，所造山的真实尺度大大缩小，力求体现自然山峦的形态和神韵。这种写意式的叠山，比自然主义模仿大大前进一步。

唐宋以后对叠山艺术更为讲究。明清造山艺术更为发展和普及。现存的苏州拙政园、上海的豫园，都是明清时代园林造山的佳作。

（二）理池

为表现自然，理池也是造园最主要的因素之一。不论哪一种类型的园林，水都是最富有生气的因素。它包括静态水和动态水：静态水是以表现水面平静如镜或寂静深远的境界取胜。如观赏山水景物在水中的倒影、水中睡莲、水中明月等；动态水则是在园林中引入溪流，观其自然流淌，享其声色之美。古代园林理水之法，一般有三种：

1. 掩

以建筑和绿化，将曲折的池岸加以掩映。临水的建筑，除主要厅堂前的平台外，不论亭、廊、阁、谢，皆前部架空挑出水上，水犹似自其下流出，用以打破岸边的视线局限；或临水栽植垂柳、杂木，造成池水无边的视觉印象。

2. 隔

或筑堤横断于水面，或架曲折的石板小桥，或置涉水点以步石，以此增加景深和空间层次，使水面有幽深之感。

3. 破

水面很小时，可用乱石为岸，怪石纵横，并配以细竹野藤，虽然是一洼水池，也令人似有深邃山野风致的审美感觉。

（三）植物

植物是造山理池不可缺少的因素。中国园林强调自然美，对花木的选择有一定的标准，一讲姿美，树冠的形态、树枝的疏密曲直、树皮的质感、树叶的形状，都追求自然优美；二讲色美，树叶、树干、花都要求有各种自然的色彩美，如红色的枫叶、青翠的竹叶、白色的玉兰、紫色的紫薇等；三讲味香，要求自然淡雅和清幽。最好四季常有绿，月月有花香，其中尤以腊梅最为淡雅、兰花最为清幽。花木对园林山石景观起衬托作用，选植的品类往往和园主追求的精神境界有关。如竹子象征人品清逸和高尚，松柏象征坚强和长寿，莲花象征洁净无瑕，兰花象征幽远高洁，玉兰、牡丹、桂花象征荣华富贵，石榴象征多子多孙，紫薇象征高官厚禄等。

古树名木对创造园林气氛非常重要。古木繁花，可形成古朴幽深的意境。所以如果建筑物与古树名木矛盾时，宁可挪动建筑以保住大树。

除花木外，草皮也十分重要，或平坦或起伏或曲折的草皮，平添野趣，令人心旷神怡。

（四）动物

中国古典园林重视饲养动物。最早的苑囿中，以动物作为观赏、娱乐对象。魏晋南北朝园林中有众多鸟禽。明清时园中有白鹤、鸳鸯、金鱼等。园中动物可以观赏娱乐，给园林带来生气，增加动感，还可以净化自然环境。

（五）建筑

园林中建筑有十分重要的作用。它可满足人们生活享受和观赏风景的需要。中国园林中的建筑，一方面起着点景、隔景的作用，使园林移步换景、渐入佳境、以小见大，另一方面又使园林显得自然、恬静、含蓄。中国园林中的建筑形式多样，有堂、厅、楼、阁、馆、轩、斋、榭、舫、亭、廊、桥、墙等。

1. 厅堂

厅堂是待客与聚会活动的场所，也是园林中的主体建筑。厅堂一般坐北朝南，体量较大，空间环境相对开阔，在园林中，通常建于水面开阔处。

2. 楼阁

楼阁是园林中二类建筑，属较高层的建筑。楼和阁体量的处理要适宜，避免造成空间尺度的不和谐而损坏全园景观。阁，一种架空的小楼房，中国传统建筑物的一种。其特点是通常四周设隔扇或栏杆回廊，供远眺、游憩、藏书和供佛之用。

3. 书房馆斋

馆可供宴客之用，其体量有大有小，与厅堂稍有区别。斋供读书用，环境当隐蔽清幽，尽可能避开园林中主要路线，建筑式样较简朴，常附以小院，植芭蕉、梧桐等树木花卉，以创造一种清静、幽雅的情趣。

4. 榭

榭建于水边或花畔，借以成景。平面常为长方形，一般多开敞或设窗扇，以供人们赏景、眺望。水榭则要三面临水。

5. 轩

轩是小巧玲珑、开敞精致的建筑物，室内简洁雅致，室外或可临水观鱼，或可观赏花木，或可极目远眺。

6. 舫

是仿舟船造型的建筑，常建于水际或池中，大多将船的造型建筑化，在体量上模仿船头、船舱的形式，便于与周围环境和谐协调，也便于内部建筑空间的使用。

7. 亭

一种开敞的小型建筑物。主要供人休憩观景。可眺望、可赏景、可休息、可娱乐。凡有佳景处都可建亭，使园林更富有生气和活力。

8. 路与廊

路和廊在园林中不仅有交通的功能，更重要的是有观赏的作用，是中国园林中最富有可塑性与灵活性的建筑。它既可在交通上，将园林连成一体，又可让游人移步换景，仔细品味周围景色；还可使游人免受曝晒雨淋之苦，观赏不同季节和气象时的园林之美。廊，有单廊与复廊之分。单廊曲折幽深，复廊是两条单廊的复合。

9. 桥

园林中的桥，一般采用拱桥、平桥、廊桥、曲桥等类型，有石制的，有竹制的，有木制的，十分富有特色。它不但有增添景色的作用，还可以隔景，在视觉上产生扩大空间的作用。

10. 园墙

墙是围合空间的构件。中国园林中的建筑群都采用院落式布局，园墙是不可缺少的组成部分。

（六）匾额、楹联与刻石

园林建成后，园主总要邀集一些文人，根据园主的立意和园林的景象，给园林和建筑物命名，并配以匾额题词、楹联诗文及刻石。

匾额是指悬挂于门楣上书写建筑物名称和性质，或表达人们情感的标志或装饰之物。楹联是指门两侧柱上的竖牌文字。刻石指山石上的题诗刻字。园林中的匾额、楹联及刻石的内容,多数是直接引用前人已有的现成诗句,或略作变通。还有一些是即兴创作的。另外也有一些园景题名出自名家之手。不论是匾额楹联还是刻石,不仅能够起到点景的作用,还可为园中景点增加诗意,画龙点睛。

六、中国古代园林的常见构景手法

(一)抑景

中国传统艺术历来讲究含蓄,园林造景也不例外,所谓"先藏后露"、"欲扬先抑"、"山重水复疑无路,柳暗花明又一村"表达的就是这个意思,如园林入口处常挡以假山,这种处理叫作抑景。

(二)添景

当风景点在远方,或自然的山,或人文的建筑(如塔、桥等),如没有其他景点在中间、近处作过渡,就显得虚空而没有层次;如果在中间、近处有乔木、花卉作为过渡景,景色就会显得有层次美,这中间的乔木和花卉,便叫作添景。

(三)夹景

当风景点在远方,或自然的山,或人文的建筑(如塔、桥等),它们本身都很有审美价值,如果视线的两侧空阔无物,就显得单调乏味;如果两侧用建筑物或树木花卉屏障起来,使风景点更显得有诗情画意,这种构景手法即为夹景。

(四)对景

在园林中,或登上亭、台、楼、阁,观赏山、桥、树木,或在桥廊等处观赏亭、台、楼、阁,这种从甲观赏点观赏乙观赏点,从乙观赏点观赏甲观赏点的方法,叫对景。

(五)框景

园林中建筑的门、窗、洞,或乔木树枝抱合成的景框,往往把远处的山水美景或人文景观包含其中,这便是框景。

(六)漏景

园林的围墙、走廊一侧或两侧的墙上,常常设以漏窗,透过漏窗的窗隙,可见园外或院外的美景,这叫作漏景。

(七)借景

大至皇家园林,小至私家园林,空间都是有限的。在横向或纵向上让游人扩展视觉和联想,才可以小见大,最重要的办法便是借景。借景有远借、邻借、仰借、俯借、应时而借之分。

特别提示

借远方的山,叫远借;借邻近的大树叫邻借;借空中的飞鸟,叫仰借;借池塘中的鱼,叫俯借;借四季的花或其他自然景象,叫应时而借。

七、西方园林艺术

西方园林艺术和中国园林艺术一样,在经过了数千年的发展后形成了自身独特的风格。由于受西方历史文化、价值观等诸多因素的影响,西方园林艺术在每个细节上都追求形似,以写实的风格再现一切,这与中国园林艺术迥然不同。

(一)造园艺术的人工美

西方园林的造园艺术,完全排斥自然,力求体现出严谨性,在造园上强调纯粹的几何结构。“强迫自然接受匀称的法则”成为西方造园艺术的基本原则。园林中的花木,会被严格地剪裁成锥体、球体、圆柱体形状;草坪,花圃则规划成菱形、矩形和圆形;水面总是被限制在整整齐齐的池子里,池子也往往砌成圆形、方形、长方形或椭圆形,池中总是布局人物雕塑和喷泉等。总之,一切都严格按几何图形剪裁,不允许其自然生长,用人工的方法改变其自然状态。

(二)造园布局的形式美

西方园林虽然不缺乏诗意,但更注重形式美的追求。西方园林中轴线对称、均衡的布局,强烈的韵律节奏感等都明显地体现出对形式美的刻意追求。体积巨大的建筑物往往是园林的中心,总是安排在园林中的中轴线上,整座园林以此建筑物为基准,构成整座园林的主轴。在园林的主轴线上,伸出几条副轴,布置宽阔的林荫道、花坛、水池、喷泉、雕塑等。在园林中开辟笔直的道路,在道路的纵横交叉点上形成小广场,呈点状分布水池、喷泉、雕塑或小建筑物。整个布局,体现严格的形式美。

(三)造园材料的体积美

西方造园使用的建筑材料以石质为主,在布局上强调向上挺拔,突出个体建筑。西方古典造型艺术强调“体积美”,建筑物的尺度、体量、形象并不去适应人们实际活动的需要,而着重在于强调建筑实体的气势。

(四)造园风格的明晰美

受西方人的逻辑思维方式以及审美习惯和观念的影响,西方园林主从分明,重点突出,各部分关系明确、肯定,边界和空间范围一目了然,空间序列段落分明,给人以秩序井然和清晰明确的印象。

第二节 园林景观鉴赏方法

一、中国园林内在美鉴赏

(一)"天人合一"思想

中国古代园林独立于世界之林的最大特色就是"天人合一"的文化,这也是永葆艺术生命力的根本原因。

中国自古以来就有崇尚自然、喜爱自然的传统,"天人合一"的思想把人和天地万物紧密地联系在一起,视为不可分割的共同体,从而形成一种动力,促使人们去探求自然、亲近自然、开发自然。

"天人合一"的思想表现为:

1. **师法自然**

师法自然在造园艺术上包含两层内容。一是总体布局、组合要合乎自然。山与水以及假山中的各种景象要素的组合要符合自然界中山水生成的客观规律。二是每一山水景象之中要素的形象组合要合乎自然规律。如水池常作自然曲折、高低起伏状。

2. **融于自然**

中国古代园林用种种办法来分隔空间,其中主要是用建筑来围蔽和分隔空间。分隔空间力求从视角上突破园林实体的有限空间的局限性,使之与自然融合。因此必须处理好形与神、景与情、意与境、虚与实、动与静等种种关系,把园内空间与自然空间融合起来。比如漏窗的运用,使空间流畅,视觉流畅,因而隔而不绝,在空间上起相互渗透的作用。

3. **顺应自然**

中国古代园林中,有山有水,有堂、廊、亭、榭、楼、台、阁、馆、斋、舫、墙等建筑。所有建筑,其形与神都与天空、地下自然环境相吻合,同时又使园内各部分自然衔接,以使园林体现自然幽雅、恬静含蓄的艺术特色,并收到移步换景、渐入佳境、小中见大等观赏效果。

4. **表现自然**

与西方园林不同,中国古代园林对树木花卉的处理与安设,讲究表现自然而然的状态。

中国园林艺术以"天人合一"的哲学思想为基础,汇集了自然山水之美,也汇集了各种艺术美和人工巧思,营造出一个具有丰富文化内涵的园林精品。在欣赏园林时,我们也要秉持一颗自然的心、放松的状态,有情感地去感悟园林流淌出来的思想,以情悟物,让胸中的情思自然地流露。

(二)园林意境

中国园林与世界上其他园林的最大分别,在于它不单以创造一个具体的园林形象为最终目的,而是看重对意境的追求、创造和欣赏。

园林意境是一种审美的精神效果,虽然不像一山、一石、一水、一花、一草、一木那么实在,但它是客观存在的,它是在生活美、自然美的基础上升华产生的艺术美。园林意境就是"言外之意,弦外之音"。园林意境的欣赏具有意随人异,境随时迁的特点。站在作品欣赏的角度来讲,不同的人在不同的时间感受到的意境可能是大不相同的。

园林意境常见的表达方式有形象、典型、联想、模糊、点景及利用植物的特性美等方法。了解这些方法,不仅有助于了解园林意境的创作,也有助于观赏者理解、欣赏园林意境,提高园林鉴赏水平。

1. 形象表达

形象表达即利用具体形象表达思想感情,园林中雕塑的处理是最典型的例子。岳飞坟前有铁铸的秦桧夫妇的雕塑,使人联想到"江山有幸埋忠骨,白铁无辜铸佞臣"的诗句。

2. 典型表达

典型表达是对自然美的高度概括,是园林意境源于生活、高于生活的再创造。中国园林中的假山,并不是某一地区真山水的再现,而是经过高度概括和提炼出来的自然山水。园林中的假山虽然尺度有限,但却让人有置身于真山水之感,如果方法得当,可以使观赏者体会到"一峰山则太华千寻,一勺水则江湖万里"的意境。

3. 联想表达

由甲联想到乙,由乙联想到丙,从而使想象越来越丰富,进而达到言有尽而意无穷的效果。古典园林中常用荷花,即使荷叶凋零,也可以使人联想到"留得残荷听雨声"的意境。联想的方法,可以无限扩展园林的意境空间。

4. 模糊表达

所谓模糊表达即利用事物的不定性来扩展园林意境。园林中处理人工溪流时,往往要将源头和去路隐藏起来,取得"似有源,似无尽"的效果。杭州西湖"三潭印月"有一亭,题名"亭亭亭",乍一看使人摸不着头脑,但如果到实地观赏,就会看到亭前亭亭玉立的荷花,原来"亭亭亭"取的是亭前荷花亭亭玉立之意。

5. 点景表达

利用高度概括的园林题咏进行点景,可以升华景物的意境,使其由物质空间上升到精神空间。扬州个园,园内广种竹子,个为竹的一半,同时也是竹叶的形状,暗藏着主人孤芳自赏,借竹明志,像竹一样"清逸脱俗"的性格特点,如果直名竹园则不免落入俗套。

6. 植物的特性美表达

利用植物的特性美以及长期以来人们所形成的关于植物特性的共识,也是园林意境创作的常用手法。松、竹、梅岁寒三友,梅、兰、竹、菊花中四君子,桂花象征喜庆丰收,牡丹代表雍容华贵。利用这些植物特性美进行园林创作,易于引起共鸣,因为,这些植物的象征意义已经形成大多数人的共识。

特别提示

在游赏园林前,为了更好地把握园林意境,应提前收集一些相关的资料,对要游赏的园林有一个大致的了解,包括园林的景色特点、布局特色、重要景点、名人文人咏景诗词等。这种在知识上的准备可以提高游兴,更好地领悟园林的意境。

二、中国园林外在美鉴赏

(一)观赏角度

中国古代园林的美,需要用从容平和的心,从多重角度去细细观赏。这里的“观”,是指欣赏园林风景要注意角度。

1. 动态观赏与静态观赏相结合

园林有动态观赏和静态观赏两种方式。动态观赏是配合人的移动而观赏园林“移步换景”的动态美。中国古代园林,景色多变,要全面领略园林的美,就要一步一步游览,走遍每一个角落,所以,动态观赏是欣赏园林的主要方法。

静态观赏,就是游人驻足观赏园林的静态美。园林艺术十分强调意境美,一些含而不露,带有较深意味的景致,需要一定时间来体会。

2. 俯视与仰视相结合

在审美过程中运用俯视与仰视的感觉很不相同,不同的姿态造成的审美心理也极为不同。在园林中漫步,随着地形起伏,仰观宇宙之大、俯瞰品类之繁。通过俯视与仰视带来视角的变化,感受园林无穷的韵味。

中国园林的空间讲究多个方向的变化韵律,因而叠山理水,配合建筑、花木的设置,力求营造山高水低、高低错落的变化,使得俯视和仰视都能得到美的享受。小园之中,有峰峦耸峙,有洞壑低回,有楼阁可登高望远,有舫榭可临水照影,有高柳迎风弄月,有幽兰空谷散馨。

3. 远望和近观相结合

园林鉴赏中,远望和近观是相互补充的,两者缺一不可。要感受园林的整体气势的美感,一定要在能看见全貌的地方远观。要对园林的景观留下鲜明生动的印象,就必须细细近观。

(二)观赏要点

1. 充分调动感官

在中国古代园林中,你不仅能看到美丽的景色,还能听到、嗅到甚至触摸到这些美景。园林鉴赏时,要充分调动感官,通过直观的刺激来获得美感。

漫步在园中,那些精心设计的山石水池、繁密的花木、优美的亭台,都给你带来视觉上的享受;当留心聆听时,你可以听到水声潺潺、莺语婉转、虫鸣唧唧,这又是在听觉上的享受。当嗅到春天的桃李芬芳,夏天的荷花清香,秋天的桂花浓郁,冬天的腊梅暗香,这又是一层嗅觉上的享受;再有,当春日里和煦的微风,吹起轻柔的柳枝,拂过你的面颊时,这又是种细腻的触觉享受。

中国古代的造园家们,在造园时就注重从多方面来营造一种自然而诗意的氛围,使人们在园中可得到视听等多重享受。

2. 时间及季节的变化

园林景观是会随着时节而变化的,显现出时空变幻的魅力。一日之中,时间、天气的变化,会在园林中形成种种微妙的不同的景观。如在苏州网师园的月到风来亭,满池清水倒映着园中景色,随着一天时间的变化而变换着情境。待到皓月中天,月光、灯光、池水波光交相辉映,会有一种无法言喻的诗情画意。

不同季节中,景物也有着不同的美感,中国古代造园家对此早有感悟。春夏秋冬四季变化之美在园林艺术中被有意识地突出、强化。如杭州西湖十景中,前四景"苏堤春晓"、"曲院风荷"、"平湖秋月"、"断桥残雪",正好包含了四季美景。游人置身于这种有着时空变化之美的园林中,很容易感受到天地之大美。

拓展知识

"西湖十景"是指浙江省杭州市著名旅游景点西湖上的十处特色风景,最常见的说法是苏堤春晓、曲苑风荷、平湖秋月、断桥残雪、柳浪闻莺、花港观鱼、雷峰夕照、双峰插云、南屏晚钟、三潭印月。西湖十景形成于南宋时期,基本围绕西湖分布,有的就位于湖上。在南宋之后,又分别有元代钱塘十景,清代西湖十八景,清乾隆杭州二十四景,1985 新西湖十景,2007 第九届中国杭州西湖博览会西湖十景。

第三节 典型案例分析

一、中国四大古典名园

1. 北京颐和园

颐和园是中国现存规模最大、保存最完整的皇家园林。位于北京市海淀区，距北京城区 15 公里，占地约 290 公顷。它是利用昆明湖、万寿山为基址，以杭州西湖风景为蓝本，汲取江南园林的某些设计手法和意境而建成的一座大型天然山水园，也是保存得最完整的一座皇家行宫御苑，被誉为皇家园林博物馆。

园内建筑以佛香阁为中心，园中有景点建筑物百余座、大小院落 20 余处，共有亭、台、楼、阁、廊、榭等不同形式的建筑 3000 多间。古树名木 1600 余株。其中佛香阁、长廊、石舫、苏州街、十七孔桥、谐趣园、大戏台等都已成为家喻户晓的代表性建筑。颐和园集传统造园艺术之大成，万寿山、昆明湖构成其基本框架，借景周围的山水环境，饱含中国皇家园林的恢弘富丽气势，又充满自然之趣，高度体现了"虽由人作，宛自天开"的造园准则。颐和园的亭台、长廊、殿堂、庙宇和小桥等人工景观与自然山峦和开阔的湖面相互和谐、艺术地融为一体，整个园林艺术构思巧妙，是集中国园林建筑艺术之大成的杰作，在中外园林艺术史上地位显著。

园中主要景点大致分为三个区域：以庄重威严的仁寿殿为代表的政治活动区，是清朝末期慈禧与光绪从事内政、外交活动的主要场所。以乐寿堂、玉澜堂、宜芸馆等庭院为代表的生活区，是慈禧、光绪及后妃居住的地方。以万寿山和昆明湖等组成的风景游览区，可分为万寿前山、昆明湖、后山后湖三部分。以长廊沿线、后山、西区组成的广大区域，是供帝后休闲娱乐的游览区。前山以佛香阁为中心，组成巨大的主体建筑群。万寿山南麓的中轴线上，金碧辉煌的佛香阁、排云殿建筑群起自湖岸边的云辉玉宇牌楼，经排云门、二宫门、排云殿、德辉殿、佛香阁，终至山巅的智慧海，重廊复殿，层叠上升，贯穿青琐，气势磅礴。巍峨高耸的佛香阁八面三层，踞山面湖，统领全园。碧波荡漾的昆明湖平铺在万寿山南麓，约占全园面积的四分之三。昆明湖中，宏大的十七孔桥如长虹偃月倒映水面，湖中有一座南湖岛，十七孔桥和岸上相连。涵虚堂、藻鉴堂、治镜阁三座岛屿鼎足而立，寓意神话传说中的"海上仙山"。与前湖一水相通的苏州街，酒幌临风，店肆熙攘，仿佛二百多年前的皇家买卖街重现，谐趣园则曲水复廊，足谐其趣。在昆明湖湖畔岸边，还有著名的石舫，惟妙惟肖的铜牛，赏春观景的知春亭等点景建筑。后山后湖碧水迂回，古松参天，环境清幽。

2. 河北承德避暑山庄

承德避暑山庄，位于河北省承德市北部，距离北京 180 公里。始建于 1703 年，历经清康熙、雍正、乾隆三朝，耗时89年建成。1994年12月，避暑山庄及周围寺庙（热河行宫）被列入世界文化遗产名录。2007年5月8日，承德避暑山庄及周围寺庙景区经国家旅游局正式批准为国家5A级旅游景区。

它的最大特色是山中有园，园中有山，山区占了整个园林面积的五分之四。从西北部高峰到东南部湖沼、平原地带，相对高差180米。

避暑山庄分宫殿区、湖泊区、平原区、山峦区四大部分。在避暑山庄东面和北面的山麓，分布着宏伟壮观的寺庙群，这就是外八庙，其名称分别为：溥仁寺、溥善寺（已毁）、普乐寺、安远庙、普宁寺、须弥福寺之庙、普陀宗乘之庙、殊像寺。外八庙以汉式宫殿建筑为基调，吸收了蒙、藏、维等民族建筑艺术特征，创造了中国的多样统一的寺庙建筑风格。

山庄整体布局巧用地形，因山就势，分区明确，景色丰富，与其他园林相比，有其独特的风格。山庄融南北建筑艺术精华，园内建筑规模不大，殿宇和围墙多采用青砖灰瓦、原木本色，淡雅庄重，简朴适度，与京城的故宫，黄瓦红墙，描金彩绘形成明显对照。山庄的建筑既具有南方园林的风格、结构和工程做法，又多沿袭北方常用的手法，成为南北建筑艺术完美结合的典范。避暑山庄不同于其他的皇家园林，它继承和发展了中国古典园林的传统造园思想，按照地形地貌特征进行选址和总体设计，完全借助于自然地势，因山就水，顺其自然，同时融南北造园艺术的精华于一身。它是中国园林史上一个辉煌的里程碑，是中国古典园林艺术的杰作，享有“中国地理形貌之缩影”和“中国古典园林之最高范例”的盛誉。

3. 苏州拙政园

拙政园，苏州园林中面积最大的古典山水园林。位于苏州市东北街一百七十八号，始建于明朝正德年间。今园辖地面积约83.5亩，开放面积约73亩，1997年被联合国教科文组织列为世界文化遗产。

拙政园中现有的建筑，大多是清咸丰九年（1850年）拙政园成为太平天国忠王府花园时重建，至清末形成东、中、西三个相对独立的小园。

中部是拙政园的主景区，为精华所在。面积约18.5亩。其总体布局以水池为中心，亭台楼榭皆临水而建，有的亭榭则直出水中，具有江南水乡的特色。总的格局仍保持明代园林浑厚、质朴、疏朗的艺术风格。以荷香喻人品的“远香堂”为中部拙政园主景区的主体建筑。

西部原为“补园”，面积约12.5亩，其水面迂回，布局紧凑，依山傍水建以亭阁。西部主要建筑为三十六鸳鸯馆，是当时园主人宴请宾客和听曲的场所，厅内陈设考究。

东部原称“归田园居”，约31亩，因该园早已荒芜，全部为新建，布局以平冈远山、松林草坪、竹坞曲水为主。配以山池亭榭，仍保持疏朗明快的风格，主要建筑有兰雪堂、芙蓉榭、天泉亭、缀云峰等，均为移建。

拙政园的布局疏密自然，其特点是以水为主，水面广阔，景色平淡天真、疏朗自然。它以池水为中心，楼阁轩榭建在池的周围，其间有漏窗、回廊相连，园内的山石、古木、绿竹、花卉，构成了一幅幽远宁静的画面，代表了明代园林建筑风格。整个园林建筑仿佛浮于水面，加上木映花承，在不同境界中产生不同的艺术情趣，如春日繁花丽日，夏日蕉廊，秋日红蓼芦塘，冬日梅影雪月，四时宜人，处处有情，面面生诗，含蓄曲折，余味无尽，不愧为江南园林的典型代表。

4. 苏州留园

留园是中国著名古典园林，位于江南古城苏州，以园内建筑布置精巧、奇石众多而知名。1961 年，留园被中华人民共和国国务院公布为第一批全国重点文物保护单位。

留园占地 30 余亩，集住宅、祠堂、家庵、园林于一身，该园综合了江南造园艺术，并以建筑结构见长，善于运用大小、曲直、明暗、高低、收放等手法，

吸取四周景色，形成一组组层次丰富、错落相连、有节奏、有色彩、有对比的空间体系。全园用建筑来划分空间，可分中、东、西、北四个景区：中部以山水见长，池水明洁清幽，峰峦环抱，古木参天；东部以建筑为主，重檐迭楼，曲院回廊，疏密相宜，奇峰秀石，引人入胜；西部环境僻静，富有山林野趣；北部竹篱小屋，颇有乡村田园风味。

留园的建筑在苏州园林中，不但数量多，分布也较为密集，其布局之合理，空间处理之巧妙，皆为诸园所莫及。每一个建筑物在其景区都有着自己鲜明的个性，从全局来看，没有丝毫零乱之感，给人有一个连续、整体的概念。留园整体讲究亭台轩榭的布局，讲究假山池沼的配合，讲究花草树木的映衬，讲究近景远景的配合。游览者无论站在哪个点上，眼前总是一幅完美的图画。

园内亭馆楼榭高低参差，曲廊蜿蜒相续有七百米之多，颇有步移景换之妙。建筑物约占园总面积四分之一。建筑结构式样体现清代风格，在不大的范围内造就了众多而各有特征的建筑，显示了咫尺山林、小中见大的造园艺术手法。

二、其他典型园林

1. 北京恭王府

恭王府位于北京西城区前海西街，是中国现存王府中保存最完整的清代王府，是全国重点文物保护单位。恭王府代表了中国的王府文化，王府文化是中华民族传统文化的重要组成部分，是连接宫廷文化和平民文化的桥梁。

恭王府分为府邸和花园两部分，府在前，园在后。王府占地约 3.1 万平方米，府邸不仅宽大，而且建筑也是最高规制。明显的标志是门脸和房屋数量。亲王府

有门脸五间,正殿七间,后殿五间,后寝七间,左右有配殿。低于亲王等级的王公府邸决不能多于这些数字。房屋的形式、屋瓦的颜色也是不能逾制的。恭王府的中、东、西三路各有三个院落,其中每一路的后两个院子是人们要游览的主要区域。每路由南向北都是以严格的中轴线贯穿着的多进四合院落组成。

中路最主要的建筑是银安殿和嘉乐堂,殿堂屋顶采用绿琉璃瓦,显示了中路的威严气派,同时也是亲王身份的体现。东路的前院正房名为多福轩,厅前有一架长了两百多年的藤萝,至今仍长势甚好,在京城极为罕见。东路的后进院落正房名为"乐道堂",是当年恭亲王的起居处。西路的四合院落较为小巧精致,主体建筑为葆光室和锡晋斋。精品之作当属高大气派的锡晋斋,大厅内有雕饰精美的楠木隔段,为仿紫禁城宁寿宫式样。府邸最深处横有一座两层的后罩楼,东西长达156米,后墙共开88扇窗户,内有108间房,俗称"99间半"。

2. 苏州沧浪亭

沧浪亭,世界文化遗产,位于苏州市城南三元坊附近,在苏州现存诸园中历史最为悠久。始建于北宋。

沧浪亭占地面积1.08公顷。园内有一泓清水贯穿,波光倒影,景象万千。从北门步石桥入园,两翼修廊,中央山丘石土相间,林木森郁。沿西廊南行,至西南小院,有枫杨数株,大可合抱,巨干撑天,枝繁叶茂,院墙表面嵌有多幅雕砖,刻画历史人物故事。东侧为清香馆和五百名贤祠,祠建于道光七年,内壁嵌砌本地历代名人肖像及小传数百方。再南有厅屋翠玲珑和看山楼,环境清幽。由此折东,为明道堂一组庭院,此堂为园中最大建筑,格局严整。堂北山巅,绿荫丛中,有石柱方亭名沧浪亭。下山有复廊通内外,复廊外侧临水。还有小亭观鱼处和厅屋面水轩,可俯览园外水景。

全园布局,自然和谐,堪称构思巧妙、手法得宜的佳作。此园数易其主,历经沧桑,但多是建筑物的倾毁修复,而园中假山,园外池水,大多保持旧观。全园景色简洁古朴,落落大方。不以工巧取胜,而以自然为美。所谓自然,一是不矫揉造作,不妄加雕饰,不露斧凿痕迹;二是表现得法,力求山水相宜,宛如自然风景。

3. 苏州网师园

网师园,是苏州典型的府宅园林。它地处苏州旧城东南隅葑门内阔家头巷,现为市内友谊路南侧。1963年网师园列为苏州市文物保护单位,1982年被国务院列为全国重点文物保护单位。1997年12月4日被联合国教科文组织列入《世界文化遗产名录》。

网师园始建于南宋淳熙年间(公元1174—1189年),现面积约10亩(包括原住宅),其中园林部分占地约8亩余。内花园占地5亩,其中水池447平方米。总面积还不及拙政园的六分之一,但小中见大,布局严谨,主次分明又富于变化,园内有园，景外有景，精巧幽深之至。建筑虽多却不见拥塞，山池虽小，却不觉局促。网师园布局精巧，结构紧凑，以建筑精巧和空间尺度比例协调而著称。全园清新有韵味，因此被认为是中国江南中小型古典园林的代表作。

网师园分为宅第和园林两部分，是一座典型的江南住宅园林。作为古代苏州世家宅园相连布局的典型，网师园东宅西园，有序结合。以池水为中心，由东部住宅区、南部宴乐区、中部环池区、西部内园殿和北部书房区等五部分组成。全园布局外形整齐均衡，内部又因景划区，境界各异。环池一周叠筑黄石假山高下参差，曲折多变，使池面有水广波延和源头不尽之意。园内建筑以造型秀丽，精致小巧见长，内部家具装饰也精美多致。

4. 上海豫园

豫园坐落于上海市中心的黄浦区，是明朝时期的私人花园。豫园素有"城市山林"之誉，又有"奇秀甲于东南"之说，是上海著名的江南古典园林，属国家重点文物保护单位。现在所说的豫园，通常包括了进入豫园的几条热闹的街道以及豫园的标志九曲桥、湖心亭等。

豫园内楼阁参差，山石峥嵘，湖光潋滟，始建于1559年，距今已有400余年历史，占地30余亩。豫园内有穗堂、大假山、铁狮子、快楼、得月楼、玉玲珑、积玉水廊、听涛阁、涵碧楼、内园静观大厅、古戏台等亭台楼阁以及假山、池塘等40余处古代建筑，设计精巧、布局细腻，以清幽秀丽、玲珑剔透见长，具有小中见大的特点，体现明清两代南方园林建筑艺术的风格，是江南古典园林中的一颗明珠。

5. 广东清晖园

清晖园位于广东省佛山市顺德区大良镇华盖里，为我国南方古典园林艺术的杰作。

清晖园的造园特色首先在于园林的实用性，为适合南方炎热气候，形成前疏后密，前低后高的独特布局，但疏而不空，密而不塞，建筑造型轻巧灵活，开敞通透。

其次，清晖园内水木清华，幽深清空，景致清雅优美，原有故宅与扩建新景融为一体，利用碧水、绿树、古墙、漏窗、石山、小桥、曲廊等与亭台楼阁交互融合，造型构筑别具匠心，花卉果木葱茏满目，艺术精品俯仰即拾，集我国古代建筑、园林、雕刻、诗画等艺术于一体，突显出我国古园林庭院建筑中"雄、奇、险、幽、秀、旷"的特点。

清晖园主要景点有船厅、碧溪草堂、澄漪亭、六角亭、惜阴书屋、竹苑、斗洞、狮山、八角池、笔生花馆、归寄庐、小蓬瀛、红蕖书屋、凤来峰、读云轩、沐英涧、留芬阁等，造型构筑各具情态，灵巧雅致，建筑物之雕镂绘饰，多以岭南佳木花鸟为题材，古今名人题写之楹联匾额比比皆是，大部分门窗玻璃为清代从欧洲进口经加工的套色玻璃制品，古朴精美。

6. 东莞可园

可园位于东莞市莞城区博厦村西部。2001年被国务院公布为全国重点文物保护单位。可园始建于清朝道光三十年(1850 年),平面呈不规则的多边形,占地面积约 2204 平方米,建筑面积 1234 平方米。园内有一楼、六阁、五亭、六台、五池、三桥、十九厅、十五间房,其名多以"可"字命名,如可楼、可轩、可堂、可洲等,其建筑是清一色的水磨青砖结构。

建筑大致分三个组群。东南门厅建筑组群,为入口所在,是接待客人和人流出入的枢纽。西部楼阁组群,为款宴、眺望和消暑的场所。北部厅堂组群,是游览、居住、读书、琴乐、绘画、吟诗的地方。

可园的第一大特点是:四通八达。全园亭台楼阁,堂馆轩榭,桥廊堤栏,共有 130 多处门口,108 条柱栋,整个布局有如三国孔明的八阵图,人在园中,稍不留神,就像进入八卦阵一般,极可能会迷失路径。

可园的第二大特点是:雅意文风。园主人张敬修虽然身任武职,但对琴棋书画造诣颇深。所以整个庭园虽偏于武略,但局部都显得文风雅意极浓。

7. 广州番禺余荫山房

余荫山房,又名余荫园,馀荫山房,位于广州市番禺区南村镇东南角北大街,距广州 17 公里。余荫山房为清代举人邬彬的私家花园,始建于清代同治五年(公元 1866 年),距今已有 130 多年历史。占地面积 1598 平方米,坐北朝南,以小巧玲珑、布局精细的艺术特色著称。

园内以廊桥为界,将园林分为东、西两个部分。余荫山房吸收了苏杭庭院建筑艺术风格,整座园林布局灵巧精致,在有限的空间里分别建筑了深柳堂、榄核厅、临池别馆、玲珑水榭、来薰亭、孔雀亭和廊桥等,在面积并不大的山林里,浓缩了园林的主要设施和景致,使有限的空间注入了幽深广阔的无限佳景。

西半部以长方形石砌荷池为中心,池南有造型简洁的临池别馆;池北为主厅深柳堂,深柳堂是园中主题建筑,是装饰艺术与文物精华所在。

东半部的中央为一八角形水池,池中有八角亭一座,名"玲珑水榭",原是赋诗把酒、吟风弄月之所。水榭东南沿园墙布置了假山;水榭东北点缀着挺秀的孔雀亭和半边亭。

此外,余荫山房南面还紧邻着一座稍小的瑜园。瑜园是一住宅式庭院,建于 1922 年,是园主人的第四代孙邬仲瑜所造。底层有船厅,厅外有小型方池一个,第二层有玻璃厅,可俯视山房庭院景色,现已归属余荫山房。

三、西方典型园林

1. 法国凡尔赛宫

凡尔赛宫位于巴黎西南部,17 世纪由路易十四下令修建。宫殿西面是一座风格独特的法兰西式大花园,风景秀丽,大小道路都是笔直的,被称为"跑马者的花园"。凡尔赛宫及其园林堪称法国古建筑的杰出代表。其宫殿外观宏伟壮观,内部陈设及装潢也富有艺术魅力。200 多间大殿小厅金碧辉煌,豪华非常。墙面多由五彩大理石镶制,或用锦缎裱糊。宫室里吊着各种巨型水晶灯,晶莹璀璨。主要宫殿的墙壁和天花板上布满壁画和天顶画,题材主要是神话故事和国王战绩。1833 年凡尔赛宫被辟为国家历史博物馆,1980 年被列入世界文化和自然遗产名录。凡尔赛宫占地极广,大约 6000 多公顷,是由当时著名的造园家勒诺特设计规划的,它由一条自宫殿中央往西延伸的中轴线控制全局,两侧大片的树林把中轴线衬托成为一条极宽阔的林荫大道,自东向西一直消逝在无限的天际,林荫大道的设计分为东西两段:西段双水景为主,包括十字形的大水渠和阿波罗水池,饰以大理石雕塑和喷泉。十字水渠横臂的北端为别墅园"大特里阿农",南端为动物饲养园。东段的开阔平地上则是左右对称布置的几组大型的绣毯式植坛。林荫大道两侧的树林里隐蔽地布列着一些洞府、水景剧场、迷宫、小型别墅等,是比较安静的就近观赏的场所,树林里还开辟出许多笔直交叉的林荫小路。

2. 意大利台地园—埃斯特别墅

台地园是文艺复兴时期盛行开来的,多建造于城郊的丘陵地形上,用来满足富豪权贵们对风景秀丽环境中的户外生活的渴望,多以郊野别墅的形式存在。

埃斯特别墅是典型的意大利台地园,位于罗马东郊。主建筑物在高地边缘,后面的园林建在陡坡上,分成八层台地,上下相差 50 米,由一条装饰着台阶、雕像和喷泉的主轴线贯穿起来。在各层台地上种满高大茂密的常绿乔木。一条"百泉路"横贯全园,林间布满小溪流和各种喷泉。

3. 英国布伦海姆园

被誉为英国最美丽的风景的布伦海姆园,也即人们常说的丘吉尔庄园,距离牛津仅 8 英里。丘吉尔庄园始建于 1705 年,经英国议会拨款,由当时的英国女王赐予马尔伯罗一世公爵约翰·丘吉尔,以表彰他在 1704 年 8 月对法国的布伦海姆战役中所取得的辉煌战绩。这座号称可以与英国皇宫媲美的庄园占地 2100 英亩,在设计上基本沿袭 16 世纪伊丽莎白时期的文艺复兴和哥特风格,园内设有庭院、花园、露台、湖泊和喷泉等。全部工程耗时整整 17 年。以布伦海姆宫为轴心的庞大宫殿式建筑群是丘吉尔庄园的中心。这里珍藏着诸多油画、雕塑、精美瓷器和大量珍贵的实物和照片,还有部分丘吉尔晚年的画作。宫殿外有著名意大利雕塑家贝尼尼设计的水神喷泉,范布勒爵士(英国建筑大师)亲自设计的巨大几何形花坛,还有天然湖泊、草场和瀑布。整个庄园虽然加入很多人工景色,却无处不透漏着田园般的自然风光,足见设计者的匠心独具。

思考与练习

江苏省扬州市个园园林景观鉴赏

清代扬州盐商营造的园林,许多保留至今,其中历史最悠久、保存最完整、最具艺术价值的,要算坐落在古城北隅的“个园”了。个园由两淮盐业商总黄至筠建于清嘉庆二十三年(公元1818年)。1988年个园被国务院授予第三批“全国重点文物保护单位”。

个园是以竹石取胜,连园名中的“个”字,也是取了竹字的半边,应和了庭园里各色竹子,主人的情趣和心智也都在里面了。此外,它的取名也因为竹子顶部的每三片竹叶都可以形成“个”字,在白墙上的影子也是“个”字。

个园是一处典型的私家住宅园林。从住宅进入园林,首先映入眼帘的是月洞形园门。门上石额书写“个园”二字,“个”者,竹叶之形,主人名“至筠”,“筠”亦借指竹,以“个园”为名,点明主题。园门两侧各种竹子枝叶扶疏,“月映竹成千个字”,与门额相辉映;白果峰穿插其间,如一根根茁壮的春笋。主人以春景作为游园的开篇,想是有“一年之计在于春”的含意吧!透过春景后的园门和两旁典雅的一排漏窗,又可瞥见园内景色,楼台、花树映现其间,引人入胜。进入园门向西拐,是与春景相接的一大片竹林。竹林茂密、幽深,与那几颗琼花展现出生机勃勃的春天景象。

个园四季假山各具特色,表达出“春山艳冶而如笑,夏山苍翠而如滴,秋山明净而如妆,冬山惨淡而如睡”和“春山宜游,夏山宜看,秋山宜登,冬山宜居”的诗情画意。个园虽不大,但处处体现出造园者的匠心独具,值得一提的是个园的叠石艺术,采用分峰用石的手法,运用不同石料堆叠而成“春、夏、秋、冬”四景。

湖石假山:在园中西北角,选用玲珑剔透的湖石叠成。山前有池水,山下有洞室,水上有曲梁。山上葱郁,秀媚婀娜,巧夺天工。洞室可以穿行,拾级登山,数转而达山顶。山顶建一亭,傍依老松虬曲,凌云欲去。山上磴道,东接长楼,与黄石山相连。

黄石假山:在园中东北角,用粗犷的黄石叠成,拔地而起,险峻摩空。山顶建四方亭,山隙古柏斜伸,与嶙峋山石构成苍古奇拙的画面。山上有三条磴道,一条两折之后仍回原地,一条可行两转,逢绝壁而返。唯有中间一路,可以深入群峰之间或下至山腹的幽室。在山洞中左登右攀,境界各殊,有石室、石凳、石桌、山顶洞、一线天,还有石桥飞梁,深谷绝涧,有平面的迂回,有立体的盘曲,山上山下,又与楼阁相通,在有限的天地里给人以无尽之感,其堆叠之精,构筑之妙,可以说达到了登峰造极的地步,在现今江南园林中成为仅存孤例。

宣石假山：在园内南部，宣石又称雪石，内含石英，迎光则闪闪发亮，背光则耀耀放白。此地是阳光直射不到的地方，所以无论是近观或远看，都似覆盖着一层未消的残雪，隐隐散出逼人的寒光。

有人说个园以“四季假山”，是以门景的竹石为春，以湖石山子为夏，以黄石山子为秋，以宣石山子为冬，形成春夏秋冬四景。

春景：个园门外两边修竹劲挺，高出墙垣，作冲霄凌云之姿。竹丛中，插植着石绿斑驳的石笋，以“寸石生情”之态，状出“雨后春笋”之意。这幅别开生面的竹石图，运用惜墨如金的手法，点破“春山”主题，即“一段好春不忍藏，最是含情带雨竹”。同时还巧妙地传达了传统文化中的“惜春”理念，提醒游园的人们，春景虽好，短暂易逝，需要用心品赏加倍珍惜，才能获得大自然的妙理真趣。

夏景：夏景位于园之西北，东与抱山楼相接。夏景叠石以青灰色太湖石为主，叠石似云翻雾卷之态，造园者利用太湖石的凹凸不平和瘦、透、漏、皱的特性，叠石多而不乱，远观舒卷流畅，巧如云、如奇峰；近视则玲珑剔透，似峰峦、似洞穴。山上古柏，枝叶葱郁，颇具苍翠之感；山下有池塘；深入山腹，碧绿的池水将整座山体衬映得格外灵秀。北阴处有一涓细流直落池塘，叮咚作响，池中游鱼嬉戏穿梭于睡莲之间，静中有动，极富情趣。池塘右侧有一曲桥直达夏山的洞穴，洞之幽深，颇具寒意，即使炎热的夏天，人们步入洞中，顿觉清爽。盘旋石阶而上，登至山顶，一株紫藤迎面而立，游人悠游其间忘却了无尽的烦忧。

秋景：经过抱山楼的“一”字长廊，园之东部便是气势雄伟的秋景，相传出自清代大画家石涛之手笔。秋景用黄山石堆叠而成，山势较高，面积也较大。整个山体分中、西、南三座，有“江南园林之最”的美誉。黄山石呈棕黄色，棱角分明，如刀劈斧砍。整座山体峻峭凌云，显得壮丽雄伟。进入山腹，如入大山之中，险奇之处随时可见。中峰高耸奇险，下有石屋，可容十几人，内设石桌、石凳、石床，通风良好，四季干燥，颇具生活意趣。沿腹道攀援而上，至山顶拂云亭，顿觉心胸开朗，满园佳境，尽收眼底，正所谓秋山宜登者也。尤其是夕阳西照，使整座山体洒上一层黄金，这时方能领略造园者将此山面西的道理。

冬景：造园者将冬景安排在南墙之下，背靠高墙几乎终年不见阳光，远远望去似积雪未消，地面用白石铺成。冬山用宣石（石英石）堆叠，石质晶莹雪白，每块石头几乎看不到棱角，给人浑然而有起伏之感。造园者不知是有意还是无意将假山堆叠得如一群狮子，远观似一头头雪狮欢腾跳跃，憨态可掬。南面高墙上有二十四个风音洞，后面的巷风袭来，时而发出呼啸之声。造园者不光利用“雪色”来表现冬天，还巧妙地将“风声”也融合到表现手法中去，令人拍案叫绝。山侧的几株腊梅烘托出冬天的严寒。正当人们面对冰清玉洁、静穆的冬景，感叹一年终了之时，蓦然回首，发现西墙上有一洞窗，露出了春景一角，似乎在向人们招手，暗示春天又将来临。

鉴赏测试

1. 请结合中国古代园林特点，从个园的文化历史、由来背景等方面，分析个园的美学价值；根据中国古代园林的分类方式来定义个园的景观类型；通过对个园美学价值的分析，讨论该园的旅游价值。

2. 请结合中国古代园林的组成要素、构景手法，通过对个园整体布局、建筑小品等的分析和鉴赏，探讨个园的建筑特色。

3. 请结合本书“园林景观鉴赏”和“旅游景观鉴赏基本方法”等相关知识，探讨对个园景观意境的理解。

第八章 民俗旅游景观鉴赏

引 言

我们常说“十里不同风,百里不同俗”。世界上有200多个民族,我国有56个民族,各民族共同创造了人类的历史和灿烂的文化。各民族的服饰饮食、婚丧嫁娶、待客礼仪、节庆游乐、民族工艺、建筑形式等都各具特色,形成了丰富多彩的民俗景观。这些民俗现象以其丰富的内容,浓厚的地方特色,鲜明的民族特点,吸引着大量的国内外游客,构成民俗旅游开发的丰富资源,具有极高的旅游价值。

学习目标

1. 了解民俗的概念。
2. 熟悉典型的民俗景观。
3. 掌握民俗景观鉴赏的方法。

第一节 民俗旅游景观概述

一、民俗旅游的概念

(一)民俗的形成

任何一个民族的民俗形成都是一定地域内社会历史发展阶段的产物,并具有很深的社会根源、历史根源和地理根源。在人类社会发展中,民俗经历了一个从无到有,由简到繁的发展过程。在人类之初,茹毛饮血、巢居穴处是原始人类的共同习俗。随着生产的发展,社会的进步,各具特色的物质生活和与物质生活密切相关的人类社会生活的组织形式以及婚、丧、礼俗等也日益形成,久而久之,逐渐成为民族的风俗习惯,即民俗。民俗为整个民族成员所共有,流行于整个民族之中,渗透到民族成员的日常生活里。一个民族为了加强团结,总是要强调一些有别于其他民族的风俗习惯、生活方式、民族风格等,并赋予强烈的感情,把它升华为代表本民族的标志。所以,民俗的形成也就意味着一个民族的共同心理感情的形成,并表现为具有广泛的群众性和深刻的社会性。

民俗是在长期社会历史中逐步形成的一种社会现象,是历史的产物。因此,不同的民族由于所处的社会历史阶段不同,所形成的民俗亦保留着不同社会历史的阶段性。

许多民俗与自然地理环境有密切关系。人类生产活动的原始阶段,生产工具简陋,生产力水平低下,这时表现了对自然环境条件明显的直接的依赖关系。民族之间由于地域的不同,条件的不同,生产活动或经济生活方式也有明显差异。随着生产力的提高和技术的进步,人类对自然环境控制的能力提高,民族之间生产力水平和生产方式的差别减小,民族的经济社会生活方式也随着生产力的发展而变化。如我国的鄂伦春族,过去只是单一的狩猎生产,现在已开始走向以林业为主,护养猎并举的多种经营发展经济的道路。但是,民族的经济生活特点将长期存在,不易改变。如蒙古族原为游牧民族,今天仍以牧业为主。这主要是因为蒙古族的主要聚居地的自然环境条件更适宜发展牧业。再如居住在大兴安岭中的鄂伦春族,目前狩猎仍是他们重要的生产方式。居住在三江平原乌苏里江上的赫哲族,目前仍以渔猎为主。因为这些地区的自然环境条件在生产力低的情况下发展其他行业困难较大。总之,像赫哲族和鄂伦春族等民族的风俗习惯,无不深深打上了与其地域环境关系的烙印。

有些民俗则是由宗教信仰而产生的,具有非常浓厚的宗教色彩。如有些宗教对教徒的婚丧、嫁聚、饮食等方面的规定,慢慢地成为民族的风俗习惯。

总之,民俗的形成是十分复杂的,它从各个方面反映着一个民族的特点,并经过长期历史的发展,逐步成为一个民族的共同心理感情,它对民族的发展起着重要影响。民俗形成后并非一成不变,而是随着一个民族的社会历史进程而变化的。因为在一个民族的发展过程中,有的民俗有利于生产和民族的繁荣,有的则会阻碍经济的发展和民族的繁荣。所以,有的民俗不断地被改革或淘汰,而新的民俗又会逐渐形成发展起来。

简而言之,民俗,即民间风俗,是指一个国家或民族中广大民众所创造、享用和传承的生活文化。它起源于人类社会群体生活的需要,在特定的民族、时代和地域中不断形成、扩大和演变,为民众的日常生活服务。

(二)民俗旅游

民俗旅游是指人们离开惯常住地,到异地去体验当地民俗的文化旅游行程,它是一种高层次的文化旅游,是一种具有民族或地方特色的文化旅游。

民俗文化是取之不尽,用之不竭,也最有特色的旅游资源。民俗旅游以民俗文化为主要观赏对象,以观赏、了解、领略、参与风土人情为主要目的,作为一种高层次的文化旅游,它与山水风光旅游、文物古迹旅游构成我国旅游活动的三大系列产品。我国55个少数民族,有着不同特色的民俗文化风采;汉族也由于地域历史发展进程中的差异,各地区之间也有着"十里不同风,百里不同俗"的民俗特色。民俗文化以其巨大的魅力吸引着众多旅游者。

民俗旅游通过游人亲身投入,成为特定民俗环境中的一员,从而达到旅游主体客体双向交流,满足旅游者休闲、探奇、求知、审美欣赏等目的。

民俗旅游不仅极大地丰富了旅游活动的内容,也促进着旅游地经济文化的发展。民俗旅游不仅带来了可观的经济效益,而且促进了各民族、各地域之间人民的相互了解与情谊;面向国际的民俗旅游,可增进国际社会对我国民族政策的了解,促进我国各族人民与世界各国人民的友好交往与相互间的理解,对推动我国一些偏远地区和少数民族地区的对外开放也有着重要的意义。

拓展知识

民俗旅游概念的界定,至今仍然是百家争鸣。具体来说,其要件包括以下几个方面:一是游者出游观赏的主要对象是民俗,即旅游客体是民俗风情。二是旅游地向旅游者提供的核心产品是民俗产品。只有当旅游者享用和消费的产品是旅游地供给的以民俗风情为核心的系列产品时,这样的旅游活动才能归入民俗旅游之列。三是民俗产品必须由纯正地道的民俗开发而成。开发民俗必须保持原味,切忌歪曲。四是民俗旅游产品的主要载体是旅游地的民众。

二、民俗景观的类型

(一)服饰类民俗

服饰是人类特有的劳动成果,它既是物质文明的结晶,又具精神文明的含义。服饰的起源是从原始人对生存需要的探索和创造中孕育发展的。服饰的避寒、蔽体的功能是服饰产生的原始动机,服饰与政治经济、环境、伦理等有着必然的联系。

在现实中,民族意识淡化时期,民族服饰往往容易被一般流行服饰所替代;相反,在民族意识强化时期,就会唤起对民族服饰传统的坚守。在全球化迅猛发展的今天,服饰消费趋同性明显,但与此同时,人们保护民族个性和传统的意识也被唤起，这使得许多民族更加珍惜自己的服饰。至今，日本的和服仍旧是日本人最喜爱和看重的服饰，在节假日的东京街头，不时可以发现身着和服的男女。

（二）生产类民俗

生产民俗是在各种物质生产活动中产生和遵循的民俗。这类民俗伴随着物质生产的进行，多方面地反映着人们的民俗观念，在历史上对保证生产的顺利进行有一定的作用。我国的劳动生产民俗比较广泛，大体分为农业民俗、牧业民俗、渔业民俗、林业民俗、养殖民等。各民族受生活地域的限制，形成了不同维持生计的生活及方式。

例如生活在云南哀牢山区的哈尼族，受山区地形的限制，顺应山区自然环境，创造性地开垦梯田，形成了“山有多高，水有多长”的农耕智慧。哈尼梯田规模宏大，仅世界遗产申报地核心区元阳县境内就有17万亩梯田，其中集中连片的达1万多亩，从山脚到山顶级数最高达3000多级。有关专家认为，红河哈尼梯田在上千年的开发、垦殖中，利用哀牢山地貌、气候、植被的立体性分布特征，构建了“江河—森林—村寨—梯田”四元素共构的良性循环农业生态系统，蕴含着人与自然的高度和谐，是哈尼族传统人居环境和农耕文化的典范。

再如，来宾良江的客家人，每年正月十五人们走访亲友后，都要举行隆重的家宴，合家老少及分灶了的兄弟团聚，由年纪较老、生产经验丰富的家庭成员，根据历年和来年的情况进行分析、估计，做出一年的生产安排，较年轻的家庭成员则在旁补充。然后集中力量翻地、耙地、种玉米，完成这些工作后，迎来了繁忙的春耕。“二月灶”（农历二月二日）那天，天乍蒙白，人们（主要是妇女）争先恐后担着蜡烛、香、荤菜、糯米饭去祭拜“灶王”，祈求神灵保佑来年风调雨顺，生产丰收。嗣后，种下甘蔗，撒播水稻种子。待秧苗长均，抓紧时间进行春耕工作。由于春耕工作较繁重、紧张，人们多是互相帮助完成插田。管理工作则是各人的事了。夏收时，各种家畜、家禽业已长大，塘里也可以捕捞，客家人欢欢喜喜摆上一桌最丰盛的饭菜，大吃一顿。中元过后，人们又忙乎秋种秋收，其后，集中力量把种植的作物部分出售，饲养的猪、鸭、鹅、鱼上市。

（三）日常生活类民俗

生活民俗包括饮食民俗、居住民俗。例如羌族，其民居建筑碉楼是羌族历史和文化的见证，是羌寨最具代表性的建筑。羌族生活在川西北群山之巅，自然形成了一套独具特色的民风民俗。羌人不论男女老幼皆喜饮酒，咂酒的制法是用青稞煮熟拌上酒曲，封入坛内，发酵7～8天后即可饮用。羌族饮咂酒，不用酒具，而是将酒坛开封，用一根细竹管咂吸，咂饮时以长幼为序，轮流咂饮，并不断地注入凉开水，直到味淡为止。咂酒一般是重大节日、丰收季节、招待贵宾时饮用，咂酒开坛时要先唱开坛酒歌，由一位德高望重的人领唱开坛酒歌，众人合唱或宾客齐唱，按羌族传统礼仪排坐，围住咂酒坛子，由长者致祝酒词后开唱。传统酒歌大多节奏缓慢，旋律优美，最著名的酒歌有《西呀拉沙》、《哦纳依哟》。

羌族的碉楼非常有气势，最高的达十三四层，约三十余米，通常有四角、六角、八角几种形式。羌族战碉居多，有的碉楼经过几百年的风吹雨打和地震以及枪弹的袭击，依然巍然矗立，这在少数民族建筑史上是一个伟大的奇迹。

（四）社会组织的民俗

民族村寨、民族部落，或一个民族内部的各种团体、集体都视为组织。这种民族内部的组织主要是根据血缘和地缘为主要社会关系组成的，根据构成组织的原则和方式不同，可以把组织分为正式组织和非正式组织。非正式组织是自然形成的一种组织，是在人们交往中为了满足成员的生理及心理需要而自发结成的群体，任何民族内部都不可避免地存在非正式组织，而且这些非正式组织里有一套约定俗成的规矩要求每个成员遵守，这些规定往往是内在的、不外显的。

云南西双版纳傣族内部有许多成员全为妇女的神秘的社会组织，一般为非正式组织，规定成年未婚的姑娘必须参加一个，组织内成员的年龄一般相差2~3岁，即一个年龄段的女孩，其中一个姑娘为组织“领导”，当这位“领导”结婚后，组织内的其他姑娘必须跟随其在3个月内陆续完婚；如果“领导”不结婚，其他姑娘即便恋爱结婚条件成熟了也不能结婚，直到“领导”结婚后，所有成员才能结婚。很多民族内部都有正式的或非正式的组织，部族内的每一个人都无形中受到民族社会组织的管理。

（五）人生礼仪类民俗

人是社会的人，个人以不同的身份、角色进入社会，群体与社会正是通过某种礼仪对新的成员予以接纳与承认。人生礼仪是一个人一生中在不同年龄阶段所举行的仪式。人生礼仪又称生命礼仪，国际上称作“人生礼仪”。传统的贯穿人生的礼仪主要有诞生礼、冠笄礼、婚嫁礼、丧葬祭礼等，传统礼仪不仅存在于人际交往中，也存在于家庭、家族和一个人的个人经历中，且贯穿于人生历程，几乎每个人都需经历的礼仪就是人生礼仪。汉族小孩满月、满百天要宴请亲朋好友庆祝；在很多少数民族，小孩到十多岁时要举行成年礼，傈僳族小孩十三岁时在房屋的“男柱”和“女柱”旁，站在猪膘肉上举行成年礼，确立自己的社会责任、学习做人做事，成年后还应换上成年人的服装，把少年的发型改为成人的发型，并插上表示性别的不同发饰。

（六）游戏、游娱类民俗

游戏、游娱类民俗是指民间传统、文化娱乐、体育活动等方面的民俗，主要包括民间歌舞民俗、民间技艺民俗、民间杂艺民俗等。南北各地民俗游戏娱乐各不相同，彝族人喜欢摔跤、斗牛；蒙古族人每逢节日喜欢赛马、摔跤、射箭、舞蹈；云南白族每逢节日载歌载舞，著名的歌舞有大本曲、吹吹腔等。

瑶族在祭祀、祈福、驱邪的仪式中，有“上刀山下火海”的绝技神功，以显示所向无敌的气概。赤足爬刀梯、过火海就是其中两项惊险的绝技。爬刀梯又叫“上刀山”，是在木梯上安装锋利的刀子作为梯级，赤足踏在利刃上蹬上蹬下，脚底的皮肤竟丝毫无损。过火海有几种形式：一是将若干个铁犁头烧得通红，赤足一步一步踏在上面疾行而过；一是走过燃烧木炭的“火海”；再有就是“走足灯”，即用竹筒做成的灯排成行，一步踏一灯地走过，灯火依然熊熊燃烧。

（七）民间文学类民俗

当我们用民俗学的眼光审视文学史时，文学中有许多反映民俗的内容，民间口头文学是民俗文化的重要组成部分，包括神话、传说和各种民间故事，还有很多具有表演形式的民间说唱、民间戏曲。每个民族都在各自的民间传说中述说着自己的来历。如华夏流传深远的女娲造人的传说、云南傣族流传着关于男女性别起源的传说、云南基诺族阿莫小白的民族史诗叙述了基诺族是由猴子变化而来的来历、纳西族《创世纪》、《黑白之战》民族史诗等叙述了纳西族生息繁衍强大的过程。

（八）传统宗教信仰类民俗

宗教信仰是指人们对所信仰的神圣对象，由崇拜认同而产生的坚定不移的信念及全身心的皈依。这种思想信念和全身心的皈依表现和贯穿于特定的宗教仪式和宗教活动中，并被用来指导和规范自己在世俗社会中的行为。各民族的宗教信仰有基督教、伊斯兰教、佛教、图腾崇拜、原始宗教等，宗教信仰中有很多是必须在现实生活中遵守的行为和规范，包括杀生、婚姻、饮食、伦理、财物等，其范围非常广，融入到生活的方方面面，形成教徒宗教信仰的习俗。

例如佛教，有“五戒十善”。五戒，就是杀生戒，偷盗戒，邪淫戒，妄语戒，饮酒戒。十善实际上是指身、语、意三业的禁忌，其内容包括，身体行为的善（禁忌）：不杀生，不偷盗，不邪淫；语言方面的善（禁忌）：不妄语，不两舌，不恶口，不绮语；意识方面的善（禁忌）：不贪欲，不嗔恚，不邪见。再如伊斯兰教，饮食方面的禁忌在生活中占据着极为重要的地位，严禁吃自死物、严禁食血液、严禁食用非诵安拉之名而宰杀的动物、禁止食用猛禽猛兽、严禁饮酒等；在服饰方面的基本原则是顺乎自然，简朴、洁净、美观，禁止妇女显露美姿和妆饰，严禁男人佩带黄金饰物等；婚姻方面，严禁把离婚当作儿戏。商业禁忌方面，严禁重利盘剥，禁止购买偷窃、抢夺来的物品，禁止经商中使用欺骗手段等。

（九）婚嫁类民俗

婚姻是关系到人类自身繁衍和社会发展的最重要而又最基本的文化活动。关于婚姻习俗世界各地因各地政治、经济、文化方面的差异，具有独特性和差异性。

和中国的婚姻礼仪相似，阿富汗、沙特阿拉伯、巴基斯坦等国也讲究父母做主。

中国的所谓“六礼”指的是纳彩、问名、纳吉、纳征、请期、亲迎，讲究的是父母之命，媒妁之言。中国的婚姻礼俗上，婚礼大多是在男方家举行，男女双方亲属在男方家吃酒宴。有些民族与此相反，是女娶男嫁，如居住在老挝的加莱人、拉祜人等，科威特人也是由女方家宴请。世界上很多地方，婚礼之后都要在女方家住上几年，如云南的傣族、布朗族等；世界上很多地区还流行“抢婚”，如缅甸、泰国北部地区的鲁亚人，云南、四川的彝族等。

（十）民间的观念类民俗

民间观念是指在民间社会中自发产生的一套神灵崇拜、生活禁忌的观念。它主要作用于人们的意识形态领域，其中较有代表性的是：禁忌、俗信、民间诸神。

禁忌指的是在某种特定的时间或空间中，处理或对待某些被认为是神圣的或不洁的事物时应遵守的规范。这种规范往往是否定性的，如不许碰，不许乱说等，并且这种规范常常不能得到论证，例如我们知道孕妇不能吃兔肉，否则孩子就会是豁唇，但是我们不能用科学论证方法向人们说明不能吃兔肉的道理。禁忌的对象无法论证，禁忌的结果也是不必然的，例如“不能把手伸进火里”，不是禁忌，而是常识，“不能用手指天上的月亮”这才是禁忌。禁忌的目的是保护人们免受那些他们不能察觉的危险，而常识则是保护人们免受必将发生的危险。

民间诸神是民间奉祀的神灵，他们既不同于记录在国家祀典上的神灵，也不同于佛道两教诸神；但是民间神灵崇拜又与“国家诸神”、“宗教诸神”有密切的关联。它的形成和发展，基本上是一个和国家 、宗教诸神交相涵化，互相吸收的过程。广为人知的灶王爷、门神就属于民间诸神。

俗信从原始宗教和巫术演变而来，经过民间长期传承，已经成为一种风俗习惯。比如贴春联、贴门神。除旧迎新之际，贴春联、贴门神既装点了节日的气氛，给人焕然一新的感觉，同时又寄托了人们驱邪灾、保平安的心愿。它是一种信仰，对别人没有什么伤害。不同于迷信。

拓展知识

国内一次抽样调查表明，来华美国游客中主要目标是欣赏名胜古迹的占26%，而对中国人的生活方式、风土人情最感兴趣的却达56.7%。目前，无论发达国家和发展中国家，民俗旅游均已蓬勃发展：北美的“活人博物馆”通过仿照当年风格建造的房屋、棚圈、碉堡、果园组成的“移民村”，再现了几百年前欧洲抵美移民的生活、劳动和风俗习惯；科特迪瓦利用其独特精巧的人造面具表现其传统文化，还举办全国舞蹈节；突尼斯根据西方游客喜欢猎奇的心理，利用本国土著居民的村落古迹、山洞住宅、民族服饰和车马游玩等民俗文化来发展旅游业，已成为非洲和阿拉伯国家中的旅游大国。在国内，深圳中国民俗文化村汇集了全国几十个民族的灿烂文化，昆明云南民族村也展示了云南25个少数民族的风俗，在广东，岭南文化、客家文化和连南瑶族风情的民俗旅游产品是目前的热点。

在民俗旅游中正确地看待和鉴赏民俗风情景观有两方面的好处：第一，是满足游客“求新、求异、求乐、求知”心理需求的有效途径；第二，能够进一步弘扬传统民俗文化、展现民族风采，树立旅游目的地形象；第三，促进了中西文化交流、中西民间交流，促进世界民俗旅游文化资源的开发和保护。

三、民俗的特点

民俗作为民族社会心理的表现形式，是一种重要的文化现象，直接反映并影响着一个时代的民族精神和社会生活面貌，是民俗文化的组成部分。它具有在内涵和外延两个方面的特征。

（一）内涵的特征

(1)民族性。各民族有自己的独特的区别于其他民族的风俗习惯。

(2)地方性。由于地理环境对民族的经济和生活影响，民俗具有明显的地方性。

(3)集团性。不同的社会阶层、阶级等形成的社会集团之间风俗习惯也可能不尽相同。例如俄国在沙俄时代，上层社会中以讲法语为荣，而平民大众则没有这种习惯。

(4)约束性。某种习俗可能成为全体民族成员的行为规范，具有某种不成文法的约束力。西方国家流行的狂欢节即是在这种约束力的作用下形成的，成为消除紧张的一种方式，同时也形成一种民俗。

（二）外延的特征

(1)承传性。每一种民俗都是历史遗传的结果，有一种自然的承传性。

(2)变异性。民俗并非一成不变，随着社会经济方式的发展与变化，旧有的一些民俗会发生变化，同时形成新的民俗。

可以说，没有承传性与变异性，民俗就不可能形成并发展。

第二节　民俗旅游景观鉴赏

民俗旅游是指人们离开惯常住地，到异地去体验当地民俗的文化旅游行程。民俗作为一个地区、一个民族悠久历史文化发展的结晶，蕴含着极其丰富的社会内容，由于地方特色和民俗特色是旅游资源开发的灵魂，具有独特性与不可替代性，满足了游客“求新、求异、求乐、求知”的心理需求，已经成为旅游行为和旅游开发的重要内容之一。

民俗文化有着极为广泛的内涵，但是并非所有的民俗文化都能成为旅游审美的对象，主要是其中具有表象性的部分成为旅游审美的内容。

一、民俗旅游中的审美内容

（一）民俗物质文化

民俗物质文化主要包括具有审美价值的建筑、服饰，民族、民间工艺美术，工具等。在民俗建筑中，各少数民族、一些汉族地区的民居具有鲜明的审美特色。如鄂温克族和鄂伦春族的住宅“撮罗子”，蒙古、哈萨克、柯尔克孜、塔吉克等民族的蒙古包（毡房），侗族、苗族的吊脚楼、半边楼以及鼓楼、风雨桥，傣族的干栏式竹楼，北京的胡同、四合院，福建地区的土楼，绍兴、周庄的水乡民居……类型丰富，建筑技艺精湛，是极富特色的建筑艺术，具有极高的旅游欣赏价值。

各少数民族的服饰更是绚丽多姿。苗族、瑶族、侗族各不相同的“花衣”与百褶裙，傣族妇女的花筒裙，藏族的藏袍，维吾尔族的“袷袢”和连衣裙，满族的旗袍等。各少数民族和各地的民间工艺美术也极为丰富多彩；一些具有观赏性的用具和工具也是民俗物质文化的产物，有着审美的意义。

（二）民俗中的习俗，节日礼仪与庆典活动

在习俗中包括饮食、婚恋、生日、丧葬、待客习俗等，其中大多数是旅游者可以参与或观赏的。例如侗族青年的恋爱习俗“走寨坐妹”；苗族婚姻礼仪的“拦路歌”、唱“酒歌”、“欢抢铺床鸭”等习俗仪式。各少数民族和不同的汉族地区都有着各自特点的待客习惯和待客方式。我国各民族的节日礼仪与庆典则更为丰富，汉族与一些少数民族共有的春节、元宵节、端午节、中秋节，傣族的傣历新年泼水节，瑶族的达努节，藏族的望果节，彝族的火把节，蒙古、鄂温克、达斡尔族的“那达慕”大会，白族的三月街，信奉伊斯兰教的我国少数民族的开斋节、古尔拜节，这些节庆活动最为集中地展现出不同民族、地域民俗文化的丰富内涵，给旅游者提供了感受和体验民俗审美文化的良好机会。

（三）民俗游艺竞技活动

我国各少数民族和各地域，都有着特有的民俗艺术表演、游乐活动和体育竞技活动。例如汉族西北地区的太平鼓，陕西安塞腰鼓，东北的二人转，湖南的花鼓戏，广西的彩调，苏州的评弹，甘肃、宁夏的“花兜”，南方的傩舞、傩戏，粤语地区的粤曲，藏族的锅庄，苗族的芦笙舞，傣族的象脚鼓，彝族的阿细跳月，朝鲜族的长鼓舞，鄂温克族的阿罕拜舞，壮族的扁担舞，维吾尔族的十二木卡姆等艺术表演活动。汉族的舞龙、舞狮、踩高跷、龙舟竞渡，苗族的爬竿，傈僳、苗族的上刀梯，傈僳、怒、独龙族的射弩，蒙古族的马球，哈萨克族、柯尔克孜族、塔吉克族的刁羊，回族的掼牛，

朝鲜族的跳板运动,蒙古族的摔跤、赛马,傣族、景颇族、白族、纳西族等族的"打磨秋"等民俗游乐与体育竞技活动,都有很高的旅游观赏性,而且相当一部分具有参与性,旅游者可以与当地人同乐共舞。

(四)民俗信仰与祭祀活动

我国各民族和各地域有着不同的信仰与祭祀活动。如对于中华民族祖先黄帝、炎帝的祭典活动,蒙古族的成吉思汗祭典,赫哲族萨满教的"乌思珠耶"(跳舞神),瑶族的"还盘王愿",藏族喇嘛教的酥油灯会、晒佛、礼佛、跳神活动,侗族的"敬萨坛",苗族的"跳香",佤族的"拉木鼓",台湾渔民的放彩船,等等。这些活动相当一部分有一定的规模,气氛热烈,显现出一个民族和一个地域本原的文化与审美的特征,有着独特的旅游审美价值。对民俗文化的旅游审美大量地体现在对当地少数民族日常生活的参与之中。比如,旅游者通过走访农家、操作传统农具和用品,参与当地的生产劳动;亲自动手烹调民族或地域的特色菜肴,参加民间宴饮活动;按当地风俗过生日,以当地礼仪举行婚礼等。以民俗风情参与和体验为主要内容的民俗文化旅游审美活动常常使旅游者获得终生难忘的审美感受。

拓展知识

我国的民俗文化根据自然环境中地形、气候、物产的各异,大致分为七个风俗文化圈。

东北风俗文化圈:包括黑龙江、吉林、辽宁北部及内蒙古东部,其特点是满汉民族风俗的大融合。

游牧风俗文化圈:包括内蒙古大部分,辽宁、河北、陕西三省的北部,宁夏北部及新疆,其特点是强悍勇武的民风。

黄河流域风俗文化圈:大致北起长城,南界秦岭、淮河,西抵青海湖的东部,东至黄海,是我国传统文化的发源地,其特点是重乡土情谊。

长江流域风俗文化圈:大致位于秦岭、淮河以南,西至青藏高原东侧,东、南均迄于海,具有发展快速突兀起伏的特点。

青藏风俗文化圈:主要是青海一带,其特点是藏族风俗文化同藏传佛教结下不解之缘

云贵风俗文化圈:主要是云南、贵州的少数民族聚居之地,风俗文化千姿百态。

闽台风俗文化圈:包括福建、广东、台湾等地。方言相近,习俗相近,其特点是保留中原古代风俗文化现象,为中国风俗文化的活标本。

二、民俗旅游鉴赏方法

民俗文化旅游审美与自然风光、名胜古迹以及旅游地的文化艺术的审美欣赏一样，都是异地的（有时是跨文化的）审美欣赏活动，是高级的精神享受。由于民俗文化更多的是通过人作为文化的载体进行传播的，在旅游审美过程中旅游者更多的通过与当地居民的接触与交流来感受和体验民俗文化美的内蕴，由此而构成了民俗文化旅游审美与其他旅游审美所不同的特征；作为跨文化的“对话”，更具有特别的意义。

（一）新奇的审美体验

民俗文化旅游作为异域的跨文化审美活动，是在完全新鲜的环境中亲身体味异乡情调的生活，感受从未接触过的奇异风俗，对于旅游者来说，这是完全陌生新奇的审美体验。

例如西方旅游者的北京胡同文化旅游，穿行于迂回曲折的胡同之中，聆听着发生在各个胡同的古老故事；停留于四合院之中，与北京居民共同品茶、共同欣赏京剧票友们的表演……给他们的是完全不同于高楼大厦、汽车如流、商店广告如林的都市北京的全新的体验。同样，沿海城市的汉族同胞到西南彝族山乡参加“火把节”的民俗活动，也会感到陌生和新奇。异域的全然不同的生存和生活环境的新感觉、新奇而神秘的习俗风气引起的陌生感受，这些都会激发起旅游者的审美兴趣，引发起旅游者的美感愉悦和情感的活动。陌生新奇的审美体验不仅会给旅游者以难忘的深刻感受，而且会促使旅游者进而了解产生“奇异”民俗风情的历史原因，了解民俗文化的丰富内容。

（二）亲切的情感沟通

无论对自然景观或对历史古迹的旅游欣赏，都是旅游者单向度的审美活动，而在民俗风情旅游中，旅游者直接进入旅游地的生活环境之中，参与当地群众性的民俗活动，与当地人进行面对面的交流和沟通，这种审美就成为双向度的审美活动。无论是在北京的胡同中穿行，还是在广西桂林阳朔西街漫步；抑或是参加彝族的火把节、傣族的泼水节，或是蒙古族的“那达慕”大会，旅游者感受到的不仅是新鲜的景物，而且更多的是接触到亲切热情的当地居民，在特定的环境氛围中与他们交流情感，体验异域的文化特色。

在民俗旅游中的观赏参与，多为轻松愉快的休闲、娱乐活动，对于绝大多数旅游者来说，这样的参与并没有什么政治性、经济性或学术性的功利目的，而以情感愉悦作为主要目的。虽然旅游者对当地民俗文化的体验和与当地人民之间的情感交流最初都处于比较浅的感性层次，但是正是有了这良好的、使内心愉悦的感性体验的开端，也就推动着旅游者对当地文化和当地人民的深层的理性认识与理解。

（三）异域环境下的跨文化"对话"实践

民俗文化旅游审美不仅是旅游者在异域环境氛围下的审美体验和与异域居民的情感沟通，而且民俗文化旅游审美作为当代人跨文化"对话"的实践，更有着自身的特点和特别的意义。

首先，这"对话"是旅游者处于产生异域民俗审美文化的自然与人文环境氛围下进行的，为旅游者体验、理解这一文化的特色提供了优越的条件，使之能够从产生民俗文化的大背景上更好地认识与理解。其次，民俗文化审美所涉及的是一个地域或民族的中、下层文化。与上层文化（如文学、历史、哲学等）相比较，民俗文化中那些发生时间较早、社会功能比较宽泛的部分不仅分布的地域相当广泛，而且在不同民族与地域的民俗文化中有着相似的共同点。例如许多民俗文化中都有灰姑娘的故事，在全世界有500多个相同或相似的故事。民俗文化的这些特点使跨文化的平等的自由对话有着良好的相互交流、易于理解的基础，为跨越不同文化之间的屏障——即李廷顿所谓的"文明之间的断层（地理和历史的自然分界线）"提供了条件。

民俗文化旅游审美促进着不同文化、不同地域、不同民族的人们的相互理解与尊重，沟通他们的情感，在相互欣赏文化上鲜明差异所带来的审美特色的同时，寻求人类的共同点，在不同地域、不同民族之中建立起亲情。作为差异文化间的对话，并不是消融相互间的差别达到一致，而是在已有的相互差异中建立起相互尊重、理解或宽容。正是不同文化与文明间的相互尊重、理解或宽容，将消解"文明的冲突"给人类社会所带来的麻烦与危险。在这个意义上，民俗文化旅游审美活动凸显了它的深刻价值。

第三节　典型案例分析

一、"披星戴月"的纳西族服饰

纳西族居住在我国云南省的西北部和四川省的西南部，丽江纳西族自治县和川滇交界的泸沽湖地区是纳西族的两个主要聚居地，其余散居于中甸、维西、永胜、盐边、盐源、木里和西藏芒康等县。这里属横断山脉地区，背靠青藏高原，面向云贵高原，境内山川壮丽，河流纵横，景色秀美，民风古朴，文化底蕴深厚，被视为是美丽、神秘而又富足的"香格里拉"。今天，纳西族聚居的丽江古城已被列为世界文化遗产，受到海内外的关注。

"披星戴月"的纳西人：纳西族妇女以勤劳能干，贤德善良而著称。她们的传统服饰具有鲜明的民族特色，形成了自己独特的风格。各地的服饰也有差异：丽江县大研一带纳西族妇女上穿大襟宽袖布袍，袖口捋至肘部，外加紫色或藏青色坎肩；下着长裤，腰系用黑、白、蓝等色棉布缝制的围腰，上打百褶，下镶天蓝色宽边；背披“七星羊皮”，羊皮上端缝有两根白色长带，披时从肩搭过，在胸前交错又系在腰后。羊皮披肩典雅大方，既可起到装饰作用，又可暖身护体，以防风雨及劳作时对肩背的损伤。

羊皮披肩是丽江纳西族妇女服饰的重要标志。它一般用整块纯黑色羊皮制成，剪裁为上方下圆，上部缝着 6 厘米宽的黑边，下面再钉上一字横排的七个彩绣的圆形布盘，圆心各垂两根白色的羊皮飘带，代表北斗七星，俗称“披星戴月”，象征纳西族妇女早出晚归，披星戴月，以示勤劳之意。另有一种看法认为，上方下圆的羊皮是模仿青蛙的形状剪裁，而缀在背面的圆盘纳西人称为“巴妙”，意为“青蛙的眼睛”，这是崇拜蛙的丽江土著农耕居民与崇拜羊的南迁古羌人相融合形成纳西族后的产物。

二、“大地雕塑”的云南元阳梯田

元阳梯田位于云南省元阳县的哀牢山南部，是哈尼族人世世代代留下的杰作。元阳哈尼族开垦的梯田随山势地形变化，因地制宜，坡缓地大则开垦大田，坡陡地小则开垦小田，甚至沟边坎下石隙也开田，因而梯田大者有数亩，小者仅有簸箕大，往往一坡就有成千上万亩。如此众多的梯田，在茫茫森林的掩映中，在漫漫云海的覆盖下，构成了神奇壮丽的景观。

这里保持了“森林、水系、山寨、梯田”四素同构完整的生态系统，哈尼族的民风民俗、民族文化特色鲜明，生产生活方式独特，梯田云海与古老的“蘑菇房”融为一体，是一个合理利用自然资源进行农耕开发的典范。元阳哈尼族梯田生态系统呈现以下特点：每一个村寨的上方，必然矗立着茂密的森林，提供水、用材、薪炭之源，其中以神圣不可侵犯的寨神林为特征；村寨下方是层层相叠的千百级梯田，那里提供哈尼人生存发展的基本条件：粮食；中间的村寨由座座古意盎然的蘑菇房组合而成，形成人们安度人生的居所。这一结构被文化生态学家盛赞为江河—森林—村寨—梯田四度同构的人与自然高度协调的、可持续发展的、良性循环的生态系统，这就是千百年来哈尼先民生息繁衍的美丽家园。

哈尼族人的生产智慧构成了一派和谐壮观的梯田大地景观，现在这里已经开发成为“世界文化遗产保护地”。当太阳呈逆光角度驱散晨雾，层层梯田便渐渐染上金光，坐落其间的哈尼族彝族山寨，被云雾掩映得扑朔迷离，如诗如画，如梦如幻。在斜阳和彩霞的映照下，连片的梯田就像是浩瀚的大海，雄伟壮丽，各种有节奏的层次和美妙曲线，五彩斑斓的颜色搭配，常让人赞叹不已，不知身在何处。这里是摄影旅游爱好者的天堂。

三、奇异的摩梭成人礼

摩梭人虽无婚礼，但对命名和成年礼却甚为讲究，其仪礼习俗很是奇特有趣。

孩子降生的当日或第二天，家里便为孩子举行命名仪式。孩子出生的第三天，一早太阳出来，母亲就左手抱着婴儿，右手拿着镰刀、一根麻秆、一页喇嘛经书，走出房门来到天井院里，让婴儿沐浴一会日光。在摩梭人的传说中，太阳是一位女人，有了太阳才能万物生长。

待孩子长到13岁时，家人依俗要为其举行隆重的成年礼，女孩叫“穿裙礼”，男孩称“穿裤礼”。而在这以前，男孩女娃都只穿麻织的长布衫，而不穿裤子、裙子。女孩子的“穿裙礼”开始时，家人先让姑娘一只脚踩在猪膘肉上，一只脚踏在盛了稻谷的竹篓上，右手握锡子、串珠、耳环等装饰品，左手捧麻纱、麻布，以示从此有吃有穿，能纺善织，生活幸福。

举行成人礼时，手捧裙子的祖母，先把裙子在女柱上挂一挂，表示家门又有了顶梁柱、再往房门上摔打几下裙子，以示打掉了不洁和邪秽，并向孩子说些祝福的话。随后，母亲为女儿脱去旧的麻布长衫，为她穿上新上衣和美丽的百褶裙，系上绣有花卉图案的腰带。姑娘穿上新衣裙后，巫师达巴为她向祖先神灵和灶神祈福，并把一根作为吉祥之兆的羊毛绳，拴系在姑娘的颈脖上。男孩子的“穿裤礼”，与“穿裙礼”大同小异，也是脚踩稻谷和猪膘肉，但他左手拿的是钱币，右手握着尖刀。以示他从此有吃有穿，善于聚财，勇敢善战。

四、独特的客家民俗

在我国福建西南丘陵地带，居住着许多“客家人”，他们虽然属于汉族，却有着与汉族不同的风俗习惯。

他们至今还住在类似于传说中的古希腊城堡式的“土楼”里。这种土楼布局严谨，讲究坐向、主次、对称，外观均衡、庄重，表现了儒家正统文化的审美旨趣和高度的建筑水平，集居住、贮存、晾晒、加工、防盗、防火等设施于一体。客家先民建造土围屋，是在明末清初时期，当时赣粤边境匪盗四起，社会动荡不安，客家的大户人家为有效地保住自家性命，保住集聚的财产，不惜耗费巨资苦心经营修筑，其结构形式由粤东客家标准格式——围龙屋发展变化而成。这一座座固若金汤的庞大建筑，四角建有炮楼，炮楼内相互连通，彼此呼应，火力交叉如网；御火攻，围内设有多处消防注水口；防围困，围内置设多处粮仓……对于围屋，如果分得细一些，还可以看出两种基本模式：实心式和空心式。实心式为围内主体建筑采用“厅堂式”，只是将两侧横屋升高，连成全封闭式的方形围屋平面；空心式为围内不设主体建筑，只沿围的四周建房舍，中间除水井外，就是一个大禾坪。土楼就是一座堡垒，如遇不测，由青壮年守护，妇孺老幼尽可高枕无忧。

客家方言、山歌也独具特色。客家方言是汉语八大方言之一，以唐宋时期汉语为基础，以百越土语为辅助的一种语言共同体，是客家文化最显著的标志之一。全世界客家人公认的纯正客家话是以梅县话为标准音的。在梅州，客家话播音已成为广播电视台的一大特色；客家山歌有很多种类，但主要由情歌、斗歌、即席演唱三大精华部分组成，此外还有习俗山歌、述事山歌、尾驳尾山歌等等。常用比兴、直叙、比喻、双关等手法，吸收了梅州当地的原瑶、畲民族的民歌表现手法，加上客家语言本身的丰富表现力，显示了其独特的艺术魅力。

客家农事和客家祭祀非同小可。客家人多住山区，经济以农业为主；主要农产品，以水稻为最。客家地区的水田，近山用溪水，靠河用河水。皆以水车灌水入田。农家肥料，以"沤粪"或"沤火炉灰"作粪种，掺上石灰肥田。稻谷成熟后，收割时，不雇工，左邻右舍的妇女，自带镰刀来田里帮助割水稻，这叫"帮工"。遇到她们各家收割水稻时，被人"帮"过工的妇女再"帮"人家的工。这是客家人团结互助、平等相待的好传统的充分表现。客家人对于丧葬之俗，做得十分周到，甚至过于繁文缛节。客家人祖先崇拜意识很浓，对慎终追远的事，十分重视。一般丧葬仪规可分为葬前、埋葬和葬后三个部分，或谓之三个阶段。

客家人的服饰，妇女头戴之物与众不同。客家妇女喜欢长年戴一顶小斗笠，斗笠编得极为精致，斗笠圆周边连接着宽20厘米左右、向四周垂下的"笠披"的彩色布条，遮住了大半个脸，使得戴笠者能看见别人，而别人却看不清楚她的整个脸面，从而给人一种神秘感，同时也使她们免受日晒雨淋之苦。据说这种斗笠在她们祖先南下迁徙中立下了汗马功劳，所以她们对其珍爱万分，不论刮风下雨，阴天晴天都不离身，并世代相传。

五、印度的奇特婚礼仪式

在印度，婚姻有着传统的宗教习俗和重男轻女特点，仅婚礼就可窥见一斑。

结婚前几天，新娘要用姜黄香料涂擦全身，使皮肤柔嫩，呈金黄色。在举行婚礼的头天晚上，新娘要用茉莉花和玫瑰花泡过的水洗澡。头发要梳成一条长辫子，发辫上插着香气扑鼻的茉莉花和金盏花。婚礼一般是早晨或傍晚在女方家举行，有的在寺庙或俱乐部里举行。

婚礼当天，新郎在亲戚朋友的陪同下去新娘家迎亲。当迎亲队伍到达新娘家时，新娘的父亲和亲友要急步上前，向新郎献上珠宝、两套丝绸衣服、美酒和用酥油、酸奶、蜂蜜及糖做成的甜食。婚礼开始前，新郎和新娘在各自的亲属陪同下，走上婚礼台。

婚礼台设有炭火（圣火）和新郎新娘的座位。婚礼一般从点燃圣火开始。婚礼仪式有繁有简,但是握手仪式、戴圣线仪式和绕走圣火仪式是不可少的。握手仪式是新娘的父亲把女儿的手放在新郎的手上,表示他已把女儿交给了新郎。戴圣线仪式标志着新娘已经出嫁,出嫁的妇女要终生戴着它。随后,新娘紧随着新郎从左边开始绕圣火走三圈。所谓圣火,是用七种木柴燃起的火堆,代表崇高的宗教。走完三圈后,他们向双方的父母和在场的长辈行触足礼,婚礼随即结束。整个婚礼过程,还要小心新郎因为嫌弃嫁妆少而逃婚。

印度社会一直有"没有曼海蒂,婚礼不算齐"的说法。在婚礼前一天晚上,新娘要由未来的婆婆点下第一笔手绘图案,并由资深手绘师接着画下最精美最复杂的图案,整个过程至少需要七八个小时。第二天,手脚画满图案的新娘将前往夫家开始全新的生活。有些新娘在随后的日子里,就以手绘为由躲过家务劳动。等到十几天后再回娘家探视时,母亲如果看到女儿的手绘依然未褪便会如释重负。

新娘手绘的图案也有很多讲究。许多花朵都代表了对新娘"多子多福"的祝福,孔雀和荷花是印度的国鸟和国花,象征着美丽、富贵,扬起鼻子的大象则代表家庭繁荣和好运。有时调皮的新娘女伴们还会把手绘变成一种游戏。她们把新郎的名字隐藏在新娘的手绘图案中,只有在这些图案中找到自己的名字,新郎才可以开始甜蜜新婚之夜。

六、傣族传统节日与小乘佛教

傣族全民信奉小乘佛教,他们的节日均与佛教有关。傣族的重大节日有泼水节、关门节和开门节。

泼水节是傣族重大的传统节日,也是傣历新年,在傣历六月二十四到二十六日(夏历四月中旬),节期三、五天。在节日里,傣族群众要举行泼水、赛龙舟、放高升等娱乐活动,期望从此驱走昔日的灾难和病魔,祈求新的一年风调雨顺,五谷丰登,人畜两旺。

节日清晨,男女老幼沐浴更衣,到佛寺赕佛,即给佛像洒清水洗尘,然后互相泼水,除疾消灾。后演为以泼水为戏的节日。相传,古有火魔无恶不作,抢走7个姑娘。最年轻的姑娘依香,得知了杀死火魔的秘密:拔下它的头发把它勒死。火魔死后,魔头变成一团火球,落在哪里,哪里就起火。姑娘们即挑水相泼,灭了邪火。此传说相沿成习,渐成泼水节。一说此俗源于印度,婆罗门教徒每年此时到河中沐浴,洗去罪恶;年迈者不能下河,子女便为其泼水洗罪。后传入中国傣族地区。

关门节和开门节是全年最大的斋赕时期,各地都举行盛大的"赕佛"活动和隆重的佛教典礼。大家都要按佛规向佛奉献食物、鲜花、经书、衣物和钱币,带有浓厚的宗教活动色彩。开门节,傣语叫"出洼",意为佛主出寺,是云南傣族的传统宗教节日。每年傣历十二月十五日举行,活动内容与关门节一样,将进洼时摆在佛座后面的东西拿出烧掉，表示佛已出洼，十六日和尚出洼，全家男女老幼到奘房拜佛。十七日举行盛大的“赶朵”活动，因为这天佛到西天讲经三个月后返回人间，所以各村各寨都要鸣锣敲鼓，举行盛会，迎接佛祖，同时还要在奘房内向佛忏悔一年来的罪过；和尚们趁此时向青年男女宣传教义。开门节时，农忙已过，天气渐冷，佛教活动也不太多，青年们便可谈情说爱或结婚，成年人则出外办事或串亲访友。这时节是傣族文化娱乐活动最多的时候。人们放火花、点火灯、放高升、环游各村寨，十分热闹。关门节，傣语叫“进洼”，意为佛主入寺，也云南傣族传统宗教节日，每年傣历九月十五日（农历七月中旬）开始举行，历时三个月。相传，每年傣历九月，佛到西天去与其母讲经，三个月才能重返人间。有一次，正当佛到西天讲经期内，佛徒数千人到乡下去传教，踏坏了百姓的庄稼，耽误人他们的生产，百姓怨声载道，对佛徒十分不满。佛得知此事后，内心感到不安。从此以后，每遇佛到西天讲经时，便把佛徒都集中起来，规定在这三个月内不许到任何地方去，只能忏悔，以赎前罪。故人们称之为“关门节”。

思考与练习

春节民俗景观鉴赏

春节，即农历新年，俗称过年，是中华民族最隆重的传统佳节。农历正月初一为“春节”。年节虽定在农历正月初一，但年节的活动却并不止于正月初一这一天。从腊月二十三（或二十四日）小年节起，人们便开始“忙年”：扫房屋、洗头沐浴、准备年节器具等。所有这些活动，有一个共同的主题，即“辞旧迎新”。人们以盛大的仪式和热情，迎接新年，迎接春天。

在春节期间，中国的汉族和很多少数民族都要举行各种活动以示庆祝。这些活动均以祭祀神佛、祭奠祖先、除旧布新、迎禧接福、祈求丰年为主要内容。活动丰富多彩，带有浓郁的民族特色。

时至今日，除祀神祭祖等活动比以往有所淡化以外，年节的主要习俗，都完好地得以继承与发展。春节是中华民族文化的优秀传统的重要载体，它蕴含着中华民族文化的智慧和结晶，凝聚着华夏人民的生命追求和情感寄托，传承着中国人的家庭伦理和社会伦理观念。历经千百年的积淀，异彩纷呈的春节民俗，已形成底蕴深厚且独具特色的春节文化。

扫尘，“腊月二十四，掸尘扫房子”，据《吕氏春秋》记载，我国在尧舜时代就有春节扫尘的风俗。按民间的说法：因“尘”与“陈”谐音，新春扫尘有“除陈布新”的含义，其用意是要把一切穷运、晦气统统扫出门。这一习俗寄托着人们破旧立新的愿望和辞旧迎新的祈求。每逢春节来临,家家户户都要打扫环境,清洗各种器具,拆洗被褥窗帘,洒扫六闾庭院,掸拂尘垢蛛网,疏浚明渠暗沟。到处洋溢着欢欢喜喜搞卫生、干干净净迎新春的欢乐气氛。

守岁,“一夜连双岁,五更分二天”,除夕之夜,全家团聚在一起,吃过年夜饭,点起蜡烛或油灯,围坐炉旁闲聊,等着辞旧迎新的时刻,通宵守夜,象征着把一切邪瘟病疫照跑驱走,期待着新的一年吉祥如意。

拜年,春节拜年时,晚辈要先给长辈拜年,祝长辈长寿安康,长辈可将事先准备好的压岁钱分给晚辈,据说压岁钱可以压住邪祟,因为“岁”与“祟”谐音,晚辈得到压岁钱就可以平平安安度过一岁。

贴春联和贴窗花,春联也叫门对、春贴、对联、对子、桃符等,它以工整、对偶、简洁、精巧的文字描绘喜悦心情,抒发美好愿望,是我国特有的文学形式。每逢春节,无论城市还是农村,家家户户都要精选一副大红春联贴于门上,为节日增加喜庆气氛。在贴春联的同时,一些人家要在屋门上、墙壁上、门楣上贴上大大小小的“福”字。春节贴“福”字,是我国民间由来已久的风俗。“福”字指福气、福运,寄托了人们对幸福生活的向往,对美好未来的祝愿。为了更充分地体现这种向往和祝愿,有的人干脆将“福”字倒过来贴,表示“幸福已到”、“福气已到”。

爆竹,中国民间有“开门爆竹”一说。即在新的一年到来之际,家家户户开门的第一件事就是燃放爆竹,以噼噼啪啪的爆竹声除旧迎新。爆竹是中国特产,亦称“爆仗”、“炮仗”、“鞭炮”。其起源很早,至今已有两千多年的历史。放爆竹可以创造出喜庆热闹的气氛,是节日的一种娱乐活动,可以给人们带来欢愉和吉利。

鉴赏测试

结合民俗景观,根据春节这一传统节日的产生、发展、习俗等,分析说明民俗的特点;春节的审美内容、鉴赏方法及在旅游开发中的意义。

第九章 革命纪念地景观鉴赏

引　言

革命纪念地是革命者爱国业绩的历史见证，记载着民族团结奋斗、抗击侵略、爱好和平、勤劳勇敢、自强不息的民族精神。通过对革命纪念地的游览，可以唤起人们对今天和平幸福生活来之不易的感受，培养爱国主义情感，传承历史文化，弘扬民族精神，增强民族凝聚力。

学习目标

1. 了解革命纪念地景观的概念。
2. 熟悉著名的革命纪念地景观。
3. 掌握鉴赏革命纪念地景观的方法。

第一节　革命纪念地景观概述

一、革命纪念地的概念

革命纪念地是为纪念中国革命的特殊历史时刻、历史事件、历史人物与自然环境、社会经济等形成的地域，主要包括陵园、纪念馆、革命纪念广场、纪念性主题公园等。革命纪念地景观是以革命纪念遗址、革命纪念物及其所承载的革命精神为纪念的主要载体，通过观赏者、纪念性景观、自然景观三者有机组合表达出其纪念意义。革命纪念地是人们学习历史，了解国情，缅怀先辈光辉业绩，激发奋发向上的激情，树立爱国爱人民崇高理想和正确人生观价值观的重要场所。

革命纪念地景观是旅游景观中的一个特殊类型，与其他旅游景观不同，它是为某一事件或人物而建立的，它具备特定的革命遗址，以纪念建筑为依托，所纪念的特定对象是革命史上的重大事件或杰出人物。与其他旅游景观相比较，革命纪念地景观更突出它的教育性和对旅游者凝聚力方面的功能，带有一定的政治色彩。

特别提示

在我国，革命纪念地旅游主要表现为红色旅游。红色旅游，主要是指以中国人民在近现代革命斗争和社会主义建设时期建树丰功伟绩所形成的纪念地、标志物为载体，以其所承载的革命历史、革命事迹和革命精神为内涵，组织接待旅游者开展缅怀学习、参观游览的主题性旅游活动。

二、革命纪念地景观的特征

革命纪念地是开展红色旅游的载体，是一种独特的旅游资源，它是集政治、经济、教育、文化等价值于一体的特殊的综合性资源。它既有其他旅游资源的共性特征，也具有区别于其他旅游资源的个性特征。革命纪念地景观的特点主要表现在以下几个方面：

（一）政府参与，政治性较强

革命纪念地是一种特殊的文物遗迹类旅游资源，除具有一般旅游资源的特点外，还具有严肃的政治特点。革命纪念地在人们心中意味着一种特殊的精神和文化，是接受艰苦奋斗教育、革命传统教育的重要场所。为贯彻《爱国主义教育实施纲要》，中宣部先后四批公布了 356 个爱国主义教育基地，这些示范基地成为人们接受革命思想教育的首选之地，这在客观上拉动了红色旅游的升温。

（二）革命纪念地景观的吸引力主要取决于其历史地位

革命纪念地在中国革命历史上的地位决定了其旅游资源品位的高低。井冈山、延安、西柏坡等地在中国革命史上占有极为重要的特殊位置，而井冈山、延安也一直作为最重要的革命圣地被游客所感知。所以革命纪念地历史地位越高，对游客的吸引力就越大。

（三）革命纪念地景观具有独特的旅游季节性特征

一般旅游活动的旅游旺季多集中在“十一”、春节等几个时间较长的公共假期，由于红色旅游的内容和目的有别于其他旅游活动，故其旅游旺季多出现于“七一”、“八一”或某一重要历史事件的发生日等一些纪念日或有较大纪念活动的时刻。如 2012 年党的“十八大”召开前夕，去上海中共“一大”会址参观的游客格外多，这一方面说明人们对党的历史的缅怀，另一方面也说明了人们对党的“十八大”寄予了很高的期望。青少年学生也是革命纪念地的重要客源之一，每逢寒假暑假便会有很多相应的“冬令营”、“夏令营”举办开展，因此，七八月也是红色旅游的旺季。

（四）客源以国内游客为主，国际游客比例较小

在革命纪念地的客源结构中，国内游客占绝对优势，由于外国游客对中国历史了解甚少，再加上信仰和国家政体的差异，他们一般对革命纪念地基本不感兴趣。因此，革命纪念地的客源构成中海外游客的比例相当小。以延安为例，2010 年到延安革命旧址参观的游客达 500 万人次，而境外团的接待量仅为 4 万多人次。由此可见，革命纪念地景观本身对国外游客的吸引力偏小，更多的是基于当地优美的自然景观、良好的生态环境或独具特色的民俗风情等形成的吸引力。

拓展知识

红色旅游资源一般可以分为广义和狭义的两种。广义的红色旅游资源是指那些能够顺应历史潮流，弘扬爱国主义精神的一切革命和建设活动凝结的人文景观和精神。狭义的红色旅游资源是指，在新中国成立前，中国共产党领导广大人民群众进行的第二次国内革命战争、抗日战争、解放战争期间所形成的历史痕迹和精神瑰宝。

红色旅游资源按其本质属性可以分为有形红色旅游资源和无形红色旅游资源。有形的红色旅游资源主要包括战争遗址遗迹、会议旧址、烈士陵园、革命者故居、革命纪念地、革命纪念广场及其遗留的革命文物；无形的红色旅游资源主要是指由革命所沿袭传承下来，被有形红色旅游资源所承载和反映出的意识形态和精神。如长征精神、井冈山精神、延安精神等革命精神和革命传统。因此，革命期间所发生的故事、产生的革命口号，革命期间所创作的诗画、歌谣等，也属于无形红色旅游资源的范围。

三、革命纪念地景观的社会功能

（一）政治功能

革命纪念地景观具有重要的政治功能。建设革命纪念地能为爱国主义教育提供一个良好的场所。通过游览参观革命纪念地，人们会深受先烈们爱国精神和民族气节的感染，激发人们的爱国热情，产生强烈的民族认同感和献身民族伟业的责任感。

在我国，发展红色旅游能巩固中国共产党的执政地位，有利于加强爱国主义教育，增强民族凝聚力，强化人民对中国共产党执政是历史的必然选择的理解，更加自觉坚定地拥护党的领导。同时，红色旅游还可以提高党员的政治思想觉悟，是党的先进性教育的重要手段。

为大力发展红色旅游，我国先后实施了《2004—2010 年全国红色旅游发展规划纲要》和《2011—2015 年全国红色旅游发展规划纲要》。从 1997 年至今，中宣部先后公布了四批共 356 个全国爱国主义教育示范基地。这些示范基地浓缩了中华民族可歌可泣的光辉历史，记录了灿烂悠久的华夏文明，展现了近代中国人民英勇奋斗的壮丽篇章，反映了中国共产党人的丰功伟绩和社会主义现代化建设的丰硕成果。

（二）教育功能

革命纪念地大多以实物为主体，拥有大量包含历史价值、艺术价值和时代特征的实物教育资源，向旅游者进行直观教育。以实物和遗址作为主要的信息传播工具，以实物组成革命纪念地特有的语言，是任何教育机构都无法取代的。这种直观教育主题性强，可让旅游者参观时产生"如临其境，如历其事，如见其人"的感受，引导人们回忆、联想、提高认识。这种特殊的教育形式能够最大限度地发挥感染力和吸引力，提高教育效果。

我国大部分革命纪念地都拥有珍贵而丰富的纪念旧址和纪念物，这些实物教育资源蕴含着伟大的民族凝聚力，反映的事实和传播的知识是多方面的，记载着中华民族团结奋斗、抗击侵略、自强不息的民族精神。

近年来，我国不断掀起红色旅游的热潮，爱国主义教育效果得到增强，尤其是对青少年产生了很好的影响。全国红色旅游工作协调小组办公室 2011 年红色旅游景区调研数据显示，去延安的旅游者中事业单位职员和学生均占 24.7%，青少年学生怀着对先辈的崇敬和敬仰，来到红色旅游景区，接受洗礼和陶冶。实践证明，支持革命纪念地建设，发展红色旅游，对于加强革命传统教育，增强人民特别是青少年的爱国情感，弘扬和培育民族精神，具有重要的现实意义和深远的历史意义。

（三）经济功能

革命老区大部分地处偏远地区，经济发展缓慢，与少数民族地区、边远山区、贫穷地区并列，统称为老、少、边、穷地区。曾经为新中国的诞生作出巨大贡献和牺牲的革命老区人民，至今仍然有一部分人未能解决温饱问题。革命老区大多地处偏远，经济发展相对滞后。

但大多数老区拥有丰富的红色旅游资源，旅游业对老区经济发展具有乘数效应。因此，红色旅游可以成为革命老区经济发展的重要增长点，是促进革命老区经济发展、提高群众生活水平的惠民工程。实践证明，发展红色旅游，不仅可以促进革命老区的基础设施建设，还可以优化老区产业结构，有效带动老区人民脱贫致富。江西、黑龙江、吉林、甘肃省和重庆市统计显示，自 2007 年来，五省市红色旅游共接待游客达到2.3亿多人次,综合经济收入达到970多亿元。全国红色旅游发展规划纲要实施以来,各级党委和政府对革命老区的红色旅游在政策上给予倾斜、在资金上给予扶持、在规划上给予指导、在开发上给予定位,使老区的红色旅游资源优势转化为经济优势。全国各革命老区的红色旅游都取得了良好的经济效益和社会效益。老区的交通、通信等基础设施得到改善,第三产业快速发展,就业率和生活水平得到了明显提高,老区的区位形象和知名度都有很大提升。

红色旅游还有利于培育和发展旅游业新的增长点。随着经济社会的发展,旅游消费支出逐年增长,对旅游内容和产品提出了新的要求,迫切需要旅游业进一步调整和完善产品结构。红色旅游的出现顺应了这种要求,不仅吸引了大量国内游客,也吸引了许多外国旅游者。如中共"一大"会址自1952年建成开放以来,已累计接待了1000多万参观者,其中包括来自世界100多个国家和地区的12万国际友人和海外游客。全国红色旅游发展规划纲要实施以来,全国各地结合当地特色,确定各自的具体主题,组织开发红色旅游产品,将红色旅游资源与其他自然和人文旅游资源的开发有机结合,努力开发对游客更具吸引力的红色、绿色加古色的旅游精品线路。红色旅游作为中国特色旅游业的重要组成部分,对于满足旅游需求,促进旅游业发展,增强旅游业发展后劲,开拓更广阔的旅游消费市场,具有积极作用。

(四)文化功能

红色旅游作为一种新兴的主题性旅游活动,反映了人们在经济社会发展、生活水平提高的前提下,对丰富多彩的精神文化生活的需求日益增强。

革命历史文化遗产是中华民族宝贵的精神财富,全国各地特别是革命老区的纪念馆、革命遗址、烈士陵园等爱国主义教育基地,是社会主义思想文化的重要阵地。红色文化在中国特色社会主义核心价值体系中承载着特殊的精神内涵和价值取向,其富含的精神价值如井冈山精神、长征精神、延安精神、西柏坡精神等已形成具有世界遗产意义的"红色精神"。因此,发展红色旅游是弘扬民族精神,加强青少年思想政治教育、建设社会主义先进文化、建设中华民族共有精神家园的文化工程。将革命历史、革命传统和革命精神通过旅游传输给广大人民群众,有利于传播先进文化、塑造美好心灵、弘扬社会正气。

综上所述,革命纪念地旅游作为推动革命传统教育和爱国主义教育的重要载体,有着区别于其他旅游方式的特殊功能、特殊价值。红色旅游是全国人民坚定中国特色社会主义理想信念、巩固共同思想基础的政治工程,是弘扬伟大民族精神和时代精神的文化工程,是革命老区人民脱贫致富的富民工程,是满足广大人民群众基本文化权益、积极发展公益文化事业的民心工程。

拓展知识

中共中央办公厅、国务院办公厅印发的《2004—2010 年全国红色旅游发展规划纲要》，就发展红色旅游的总体思路、总体布局和主要措施作出明确规定，表明国家将大力发展红色旅游产业。其中，提出发展红色旅游要实现的六大目标之一，是配套完善30条"红色旅游精品线"，使其成为产品项目成熟、红色旅游与其他旅游项目密切结合、交通连接顺畅、选择性和适应性强、受广大旅游者普遍欢迎的热点游线。

现将这30条"红色旅游精品线"的详细名录公布如下：

1. 北京—遵化—乐亭—天津线

主要红色旅游景点有：北京市天安门广场，中国人民抗日战争纪念馆、卢沟桥、宛平城，新文化运动纪念馆，中国国家博物馆，中国人民革命军事博物馆，李大钊烈士陵园，顺义区焦庄户地道战遗址纪念馆；唐山市乐亭县李大钊故居和纪念馆；天津市周恩来邓颖超纪念馆，平津战役纪念馆，盘山烈士陵园。

2. 北京—保定—西柏坡线

主要红色旅游景点有：北京市天安门广场，中国人民抗日战争纪念馆、卢沟桥、宛平城，新文化运动纪念馆，中国国家博物馆，中国人民革命军事博物馆，顺义区焦庄户地道战遗址纪念馆；保定市阜平县城南庄晋察冀军区司令部旧址，易县狼牙山五壮士塔，安新县白洋淀景区，清苑县冉庄地道战遗址，唐县白求恩柯棣华纪念馆，石家庄市平山县西柏坡纪念馆和中共中央旧址。

3. 上海—嘉兴—平阳线

主要红色旅游景点有：上海市中国共产党第一次全国代表大会会址纪念馆，龙华革命烈士陵园，宋庆龄陵园，陈云故居暨青浦革命历史纪念馆；嘉兴市南湖风景名胜区（中共一大旧址）；温州市浙南（平阳）抗日根据地旧址。

4. 南京—镇江—句容—常熟线

主要红色旅游景点有：南京市梅园新村纪念馆，雨花台烈士陵园，侵华日军南京大屠杀遇难同胞纪念馆，渡江胜利纪念馆；镇江市句容县茅山新四军纪念地；常熟市沙家浜旅游区。

5. 泰州—盐城—淮安—徐州线

主要红色旅游景点有：泰州市泰兴市黄桥战役纪念馆，白马庙；盐城市新四军重建纪念馆；淮安市周恩来纪念馆和故居，黄花塘新四军军部旧址，新安旅行团革命历史陈列馆；徐州市淮海战役纪念馆。

6. 南昌—吉安—井冈山线

主要红色旅游景点有：南昌八一起义纪念馆、方志敏纪念馆；吉安市苏区政府旧址；井冈山市茨坪革命旧址群、黄洋界、井冈山烈士陵园等。

7. 赣州—瑞金—于都—会昌—长汀—上杭—古田线

主要红色旅游景点有:赣州市瑞金市中华苏维埃临时中央政府旧址,于都县红军长征出发地;龙岩市长汀县红四军司令部、政治部旧址,瞿秋白烈士纪念碑,上杭县古田会议旧址,毛泽东才溪乡调查纪念馆。

8. 井冈山—永新—茶陵—株洲线

主要红色旅游景点有:吉安市井冈山市茨坪革命旧址群、黄洋界、井冈山烈士陵园等,永新县三湾改编旧址;株洲市茶陵县第一个县级红色政权、红军墙、红军村,醴陵市左权将军纪念碑。

9. 韶山—宁乡—平江线

主要红色旅游景点有:湘潭市韶山市毛泽东故居和纪念馆,湘潭县彭德怀故居和纪念馆;长沙市宁乡县花明楼刘少奇故居和纪念馆,杨开慧故居和纪念馆;岳阳市平江县平江起义旧址。

10. 南宁—崇左—靖西—百色线

主要红色旅游景点有:崇左市龙州县红八军军部旧址;百色市百色起义纪念馆,百色起义烈士陵园,红七军军部旧址,田东县红军码头,右江区右江工农民主政府旧址,乐业县红七军和红八军会师地旧址。

11. 贵阳—凯里—镇远—黎平—通道—桂林线

主要红色旅游景点有:贵阳市息烽集中营革命历史纪念馆,息烽县乌江景区;黔东南州黎平县黎平会议旧址;桂林市八路军驻桂林办事处旧址,兴安县界首镇红军长征突破湘江烈士纪念碑园。

12. 贵阳—遵义—仁怀—赤水—泸州线

主要红色旅游景点有:贵阳市息烽集中营革命历史纪念馆,息烽县乌江景区;遵义市遵义会议会址,红花岗区红军山烈士陵园,汇川区和桐梓县娄山关景区,仁怀市红军四渡赤水纪念地,习水县黄陂洞战斗遗址,赤水市红军烈士陵园。

13. 成都—松潘—若尔盖—迭部—宕昌—岷县—临夏—兰州线

主要红色旅游景点有:雪山草地,阿坝州松潘县红军碑园,若尔盖县巴西会议会址;甘南州迭部县腊子口战役遗址;陇南地区宕昌县哈达铺红军长征纪念馆;定西市"岷州会议"纪念馆;兰州市战关区八路军驻兰州办事处旧址。

14. 成都—雅安—石棉—泸定—康定线

主要红色旅游景点有:雅安市宝兴县夹金山红军纪念碑,石棉县安顺场红军强渡大渡河纪念地;甘孜州泸定县泸定桥革命文物纪念馆。

15. 昆明—会理—攀枝花—冕宁—西昌线

主要红色旅游景点有:昆明市"一二·一"四烈士墓及"一二·一"纪念馆,寻甸县红军长征柯渡纪念馆;凉山州会理县皎平渡红军渡江遗址、会理会议遗址,冕宁县彝海结盟遗址、红军长征纪念馆。

16. 兰州—定西—会宁—静宁—六盘山—银川线

主要红色旅游景点有：定西市岷县“岷州会议”纪念馆，通渭县榜罗镇革命遗址；白银市会宁县红军长征会师旧址；固原市隆德县六盘山长征纪念亭，西吉县将台堡一、二方面军会师纪念碑，兴隆镇单家集红军长征遗址，泾源县老龙潭革命烈士纪念亭。

17. 西安—洛川—延安—子长—榆林—绥德线

主要红色旅游景点有：西安市八路军西安办事处纪念馆，西安事变纪念馆；延安市洛川县洛川会议旧址纪念馆，枣园旧址，杨家岭旧址，王家坪旧址，凤凰山旧址，清凉山旧址，瓦窑堡会议旧址，“四八”烈士陵园，子长县子长烈士纪念馆。

18. 黄山—婺源—上饶—弋阳—武夷山线

主要红色旅游景点有：黄山市岩寺新四军军部及八省健儿会师地；上饶市上饶集中营革命烈士陵园，弋阳县方志敏故乡；南平市武夷山赤石、大安红色旅游景区。

19. 黄山—绩溪—旌德—泾县—宣城—芜湖线

主要红色旅游景点有：黄山市岩寺新四军军部及八省健儿会师地；宣城市泾县皖南事变烈士陵园及新四军军部旧址；芜湖市王稼祥纪念园。

20. 济南—济宁—枣庄—临沂—连云港线

主要红色旅游景点有：济南市济南战役纪念馆；济宁市微山湖；枣庄市铁道游击队纪念地，台儿庄大战遗址；临沂市沂蒙山孟良崮战役遗址，华东烈士陵园；连云港市抗日山烈士陵园。

21. 武汉—麻城—红安—新县—信阳线

主要红色旅游景点有：武汉市汉口八七会议会址纪念馆，武昌区毛泽东旧居及中央农民讲习所旧址纪念馆，施洋烈士陵园，向警予烈士陵园；黄冈市麻城市烈士陵园，红安县黄麻起义和鄂豫皖苏区革命烈士陵园；信阳市新县鄂豫皖苏区首府革命博物馆，鄂豫皖苏区革命烈士陵园，首府路和航空路革命旧址，将军故里，金刚台红军洞群，罗山县红二十五军长征出发地。

22. 合肥—六安—金寨—霍山—岳西—安庆线

主要红色旅游景点有：六安市皖西烈士陵园，独山革命旧址群，金寨县革命烈士陵园，金寨县红二十五军军政机构旧址，霍山县西镇暴动纪念馆，岳西及金寨县红二十八军军部及重建旧址。

23. 太原—大同—灵丘—涞源—易县—涿州线

主要红色旅游景点有：太原市太原解放纪念馆，山西省国民师范旧址革命活动纪念馆；大同市煤矿展览馆，灵丘县平型关战役遗址；忻州市五台县晋察冀军区司令部旧址纪念馆，徐向前故居和纪念馆；保定市易县狼牙山，黄土岭战斗遗址。

24. 石家庄—西柏坡—涉县—长治—晋城线

主要红色旅游景点有：石家庄市华北军区烈士陵园，平山县西柏坡中共中央旧址等革命历史遗址；邯郸市涉县129师司令部旧址；长治市武乡县八路军太行纪念馆，王家峪八路军总部旧址，“百团大战”砖壁指挥部旧址，黎城县黄崖洞革命纪念地。

25. 沈阳—锦州—葫芦岛—秦皇岛线

主要红色旅游景点有：沈阳市“九一八”历史博物馆，抗美援朝烈士陵园；抚顺市平顶山惨案遗址纪念馆，战犯管理所旧址；锦州市辽沈战役纪念馆、黑山阻击战纪念馆，葫芦岛市塔山阻击战纪念馆。

26. 四平—吉林—敦化—延吉—白山—临江—通化—集安线

主要红色旅游景点有：四平市四平战役纪念馆及烈士陵园；白山市郊七道江遗址，靖宇县杨靖宇将军殉难地；通化市临江市“四保临江”烈士陵园，陈云旧居，杨靖宇烈士陵园。

27. 哈尔滨—阿城—尚志—海林—牡丹江线

主要红色旅游景点有：哈尔滨东北烈士纪念馆，东北抗联博物馆，哈尔滨烈士陵园，侵华日军第七三一部队罪证陈列馆，尚志市赵一曼被捕地；牡丹江市八女投江革命烈士陵园，海林市杨子荣烈士墓及剿匪遗址，宁安市马骏故居和纪念馆。

28. 重庆—广安—仪陇—巴中线

主要红色旅游景点有：重庆市红岩革命纪念馆，沙坪坝区歌乐山革命烈士陵园，开县刘伯承同志纪念馆，江津县聂荣臻元帅陈列馆，酉阳县赵世炎烈士故居；广安市邓小平故居和纪念馆，华蓥市华蓥山游击队遗址，仪陇县朱德故居纪念馆；巴中市通江县红四方面军总指挥部旧址纪念馆，川陕苏区红军烈士陵园，红军崖红军石刻标语。

29. 海口—文昌—琼海—五指山线

主要红色旅游景点有：海口市琼山区工农红军琼崖纵队改编旧址；琼海市红色娘子军纪念园；五指山市五指山革命根据地纪念园。

30. 张家界—桑植—永顺—吉首—铜仁线

主要红色旅游景点有：张家界市桑植县贺龙故居和纪念馆；湘西自治州永顺县湘鄂川黔革命根据地旧址；恩施自治州鹤峰县满山红纪念园；铜仁市周逸群故居。

第二节 革命纪念地鉴赏方法

一、革命纪念地景观的主要类型

(一)革命纪念广场

革命纪念广场,通常是指具有历史纪念意义的地区,或是以历史革命建筑、纪念碑为主题,用以纪念某一革命事件或某一革命人物的广场,带有一定的政治色彩,气氛多庄严肃穆。作为城市广场的一个特殊类型,革命纪念广场不仅要具备城市广场塑造城市形象、满足人们多层次的活动需求和改造城市环境这三大职能,还要具备一个特殊的职能——用于纪念活动,以相应的雕塑、标志、碑记等施教的手段,教育人、感染人,以便强化所纪念的对象,突出对革命精神的渲染与传扬。如天安门广场等。

(二)革命烈士陵园

革命烈士陵园是指为在革命战争中牺牲及为革命事业献出生命的革命烈士们而修建的纪念性墓群。以革命烈士陵墓为主体,配有碑、塔、亭、馆等纪念建筑物。如云南腾冲国殇墓园、广州黄花岗、南京雨花台等。

(三)革命纪念馆

革命纪念馆是为纪念近现代历史上的重大事件或杰出历史人物,依托有关的革命、纪念建筑物而建成的纪念性博物馆。如延安革命纪念馆、重庆革命纪念馆等。

(四)革命人士故居

革命工作者曾经居住过的地方。如湖南湘潭县彭德怀故居、广东中山市孙中山故居等。

(五)革命遗址

指有准确地点,遗迹、遗物保存较多,建筑物比较完好的革命活动遗址,如江西瑞金中央苏维埃政府遗址等。

(六)重要会议遗址

影响革命进程的重要会议召开场所,如中共一大会址、遵义会议会址等。

二、革命纪念地景观的鉴赏方法

纪念性景观的主题可运用多种手段来表达，包括美术、音乐和雕塑等艺术手段，还包括高科技、新材料等手段，通过对素材进行有效的组合，将纪念的主题意义更准确地表达出来。

（一）领悟革命纪念地所承载的革命事迹

与一般旅游景观不同，一个革命纪念地景观吸引力主要取决于该地在革命历史上的地位，该景观所承载的历史事件对于革命历史的意义。一个革命纪念地景观所承载的革命事迹在革命历史上的地位越高，则其值得人们学习参观的价值也大。

例如，位于上海市卢湾区兴业路的中共"一大会址纪念馆"是中国共产党第一次全国代表大会会址，是中国共产党的诞生地。1921 年 7 月 23 日，来自全国各地共产主义小组的 13 名代表，在这幢两层石库门楼房里，召开了中共第一次代表大会，成立了中国共产党，开辟了中国历史的新纪元。作为爱国主义示范基地，这里平均每天要接待三四千参观者。人们到这里重温党的历史，追忆革命先辈。

（二）理解革命纪念地的象征意义

象征的原意是"寓意于象"，用具体事物或某种形象表示某种抽象概念、思想情感或特定的意义或主题。关于象征的意义，可从三个方面来理解：(1)象征的建立是以具体形象与抽象的意义之间结构特征的相符度为基础，而不要求质的完全契合；(2)它是通过具体的形象而产生抽象的精神意义，因而象征是以有限的具体的事物表达纪念性景观的无限的意象的效果；(3)用一事物来指代另一种事物，这种由联想所引起的意义当然并不是这种事物的属性所在，而是人为的感染力的结果。

革命纪念地景观多采用具有象征意义的手法，如布局、尺度、色彩与所寓意的事物相吻合。

例如，饱经 500 余年风雨沧桑的天安门广场是当今世界上最大的城市广场。它不仅见证了中国人民一次次要民主、争自由，反抗外国侵略和反动统治的斗争，更是共和国举行重大庆典、盛大集会和外事迎宾的场所。新中国成立后的天安门广场经历了三次大规模改、扩建工程，使古老的广场更加雄伟壮观，成为中华民族凝聚力和祖国繁荣昌盛的象征。正阳门和天安门是人民广场南北边界的标志，广场西侧是象征人民至高无上的政治权利的人民大会堂，东侧是意味着"人民——只有人民才是创造世界历史的动力"的中国革命博物馆和历史博物馆，连同象征着"英雄不朽，精神永存"的人民英雄纪念碑，形成一个规模雄伟、气势磅礴的人民广场。

（三）观察革命纪念地建筑及文物的保存完好程度

革命纪念地通常用运用大量的实物作为传播信息的工具，反映历史上重大事件或杰出人物的工作、斗争和生活的实况，因此展览物品和建筑的真实程度直接影响游览者感受革命气氛，领悟革命精神的效果。展览物品越真实越能让游览者在游览参观时产生"如临其境，如历其事，如见其人"的感受，仿佛将人带回到那个特殊的年代,从而感慨万分,受益匪浅。

例如,位于韶山的毛泽东遗物馆,总建筑面积1.9万平方米,展出毛泽东遗物1008件,这些遗物涵盖毛泽东工作、生活、学习、情感、情趣等方方面面,如一件伴随毛泽东走过近30个年头、打了73个补丁的睡衣,1959年返乡时乘坐的红旗轿车,毛泽东用过的牙刷,听过的磁带,等等,再现了毛泽东日常生活的真实情况。这些遗物不仅反映出毛主席的生活习惯、生活情趣、生存状态,更昭示了一代伟人高尚的人生态度、情操和人格风范。

(四)感受革命纪念地的自然环境

人文景观与自然景观相交融的革命纪念地不仅是让旅游者了解国情、缅怀先辈光辉业绩、树立爱国爱人民的崇高理想和正确人生观的重要场所,也是让旅游者放松身心、舒缓压力、领略大自然风情的乐园。同时,运用植物的语言来创造一定的意境,还可以加深参观者对特定环境的了解与感悟。如松柏因其苍老刚劲、蟠虬古拙的形态和不怕严寒、四季常绿的特性,比拟人坚贞不屈,万古长青的意志和精神,桂花香气四溢,喻示革命精神永放光芒,烈士们的业绩流芳百世;杜鹃寓意先烈们大无畏牺牲精神等。

第三节 典型案例分析

一、井冈山革命博物馆

井冈山革命博物馆,是中国遗址性革命史类博物馆,为纪念中国共产党创建的第一个农村革命根据地井冈山而建立,位于江西省井冈山上的茨坪,1959年建成开放。

该馆始建于1958年,朱德题馆名"井冈山革命博物馆",是研究井冈山革命根据地斗争事迹的地方性、革命史类综合性博物馆,建筑古朴、庄严,具有鲜明的民族风格。

该馆珍藏有革命文物5863件、文献文字资料5000多份,历史图片4000多幅,此外,还收藏墨宝真迹数百幅,保存老红军战士的电视录像和无产阶级革命家毛泽东、朱德重上井冈山的电影资料等30余件。例如,当年毛泽东撰写《中国红色政权为什么能够存在》和《井冈山的斗争》时用过的油灯、砚台和朱德在井冈山挑粮用过的扁担等。

陈列形式采用了声、光、电等现代化表现手段。恢复、保护、宣传井冈山上的革命遗址,是这个馆的另一主要业务。遗址大都分布在茨坪和大小五井,多数作原状陈列,少数有辅助陈列。井冈山军事根据地的五大哨口还保存着中国工农红军第四军的工事等遗迹。为纪念黄洋界保卫战的胜利，在黄洋界哨口上筑纪念碑 2 座。

二、国殇墓园[①]

云南腾冲县城西南 1 千米的叠水河畔小团坡下，建有滇西抗战期间中国远征军第二十集团军腾冲收复战阵亡将士的纪念陵园，辛亥革命元老、爱国人士李根源先生取楚辞“国殇”之篇名，题为“国殇墓园”。

国殇墓园建成于 1945 年 7 月 7 日，国殇墓园按中轴对称进行布局，墓园西南角的小团坡是全园最高处。以小团坡为起点，沿东北向轴线，依次建有烈士纪念塔、烈士墓冢、忠烈祠、墓园大门等建筑，占地面积 53300 平方米，建筑面积 9826 平方米。

主体建筑忠烈祠坐落在甬道尽头的高台上，台前正中刻“碧血千秋”四个大字，为蒋中正所题，李根源书写。忠烈祠具有古代祠庙建筑的风格，面阔五间，重檐歇山顶，四周设回廊。上檐下悬蒋中正题“河岳英灵”匾额，捐堂正门上悬国民党元老于右任手书的“忠烈祠”匾额，祠堂中央高悬孙中山先生的画像及“总理遗嘱”。两侧墙壁上镶嵌抗日阵亡将士名录碑七十六方，刻有九千烈士的姓名。两侧的厢房现辟为展厅，陈列着反映当时战况的照片。

忠烈祠的背后是相对高度 31 米的小团坡，坡顶立有高 10 米的纪念塔，外形为方形柱式，系用腾冲特有的火山岩雕砌而成。塔身正面镌刻着霍揆彰的题书“远征军第二十集团军光复腾冲阵亡将士纪念塔”，塔基正面刻有蒋中正题、李根源书“民族英雄”四个蓝色大字，其余三面为腾冲抗战纪要铭文。以塔为中心，辐射状地把坡体分为六个等分，每个等分都代表一个师，密布着墓碑。墓碑上书阵亡将士的姓名和军衔，碑下葬有该人的骨灰。整个烈士冢共立墓碑 3346 块，其中包括战死的援华美军人员。此外，在墓门左侧的角落里还筑有埋了四具日军尸骸的土坟，立有黑色“倭冢”二字，也是李根源手书。

国殇墓园空地遍植松、柏、竹，林下绿草如茵，阶沿多置盆花，环境清幽肃穆，今又在每一台阶两侧新建民族风格浓郁的展厅，展出了珍贵的腾冲抗战照片百幅及实物数十件，更丰富了其文化内涵，加强了启迪教育功能，国殇墓园是云南仅有、国内少见的大型抗日战争纪念陵园，在海内外广有影响，现为国家级重点文物保护单位。

---

① 资料来源：高学昌. 腾冲国殇墓园记. 世纪桥，2010(18)；耿德铭. 云南腾冲的国殇墓园及抗日遗址. 抗日战争研究，1994(10).

三、云南陆军讲武堂①

云南陆军讲武堂是中国近代一所著名军事院校，开办于1909年。与创办于1906年的北洋讲武堂（天津）和创办于1908年的东北讲武堂（奉天）并称三大讲武堂。曾经是云南陆军讲武堂的学员，后来成为共和国元帅的朱德，称云南陆军讲武堂是“革命熔炉”。

云南陆军讲武堂于1988公布为国家级重点文物保护单位，位于昆明城中心、著名风景区翠湖西岸承华圃，现今还存在着一幢米黄色砖木结构的四合院的二层建筑。由东、西、南、北四座楼房组成，各楼对称衔接，并设有通廊，楼端各设拱券门一道。占地面积1390平方米。主楼西南尚存有大课堂（礼堂）和兵器库一幢。南楼中部设阅操楼，高约15米，宽13米。楼前即当年宽大的操场，不亚于两个足球场面积，不过今天已为云南省科技馆等高大的建筑所替代。然而，历经百年风雨的老四合大院尚存，配上四座长120米、宽10米的四座走马转角楼的楼房，不仅平添几分古色古香，也显现了讲武堂当年的雄宏气魄。

2009年10月27日，讲武堂旧址正式挂牌为讲武堂历史博物馆。博物馆内的文物藏品主要以书信、手稿、印刷品等纸类和军事用具为主，现藏品总量仅千余件套，三级以上珍贵文物为42件。

云南陆军讲武堂紧靠昆明城内中心的翠湖，两相陪衬，绿树成荫、湖水清澈、环境幽雅、鸟语花香，是一处人文色彩浓郁的风景名胜旅游之地。

四、延安纪念馆

延安革命纪念馆位于宝塔区西北延河东岸，距城1公里处。建于1950年1月，原馆址在南关交际处，是中华人民共和国成立后最早建立的革命纪念馆之一。1954年迁往杨家岭原中共中央机关旧址定名为“延安博物馆”。1955年迁至城内凤凰山麓革命旧址院内，改名为“延安革命纪念馆”，1973年6月迁往王家坪现址。展馆正门上方悬挂着红色匾牌，上有郭沫若1971年来延安参观时题写的馆名。

该馆陈列面积4000余平方米，展出照片及文物近2000件，还有模型、油画、雕塑及场景复原等辅助展品，并运用声、光、电等现代科技手段，增强陈列的动态效果。陈列空间装置有电子屏幕，播放延安时期的历史资料片和一些重要团体、人物在延安参观活动的录像。

延安革命纪念馆陈列大厅，采用声、光、电等现代化表现手法，以700余幅照片及近千件革命文物及雕塑、油画、图表、场景复原等形象，生动地再现了党中央及老

---

① 资料来源：吴达德. 论云南陆军讲武堂. 四川理工学院学报，2004(1).

一辈无产阶级革命家在延安领导中国革命的艰苦岁月。整个陈列分10个单元展出，即：①西北革命根据地的创建；②红军长征到陕北；③为建立抗日民族统一战线而斗争；④八载干戈仗延安；⑤新中国的雏形——陕甘宁边区；⑥窑洞大学育英才；⑦自力更生奏凯歌；⑧延安整风铸党魂；⑨为和平民主而斗争；⑩转战陕北、夺取胜利。

五、唐继尧故居

唐继饶，字蓂赓，云南会泽人，1905年秋加入同盟会，1909年返云南，在讲武堂担任教官及从事革命活动。辛亥革命爆发后，参加蔡锷指挥的昆明重九起义。1915年12月25日，蔡锷、唐继尧联名通电全国，宣布云南独立，发起推翻袁世凯的“护国起义”，掀起“护国运动”。

唐继尧故居坐落在会泽县城北内街三道巷14号，占地面积851.1平方米。故居正堂的对联“护国讨袁南天一柱，治滇兴教东陆独尊”，便是后人对唐继尧一生全面的概括。唐继尧故居大门坐向东，主体建筑坐南朝北，建筑风格属会泽清代中晚期传统民居，封闭式四合院建筑群，系硬山顶穿斗式结构，前院有正堂三间、对厅、书房及马房，后院有仓房可装谷物，还有厨房，院中有一口井，井中的泉水清澈见底。前后两院共有房屋十四间，整座故居的院落保存基本完好。正房面阔3间11.87米，进深3.85米，檐高3.45米。东西书房对称，与对厅屋面平行，面阔之间长7米，进深2.85米，檐高2.8米。原两院相通，后为居民住宅，被隔为两个院落。与会泽众多精美宏伟的民宅相比，唐继尧故居略显简陋，这是因为唐继尧的家境在当时的会泽属中等人家。故居于1995年被公布为县级第二批文物保护单位。

六、周恩来故居

周恩来故居，位于江苏省淮安市西北隅的驸马巷内。1979年3月5日，正式对外开放。1984年12月11日，邓小平题写“周恩来同志故居”匾额。1988年1月13日国务院批准列入第三批全国重点文物保护单位名单。1996年被国家教委、民政部、文化部、国家文物局、共青团中央、解放军总政治部命名为“全国中小学爱国主义教育基地”；2005年被国家确定为全国百家红色旅游经典景区之一。

故居有东西相连的两个宅院，系清咸丰到光绪年间所建的青砖瓦木结构平房，共32间。周恩来在这里出生、成长、学习至12岁。东大院有周恩来祖父住房，继母和乳母住房，周恩来诞生地、读书房、他提过水的水井和浇过园的菜地；西大院原为周恩来二祖父住房，现辟为陈列室，展出照片近200幅，内容分为5部分：周恩来童年、家世和故乡、人民的怀念、党和国家领导人题词、周恩来书画苑和周恩来墨迹碑廊。

后院里，有童年周恩来喜爱的腊梅两株，雪松一棵，翠竹一丛。而今又增添了日本前首相田中角荣赠送的樱花树，加上新栽的各种花木，使旧时冷落的后院万物争荣，四时葱绿，鸟语花香，春色满园。后院还有两棵已成仙的古树，一棵是榆树，一棵是观音树，都100岁了，是国家二级保护古树。

思考与练习

辛亥革命博物馆革命纪念景观鉴赏

辛亥革命博物馆全称为武汉辛亥革命博物馆，也称武汉辛亥革命纪念馆，武汉辛亥革命武昌起义纪念馆。馆址为中华民国军政府鄂军都督府旧址，也称武昌起义军政府旧址、辛亥革命军政府旧址、辛亥革命武昌起义军政府旧址等，俗称红楼。

武汉辛亥革命博物馆是依托全国重点文物保护单位中华民国军政府鄂军都督府旧址而建立的以纪念辛亥革命为主题的专题性博物馆，也是湖北武汉辛亥首义文化的标志性景观。

馆址位于湖北省武汉市武昌区阅马场广场北端，西邻黄鹤楼，北倚蛇山，南面首义广场。旧址占地面积18000多平方米，建筑面积近10000平方米。因旧址红墙红瓦，武汉人称之为红楼。红楼原为清朝政府设立的湖北咨议局局址，于1910年（清宣统二年）建成。1911年（农历辛亥年）10月10日，在孙中山民主革命思想的旗帜下集结起来的湖北革命党人，蓄势既久，为天下先，勇敢地打响了辛亥革命的"第一枪"，并一举光复武昌。次日在此组建中华民国军政府鄂军都督府，推举湖北新军协统黎元洪为都督，宣告废除清朝宣统年号，建立中华民国。随即，辛亥革命领袖之一黄兴赶赴武昌，出任革命军战时总司令，领导了英勇悲壮的抗击南下清军的阳夏保卫战。武昌义声赢得全国响应，260余年的清朝统治顿时瓦解，2000多年的封建帝制随之终结。武昌因此被誉为"首义之区"，红楼则被尊崇为"民国之门"。

近年来，辛亥革命博物馆对其所依托的武昌起义军政府旧址进行了有效的保护，征集收藏辛亥革命文物200余件，收藏专业图书资料和历史图片资料分别数以千、万计。馆内复原了军政府大门、军政府会堂、黎元洪起居室和会客室、孙中山驻鄂会客室、黄兴召开军事会议的会议室和宋教仁起草《中华民国鄂州临时约法草案》的军政府秘书处等史迹点，再现了当年的历史场景，并举办反映辛亥革命武昌起义史实和孙中山、黄兴生平事迹的展览；编辑出版的有关辛亥革命的介绍性读物、资料性书籍和学术专著达10余种；接待海内外游客累计近300万人次，其中包括来自40多个国家和地区的外宾和港澳台同胞、海外侨胞30余万人次。

辛亥革命博物馆是以收藏辛亥革命时期及辛亥革命人物相关的文物见长的专题性博物馆，已收藏文物数千件。部分已在本馆展览中展出。博物馆保护收藏文物可分两类：一是不可移动文物，一是可移动文物。博物馆依托的武昌起义军政府（鄂军都督府）旧址属于不可移动文物，它是中国第一个共和政权的诞生地。1961年，旧址被国务院公布为全国重点文物保护单位。可移动文物中，以民国元年前后文物居多，其中“辛亥名人字画”、“共和纪念瓷器”和“近代名人家谱”已各成序列，颇具特色。

馆内现有两个主题性的基本陈列：一是“鄂军都督府旧址复原陈列”，一是“辛亥革命武昌起义史迹陈列”。前者以旧址主楼为载体，复原和再现了都督府成立初期的场景与风貌；后者布置于旧址西配楼，以近400件展品，包括文物真迹、历史图片、美术作品以及图表、模型和场景等，全景式地展现了辛亥革命武昌起义恢弘壮阔的历史。

“鄂军都督府旧址复原陈列”是辛亥革命博物馆的基本陈列之一，面积达2500平方米。鄂军都督府旧址原为清湖北咨议局局址，1909年，为配合清政府“预备仿行立宪”的步调，湖北当局在武昌阅马厂动工兴建湖北咨议局，以为议员办公之地，并同时在主楼后修建议员公所。

“辛亥革命武昌起义史迹陈列”是该馆的基本陈列之一。展览内容上分七个部分，形式上又分九个展区（包括序厅）。内容上环环相连，有历史的系统性和连续性；形式上又各自相对独立，以别具的特色营造整体的美感。第一部分：清朝末年的湖北武汉；第二部分：反清革命的孕育；第三部分：武昌起义；第四部分：鄂军都督府的建立；第五部分：阳夏保卫战；第六部分：各省响应，民国肇建；第七部分：纪念武昌起义。

鉴赏测试

1. 请运用所学知识对辛亥革命博物馆功能和布局进行分析，探讨革命纪念馆的特点。

2. 请结合本书“革命纪念地景观鉴赏的概述”，从革命纪念馆历史文化的角度，分析辛亥革命博物馆作为革命纪念地景观的意义。

3. 请结合本书“革命纪念地景观鉴赏的方法”，阐述新建的辛亥革命博物馆传承的精神和象征的意义。

第十章 旅游景观鉴赏的基本方法

引 言

旅游景观应是旅游审美视野中的景观，具有可观、可听、可闻、可触等感官感知的外在美形式，同时具有经过沉淀和凝结的历史文化意蕴的内在美，在旅游审美活动中成为审美对象的环境综合体。掌握旅游景观内在美和外在美的鉴赏方法，把握观赏的外在条件和游客心理对景观鉴赏效果的直接影响，关系到旅游美感的获得，关系到旅游主体获得美感享受。

学习目标

1. 掌握旅游景观内在美和外在美的鉴赏方法。
2. 了解观赏的外在条件对景观鉴赏的影响。
3. 熟悉游客心理对景观鉴赏的影响。

第一节 旅游景观内在美鉴赏

景观作为一种自然资源，不仅具有外在的美学价值，还具有内在的文化价值。在中国，景观大都是作为视觉美的感知对象出现的，是基于物我分离的基础之上的，即大多数时候人是作为欣赏者用自己特有的视角和审美情趣审视对象，但同时，人在景观中又多多少少寄托了个人或群体的人生或社会理想。因此，景观除了作为人们的审美对象所具有的客体性质以外，还具有文化意义上的美学和精神意象的特征。

一般来说，旅游景观的外在美和内在美是紧紧相随的，这种物质与精神的结合，使得旅游景观以其独特形象凸显在旅游者面前。景观因为有了内在美，才有了灵魂。如果没有内在蕴含，景观的外在美就只是空洞的美，不能使景观走向深刻，令游历过的旅游者印象深刻、意犹未尽。景观的内在美是无形的,它是景观的外在形式的内在凝结,是景观的文化内涵。

一、自然景观的内在美

(一)历史美

追溯旅游发展史,人们对于旅游景观美的追求源于对山水的追求。“山川之美,古来共谈。”在我国,很早就有“仁者乐山,智者乐水”的说法。

自然界总在不断的变化发展之中,自然环境的演化总是或多或少地在自然景观中留下痕迹,因此自然景观反映了各区域不同的自然演化历史,如地质景观、生物景观,而这些痕迹就是人类研究自然发展史的重要依据。

自然景观不因人类历史的发展而变化,但人类历史的发展却使它有了极强的包容性。我国许多风景区以及景点的命名,就体现出了内涵美,如九华山,张家界,黄山的神女峰、老人峰、姐妹峰。人类的活动遍及大江山川,留下了一串串珍贵美好的传说以及历史典故,人文价值的渗透为自然景观增添了另一种美。如黄山的“仙人晒鞋”和“仙人晒靴”,都蕴含着前人对自然景观的主观理解和审美情感,反映一定社会时期的生活,因而,不仅在形式上给人以美的愉悦,而且在内容上也给人以智的启迪和道德情操的熏染。

自然景观的历史美还在于它以特有的方式记录了人类发展的历程。在泰山上,各个历史时期,人们兴建了许多具有时代特色的建筑物,文人墨客到此题字,随着年代的久远,这些旅游资源成为展示和了解历史文化的平台。这些与历史文化相关的内容,一方面会激发游人的思古怀旧之情,深化他们在观赏景观时的文化体验;另一方面也极大丰富了景观的内涵,扩大了景观的时空意象,创造出一种超越外在的景象和意象。

旅游景观内在的历史文化蕴含越来越受到人们的关注。许多自然景观具有反复观赏和科学研究的价值,就是因为其中蕴含的文化痕迹和历史意味。

(二)地域美

一般来说,每种旅游景观都有自己赖以形成的地域环境,这里的地域环境包括自然环境与社会环境。气候条件、地质构造等自然环境的不同决定了不同的地域旅游景观的不同风格。以我国为例,自然景观的宏观布局被分为“南秀北雄”,其中主要原因在于我国南方雨量充沛、植被繁茂、山丘低缓、线条圆润,而北方雨量较少、植被稀疏、山峦高大、线条粗硬。这些自然环境的差异形成了以阴柔之美为特征的南方景观和以阳刚之美为特征的北方景观。也正是景观的这种地域差别满足了不同地域的人们的求异心理。许多南方人选择在冬天前往哈尔滨旅游,正是因为哈尔滨的冰雪旅游景观让他们感受到了真正的冬天;而冬季海南三亚却是北方人的向往之地，因为那里的热带旅游景观为他们展示了不一样的天地。

（三）意境美

中国人在观赏景观时，十分强调"以心照物"，不仅重视景观的外在形象，还特别注重内心的感悟和体验，寻求自然界中能与人的审美情趣相契合、能引起共鸣的某些方面。正因为如此，不少自然景观被赋予了某种意境，久而久之就变为千姿百态的象征符号，用以寄托人们的情感和意趣。山与水就是典型的例子，通常山体景观成为阳刚事物的形象符号，水体景观成为阴柔事物的形象符号。

欣赏自然景观的意境美，也就是用艺术的眼光对大自然加以审视，也就是用人类的意识来衡量大自然的景观，赋予它诗意，体会它的意境。这些诗意，既存在于大自然的形式节律之中，也存在于欣赏者的心中。客体的形象性与诗的形象性重合，诗意油然而生。星空、云彩、冰川、悬崖等大自然提供的形式是可以类化的，分类可以穷尽，但人的感受是活的，一次性的。自然景观也受其大环境中人的因素影响。只有和具体的人联系起来，大自然才有了个性。否则很难说哪一座山峰更有神性，哪一片草原更辽阔，哪里的海涛更澎湃，哪里的湖泊更宁静。对大自然内在美的欣赏都是人凭借自身的感觉获得的。

中国文人、画家把"松、竹、梅"喻为"岁寒三友"，将"梅、兰、竹、菊"喻为"四君子"。再如，莲花象征高洁，竹子象征刚直、虚心，苍松象征刚强、长寿。这些都是人赋予物的象征之美。对于大自然，我们常说"江山如画"、"诗情画意"。这里的"画"并不是纯形式的概念，而是人将自然景观和画联系起来欣赏。意境是靠人的心理活动获得的，是通过感知自然景观外在的具体形象，赋予具体形象的深刻意味和弦外之音。

二、人文景观的内在美

人文景观作为人类活动形成的具有一定物质形态和研究价值的事物，更多的是社会文明和社会价值的体现。人们在游览人文景观的过程中，通过接触实物或通过景观图片资料的介绍，了解古文化遗址、文物、陵墓、雕刻等方面的信息，学习博大精深的历史文化知识。

人文景观既是一种艺术美，也通过一定的形式美传达某种意境，达到心与物，情与景的统一，其造型，如雕塑、绘画，讲究形神兼备，以形写神，形神统一；其建筑，则既体现形式美，又体现文化的内涵，民族的风格。因此，对人文景观的评价，更与历史文化、民族文化的多样性等特定内涵相联系。

人文景观的内在美主要体现在其历史文化价值和艺术价值方面，也包括诸如科学价值和使用功能方面，如都江堰等，这类景观资源的价值随着历史年代的久远和人们文化层次的提高而与日俱增。

（一）历史美

正如英国学者纽拜所言，景观在世界大部分地区一直发生着客观的人为变化与改造，已经“不单是一个自然的事物，它主要是人们用以满足自身基本欲望和社会需要的手段的产物。风景与其说是自然所提供的一种形式外表，不如说它更主要是文明继承和社会价值的体现”。人文景观历史越久远、保存越完好，越能展示历史演变过程，体现历史文明。古人建造的大量古建筑跨越千年，至今仍然闪耀着灿烂光辉，能让游客了解历史、学习历史、感受历史，引发游客心灵震撼和思古意境，获得历史审美的满足。

人文景观，无论是文物古迹、宗教圣地，还是民族风情建筑等，都具有一定历史性、文化性。苏州的寒山寺，虽然建筑一般，并无特别恢宏或奇特之处，但却闻名海内外，原因就在于它的历史，唐代张继的《枫桥夜泊》诗：“月落乌啼霜满天，江枫渔火对愁眠，姑苏城外寒山寺，夜半钟声到客船。”一首千古绝唱，使寒山寺名声远播，其实许多景观并不是因其美而闻名，而是因其与历史上重大事件或重要人物相联系而身价百倍。北京的故宫、北海，西安的兵马俑，甘肃莫高窟石刻以及象征我们民族精神的古长城，等等这些闻名于世的游览胜地，都是历史上前人为我们留下的宝贵人文景观。

（二）地域美

人文景观的优势主要体现在旅游资源所特有的地方特色、民族风情和历史、文化等价值上。它给游客的是形象美和意境美的统一，在很大程度上反映出特殊的历史、民族特色或一种异国、异地的特殊情调。

我国幅员辽阔、历史悠久、民族众多、物产丰富，不同地区不同民族在文化、历史演变、传统习俗、社会生活方式和政治制度等社会环境方面存在的差异，使得地域间宗教文化、民俗风情、历史遗产、文物古迹、园林、建筑、饮食乃至社会发展等各个方面的表现各不相同，人文景观也就各具特色。例如，各地区的民居建筑有很大的独特性和差异性，客家的围龙屋、北京的四合院、陕西的窑洞、广西的干栏建筑等。近几年的旅游旺地云南，除了得天独厚的自然条件外，还有赖于当地各民族独特的婚俗习惯、劳作习俗、不同的村寨民居形式、服饰、节日活动等。傣族的泼水节、彝族的火把节、白族服饰上的“风花雪月”、石林和蝴蝶泉壮丽的爱情故事，这些都为当地的风景披上了一层神秘的面纱。浓郁的地方民族特色是极富吸引力的旅游资源，吸引着对异质文化充满好奇的人们前去游览。

（三）意境美

作为旅游景观的一种，人文景观更多的是意境化了的风景，在其有限、生动、鲜明的外在形象下，往往暗示出无限、丰富、含蓄的深远内容或意境来。意境美是主观意识与客观景物相交融而生发出来的艺术境界。

在诸多类型的旅游景观中,园林景观在人们的眼中是追求意境美最典型的代表。中国的造园手法历来强调"外师造化,内发心源",注重"景"和"情"的交融,借景来触发人的情思,从而具有诗情画意般的氛围即"意境"。颐和园有个匾额,叫"山色湖光共一楼"。它是说,这楼把一个大空间的景致都吸收进来了。左思《三都赋》:"八极可围于寸眸,万物可齐于一朝。"苏轼诗:"赖有高楼能聚远,一时收拾与闲人。"就是这个意思。颐和园还有个亭子叫"画中游"。"画中游",并不是说这亭子本身就是画,而是说,这亭子外面的大空间好像一幅大画,你进了这亭子,也就进入到这幅大画之中。所以明人计成在《园冶》中说:"轩楹高爽,窗户邻虚,纳千顷之汪洋,收四时之烂漫。"

意境美的营造方法有:

人文景观烘托的意境美:自然为主题,配以人文景观,如亭台楼阁等。

特色点化的理想意境美:用文字概括,使特色更鲜明,如雄、奇、险、秀。

诗文描绘的空灵意境美:古代文人在景点留下的墨迹,让后人咀嚼品味。

神话渲染的离奇意境美:利用神话传说来解释和渲染景点的神秘性。

宗教色彩的神秘意境美:"天下名山僧占多",高度概括了中国著名山水与宗教的关系。深山古刹,渲染营造出一种神秘意境美。

人文景观蕴含的深刻文化内涵,凝结着民族思想精华,可使游客获得情感的升华和理性审美感悟,得到文化精神的洗礼。

拓展知识

领悟自然与人文的和谐

和谐生美是我国美学理论的基础,我国人文景观建设的理论和实践都生动体现了自然与人文和谐统一的自然观。

(1)自然风景区中的人文景观:因势、得体、人地协调并突出自然。

表现一:自然景观与人文景观融为一体是中国自然风景区最大的特色之一,自然景观中人文景观与自然景观协调统一,并突出自然,如自然风景区的寺、塔等。

表现二:自然与人文的和谐还体现在人们通过诗词楹联、神话传说、名人逸事等文化艺术形式来渲染自然景观,并把自然景观和人文景观巧妙和谐联系起来,以增加对游人的吸引力。

(2)非自然风景区中的人文景观体现:"虽由人作,宛自天开"的基本准则。

表现一:自然和人文和谐的思想,不仅体现在自然景区的人文景观建设上,也体现在其他人文景观的建设上。如我国的古代园林设计中的假山、御花园等。

表现二:由于地理环境的不同,北方的园林和江南的园林的建筑风格有很大不同。

(3)风俗民情:一方山水一方情,是一定地区让人们与自然和谐相处的结果。

第二节 旅游景观外在美鉴赏

旅游景观作为一种具有特殊审美价值的综合环境,它的审美价值首先应该符合大众的审美标准,通过直观形象能够引起美的共鸣。

人们鉴赏旅游景观首先可从其形态美、色彩美、声音美、嗅觉美及味觉美等几种外观感性形式美入手。

一、形态美

景观形态美是旅游者第一时间的第一审美知觉,它是旅游景观构成中最基本、最关键的因素。旅游景观的形态美主要指旅游景观的静态和动态之美。

(一)静态美

静态美,是针对本身外在形态固定不变的旅游景观而言的。旅游景观的静态美能让游人沉静下来,全身心地投入到景观中,细细地品味其中的深刻内容。

自然景观的静态美,多以构成自然景观的地理因素所产生的形态为基础,构成包括山体雄伟美、山势秀丽美、峡谷幽深美等美感。自然界静态形体千姿百态,美不胜收。

在人文环境中,这种静态美的表现形式就更加复杂。这是因为人们根据物质的存在,通过形象思维而设计出符合人们审美能力的多种静态美。例如,现代建筑景观在不同的空间界面上按不同方式围合而成的空间轮廓,给人们以不同的心理作用,并产生不同的视觉艺术效果。比如,用空间界面的变化,视觉空间向前、向上、旋转、起伏产生的建筑景观形态的动势感与张力适应人们生活速度加快、生活节奏加快带来的审美心理的变化。

(二)动态美

事物的静止是相对的,而运动是绝对的。动静相辅相成,动在静的映衬下,更显动态美。许多旅游景观总是遵循一定的规律,随地质、地貌、水文、气象、生物资源分布的变化而变化,表现出形态上、色彩上和声音上等外在的变化,展现了丰富多彩的风光胜景。一些自然景观类型,如天象景观、水体景观、生物景观都属于此类现象。

动态美给自然景观增添无穷魅力。在观赏由中景和远景组成的旷景时,除了注意天气和时间等影响视野的条件外,还要靠游客自己在运动中或者在动和静的结合中进行观赏。也就是说,观赏旷景,必须贯穿以动为主、动静结合的观赏原则。

例如，从广西桂林到阳朔的山水风景这类旷景的观赏，对游客来说，最好是乘船或乘车沿江观赏，使原来相对不动的山景和水景，随着船车的运动，造成景物相对位置的多层次、多角度的变换。这样，就可以从不同的角度、光线和不同的范围看到许多绝妙的美景，仿佛山、水在为到来的游客翩翩起舞，舒展风姿。

日出、夕照、流云、飘雾、飞雪、绵雨……气象的变幻让人无法预知，动态景观更加奇幻莫测，更为深远神秘。水体景观是动态景观的重要组成部分，不同的水，由于其水流大小、水体的不同，带给人们的感受也不相同。流量大的江河，有的地方形成瀑布（如镜泊湖上的瀑布、黄河的壶口瀑布），形成峡谷。一条溪流、河流的不同河段，美的程度有差异，美的风格有区别。不同的山，不同的水，同样的山水不同的季节和天气，都有独特的风貌。静穆的名川大山，偶有丝缕白云拂动，将峰峦笼罩得朦胧缥缈，山景意蕴更加耐人寻味。

从某种意义上来说，呈现静态的旅游景观也存在动态美。时间的不停流逝决定了静态的景观也在悄然发生着变化，虽然这种改变难以用肉眼察觉，但它确实存在。山体是静态的，但山体中的植被、流水等动态景观使其呈现出总体的动态美，这种美感动静结合，以静容动。

二、色彩美

自然界五彩缤纷，它以丰富多变为人们创造了形形色色的旅游景观，描绘出丰富奇幻的色彩王国。色彩是旅游景观进入人们审美世界的第一感觉，是获取形式美感不可或缺的要素。比起形态来，色彩的审美意味更浓、更普遍、更复杂、更具有独立的审美价值。

自然风景中的色彩美主要是由树木花草、江河湖海、烟岚风霞及阳光等构成，万象纷呈、极其丰富。五彩缤纷的自然色彩，最易于被人们直观地感受，给旅游者带来赏心悦目的美感，令人振奋和神往。

季节变换、昼夜更替这些自然界的时间动态变化决定了自然景观的动态色彩，并形成了季节的象征，于是有了“春翡、夏翠、秋金、冬银”之说。“苏堤春晓”因杨柳、桃花露春色，“曲院风荷”因莲叶、荷花显夏色，“香山红叶”因枫树、黄栌呈秋色，“灵峰探梅”因成片梅花展冬色。

当然，自然景观的种类多种多样，其色彩美的决定因素也就多种多样。水本身是无色透明的，但由于所含矿物质及水体自身洁净程度不同，或受阳光、天色等因素的影响也会呈现出不同色彩，例如九寨沟的五花海，“春花秋叶，生机盎然；竹翠松青，柳绿桃红”。洛阳的牡丹国色天香，姹紫嫣红，而云南的山茶红似火，白如玉。植物、动物都有不同的色彩，形成了多彩的旅游景观。

在人文景观营造中，建造者通常将色彩的因素融合进去，作为一种设计语言表达自己的思想，通过色彩展现出景观的个性。北方皇家园林规模宏大，色彩浓重，以红黄为主色调，表达了皇权或权利的尊容富贵的意境；南方私家园林规模小，布局小巧精致，色彩素淡，以黑白为主色调，表达了园主追求恬静的心理需求。海滨旅游建筑顶部用红、绿等鲜亮色彩，可与碧海、蓝天、白云、黄沙等环境背景相映衬，且在阳光照射下既不显暗淡，也不刺眼；白色墙壁，既与蓝天白云相协调，又使顶部色彩有了根基，达到天人合一的目的。

色彩既是旅游景观的外在表现，也是旅游者重要的审美心理因素，这双重原因决定着色彩在旅游景观鉴赏中的重要作用。

三、听觉美

大自然和社会环境中许多美妙悦耳的声音，可以给人带来乐趣。

听觉是人们感知声音的主要生理机能。旅游景观听觉美指旅游资源能给人以音乐般的愉悦感受。游人之所以喜欢到大自然中旅行，其乐趣之一就是享受自然界的听觉美。如惊涛拍岸，泉水叮咚，溪流潺潺，莺啼婉转，风吹松涛，雨打蕉荷，幽林鸟语，瀑落深潭，寂夜虫鸣等大自然的乐章。大自然的声音最易被人所接受，引起共鸣。我国许多景区建有“松涛亭”、“听泉亭”，都是为了让游人获得欣赏自然界的“音乐”之便。峨眉山万年寺旁有一个蛙池，栖息着一种特有的“弹琴蛙”。每逢傍晚，这些弹琴蛙以不同的音调和鸣起来，声如琴瑟，为留宿万年寺的游客演奏特有的乐曲，这种妙乐比大剧院的交响乐更富有情趣。声音美对人的情绪会产生显著的影响。各景区应该重视这种资源，为满足游人的听觉需要多设置一些欣赏“自然交响乐”的景点，这对久居城市，生活在噪音环境中的人，无疑是一种极大的享受。

四、嗅觉美

鲜花绿草不仅装饰自然景观，有的也散发出沁人肺腑的芳香，给人一种无限欢快的嗅觉美。除了芳香花卉外，甘甜的泉水，诱人的果蔬，醉人的陈酿，丰美的佳肴，清爽的空气，都可刺激人们的嗅觉和味觉器官，形成一种嗅觉美，令人产生一种欢快的、陶醉的感受。如武夷山流香涧，峭壁上的兰花，水涧边的石蒲，清香阵阵，令人陶醉；庐山植物园芳香甜润的空气，令人神清气爽。

久居城市的人们，一旦进入山林，闻到芳草、花香，呼吸到新鲜空气，便会顿觉肺腑清净，心灵透亮，精神振奋，这不能不说是一种以生理快感为主要特征的审美享受。

五、味觉美

人类从诞生那天起，就与自然做“斗争”，也就是人与自然适应的过程。物产有地域的区别，人们通过辛勤劳动培育了各种食材并转化成为赖以生存的食物，之后又逐步上升到“以食为美”的高度，这是人类的进步，也反映出人们对生活的理解。

历经绵延发展的饮食文化，已成为中华民族引以为傲的物质和精神文明的重要载体。食为味之体，味为食之魂，味觉作为一种以生理快感为主要特征的、融合自然性与社会性内容的初级审美快感，在特定情况下对审美敏感性或感受力较强的人来说，有时会演变或升华为比较高的精神愉悦或比较深刻的文化体验。于是就有了“日啖荔枝三百颗，不辞长作岭南人”的佳句了。

中国地域广阔，饮食资源极为丰富，各地的特色小吃品种繁多。游人每到一个景点，品尝当地美食已成为了旅行中必不可少的一个部分。这使得许多旅游胜地充分挖掘当地的饮食文化，打造具有地域特色的美食。北京的全聚德烤鸭、西安的羊肉泡馍、云南的过桥米线、天津的十八街麻花，这些传统意义上的美食被赋予了新的外衣，作为一种另类的旅游景观存在，成了必备的旅游项目，味觉自然成了获得旅游美感的重要组成部分。

另外，在味觉美实现的过程中，也渗透着视觉美、嗅觉美等其他感官的鉴别功能。造型精巧、色泽诱人、气味芳香等都有助于增强味觉的美感。由此可见，在旅游景观鉴赏中，视觉美、听觉美、嗅觉美、味觉美等官能感受是不可分割、相互关联、互为基础的。

拓展知识

丑的美学

丑与美是相比较而存在的。丑通过否定而肯定美。它的积极否定，使美不至于平庸、肤浅，而不断超越自身。丑与美是对立的统一体。丑的价值主要表现在：①以丑衬美。通过美与丑的对照、映衬，使美更突出、更感人。这种以丑衬美的方法，符合对立因素相克相生、相反相成的辩证规律。②化丑为美。

丑主要分为：

1. 非对称美

平衡、协调的事物在心理上让人感觉舒适，但非对称美则意味着变形、突破和创新，给人带来美的享受。对称美和非对称美，这两种美相互促进、相互对立、相互影响。

2. 残缺美

残缺美又称为缺陷美，如古希腊雕塑断臂维纳斯、用黄金补缺角的玉玺、古罗马竞技场、圆明园遗址等。残缺美说到底就是一种空白美、模糊美。

第三节　观赏的外在条件对景观鉴赏的影响

旅游景观的鉴赏是一个复杂的过程，它与旅游行为的构成要素有着密切的关系，常常因为旅游主体的个体差异、旅游客体的自身变化和旅游中介的组织区别而呈现出相当大的差异。生活体验的不同，个性气质的不同，文化层次的不同，气候气象的变化，甚至情绪的不同都会造成对旅游景观阐释的细微差别。

在旅游景观鉴赏实践中，主要从观赏位置、观赏时机、景物特点及旅游节奏等几方面来协调鉴赏行为，以便取得最佳的鉴赏效果，达到最大的审美满足，实现旅游的目的。

一、选择观赏位置

所谓的观赏位置指的是观赏距离和观赏角度。很多的旅游景观，只有从一定的角度和距离欣赏，才能发现它们的美和魅力。

（一）观赏距离

一般说来，远观可感受旅游景观的整体美，近看可观赏局部、细致的美，仰视能饱览其雄伟、高峻，平视可见其开阔、辽远，而俯视能见其纵深层次。旅游是一项休闲的审美活动，在这个审美活动中，审美主体需要与审美对象保持一定的距离，审美对象才能显出美。宋代苏轼有一首诗云：“不识庐山真面目，只缘身在此山中。”讲述他游庐山时深入山中，见到很多景物，由于所站位置和距离不同，风景所呈现出的面貌也不一样。

“入芝兰室，久而不闻其香”。是说因为距离太近，习以为常而不觉其香味。“马上看壮士”、“月下看美人”，不同观赏条件，显出不同的美。黄山的“猴子观海”、“仙人指路”、“仙人踩高跷”、“仙人下棋”等，近看只不过是一些普普通通的石头，但离开一定的距离来看，就能感受到大自然的奇妙。在旅游景观的鉴赏中，要选择好适宜的空间观赏距离，距离太远会使景物显得模糊不清，距离太近则看不到全景，而保持适度的距离可以大大增加景观的魅力。

（二）观赏角度

苏轼在《题西林壁》中写道“横看成岭侧成峰”，所说的便是观赏角度的不同，会产生不同的审美效果。角度不对，还有可能看不到美。游客观赏景物时，要选择好角度，可正面也可侧面观赏，可平视也可仰视和俯视。至于选择何种观赏角度，要根据具体景物而定，不能一概而论。总之，观赏风景的角度很重要，否则再好的风景也会平淡无奇。

二、把握观赏时机

旅游景观具有一定的时空特性。为了获得最佳的旅游效果,旅游者必须把握好外出旅游和观赏旅游景观的时间。一般来说,许多自然景观都会随时间、季节的变化而变化,并展示出不同的自然美。把握好旅游的季节和旅游景观的观赏时机是外出旅游关键的一个环节。

季风气候显著,是我国气候的重要特征之一。大部分旅游区的自然景观都会随着气候的季节变化而变化,不同季节的自然景观各有特色。要观赏黄山的雪景,冬季去比较适宜;而秋天去北京的香山,可以观赏到"霜叶红于二月花"的美景;到西湖观赏荷花,选择夏季前往;而春季则是观赏桃花、樱花的最佳季节。

许多景观只有在特定的时间才能出现,观赏时间选择不当,会影响审美效果,甚至看不到风景的美。去贵州旅游,一般都会到黄果树瀑布。选择夏季、多雨的季节去比较适宜,因为夏季是贵州的雨季,河流水量丰富,此时可以欣赏到黄果树瀑布的万练倒悬、气势磅礴的壮观美景。而冬季,河流流量减少,瀑布变"小"了,有时河流断流甚至还会出现瀑布消失的现象。例如到钱塘江观大潮,时间应选择在农历八月十八日,假如不是这天,就有可能看不到大潮波澜壮阔的壮观景象,感受不到大潮的美。季节不同,观赏的时间不同,景色也有变化。作为旅游者,应当了解自然风景这种季节性变化的特点,作为导游就更重要了。

外出旅游,不仅要把握好外出的季节,到了旅游景点后,还要确切地把握好自然景观的观赏时机,因为许多美景只在特定的时间出现。例如,到泰山观日出,黄山观日落已成为旅游者到泰山、黄山必不可少的观赏内容。能否欣赏到这些景象,时机的选择特别重要。雨过天晴的时候是最佳的观赏时机,这样不仅能看到日出日落,还能观赏到云雾、云海。

人文景观的节庆活动,一般也是定期举行的。我国是一个多民族的国家,各民族人民在长期的生产劳动中逐渐形成了许多别具一格、绚丽多彩的民族节日,这些节日都有与其相对应的习俗,以便人们在固定的时间以固定的方式纪念。如傣族的泼水节、彝族的火把节、白族的三月街、景颇族的目脑纵歌、拉祜族的月亮节、苗族的花山节等。这些独具特色的少数民族节日,都有相对固定的节期和活动内容。

可见,景观鉴赏的时间选择很重要,时间恰到好处,才能美景尽收眼底。通过对景观的游览和观赏,不仅能获得审美享受,还可以开阔眼界增长见识。

表 10－1　把握观赏时机

自然景观类型	景观举例
随季节而变化	香山红叶——深秋；北国风光——冬季；北方山水风景——夏季；越往南，季节越长，华南地区四季皆宜；但南方地区一些千米以上的高山，如黄山等——夏季游览最为适宜
随天气而变化	海拔较高的风景名山——雨过天晴，如泰山观日出；黄山观日落
特定时间出现	云南大理蝴蝶会——三月 青海湖的候鸟——五月份最佳 钱塘江大潮——农历八月十八最壮观

三、抓住景观特点

不同的景观有不同的特点，所蕴藏的内涵和给予人们的观感也不相同。景观的特点就是景观在形态、布局、格调、氛围等方面区别于其他景观的地方，是一处景观所独有，而其他景观不会有或者不会跟它全然相似。大自然有着阴晴的变幻、日月的更替、四季的轮回，时间、地点和时代的不同，也赋予了景观不同的特点。就山景来说，雄、奇、险、秀分别是泰山、黄山、华山、峨眉山特点的反映，若不抓住其特点，就领略不到此山与彼山的差异。

就像人的性格具有多重性一样，旅游景观的特点也不是单一的，而是复杂多变、状态万千的，往往是多种特点的复合，而其中几种主要的特点主导着景观的风格。由于主观因素的影响，面对同一景物，不同的人，因情感不同，从中感受到的特色也有所不同。同样是欣赏秋天的落叶，有的人看到的是天空中散发出柔和的光辉，澄清而缥缈，感到神清气爽，心胸开阔；而有的人在这秋风萧瑟的时节心底会有一丝惆怅和几许淡淡的忧伤，枯黄的秋叶无可奈何地随风飘散，显得孤立无助。

如同了解一个人就需要抓住他的脾气秉性，要体会到不同景物的观赏要领，就必须抓住它的个体特征，在此基础上根据个人的喜好选择观赏侧重点，挖掘景物的审美价值，这样才能达到观赏效果，实现美的享受。

四、控制旅游节奏

从某种意义上说，旅游鉴赏活动是一种主体行为，它是旅游主体（旅游者）生理适应与心理感应相互作用、相互协调的结果。旅游主体在游走的过程中通过直接的生理感官——视觉、听觉、嗅觉、触觉等作用于旅游客体（旅游景观），形成表象上的感觉，然后再反射到心理上，最终生成特有的审美感受。在这一过程中，心理反应除了与旅游主题的文化素养、鉴赏品位有关外,往往还受到生理舒适度的影响,而后者取决于旅游活动中旅游节奏的调控。

节奏是一个广义词,最早被用于描述音乐。节奏和谐的音律悠扬动人,往往引起欣赏者的共鸣;节奏不和谐的音律嘈杂无序,毫无美感,甚至可能成为噪声。旅游也是同样的道理,节奏和谐的旅游活动使旅游者在充分欣赏美景之后,回味无穷,留下美好的回忆;而节奏不和谐的旅游活动不仅耗费了时间,还给游人徒增痛苦,造成身体上的不适。

在旅游景观鉴赏中,在对旅游路线、参观项目、活动方式、观赏速度等方面进行安排时,应该按一定的节奏把它们有序地组织在一起,形成整个旅游篇章的序幕、发展、高潮、结束,有序地进行。

旅游节奏不是固定的,应视观赏内容、观赏主体的情况(年龄、体质、审美情趣、当时的情绪)以及具体的时空条件来确定,并随时调整。随着旅游业的不断发展和完善,旅游鉴赏活动的第三者——旅游中介(这里主要指旅游组织以及导游人员)作为旅游主体与旅游客体之间纽带的作用越来越明显。通常在由旅行社组织的旅游团体中,主要是由旅行社和导游来安排和控制旅游节奏。

调节旅游节奏,一般应参照如下三项基本原则:一是要舒适愉悦。住宿和交通条件要安全舒适,便利宽敞;食品饮料要清洁卫生,富有营养。从而利于旅游者养精蓄锐,保持良好的心境。二是要多样统一。在活动日程、观赏内容的安排上,要从整体出发,力求丰富多样,避免单调重复,应构成一种起伏变化、对立统一的节奏。三是要灵活应对。应根据具体情况做出具体分析,灵活机动地把握观赏活动的节奏,该快则快,该慢则慢。应尽量使主、客观的节奏协调统一起来,这样使游客在情感上和身体上都能张弛得当,松紧合理,从而达到游览时赏心悦目、游览毕流连忘返的目的。

五、提高文化素养和保持良好心境

爱默生说过,为了寻找美,人们去各地旅行,但人们必须随身携带美,否则就看不到美。这句话中有三个"美",含义却不尽相同。第一个"美"和第三个"美"指的是客观物质世界存在的"美",这里具体指的是旅游景观所展现的客观美;第二个"美"是指主观精神世界掌握的"美",就是我们所说的美感,即旅游者主观意识中对于旅游景观特点的认识程度。

审美感受有其独特的个体性,春闹繁红,梅花飘馨,该是风光旖旎,然唐人有诗云:"君看陌上梅花红,尽是离人眼中血。"秋风萧瑟,草木凋零,令人产生韶华易逝之感,古人多悲秋之作,然刘禹锡却说:"人言逢秋悲寂寥,我言秋日胜春明,晴空一鹤排云上,便引诗情到碧霄。"同一客体在不同主体那里产生出不同的审美效果,说明了审美的个体性差异,而这种差异则与个体的审美经验及其心理状态、文化素质和思想情感密切相关。美感并不是对鉴赏客体的简单复写和被动反映,会随着鉴赏主体的心理状态的不同而千变万化,同一旅游者在不同时期游览同一个旅游景观,得到的审美感受或审美体验也是不一样的。

许多旅游景观拥有悠久的历史渊源和深厚的文化底蕴,文化构成了内在美的核心。旅游者要注意从文化的角度去细心品味,才能领略其中的深意。

特别提示

选择观赏位置

在不同的位置,由于距离、角度、俯仰的变化,造成了透视关系、纵深层次、视野范围的不同,就产生了不同的美感。下面是不同景观的最适宜观赏位置:

景观类型	景观举例	观赏位置选择
高大雄伟的山峰	庐山、黄山、泰山、武陵源	远眺或俯瞰
地貌的酷似造型	广东肇庆的七星岩、黄山的石猴观海、青海的石老人	特定的观赏地点
山中的峡谷、溶洞、一线天	长江三峡、科罗拉多大峡谷	置身其中近观
	桂林的芦笛岩溶洞	
	一线天	
瀑布	黄果树瀑布、尼亚加拉大瀑布	适当距离仰视并兼收其形、色、声、动等美感
江河湖海	洞庭湖、长江、滇池	位置较高的亭台楼阁,俯览和远眺(岳阳楼、滕王阁)
湖沼池塘	大明湖、未名湖、莫愁湖	多地临水面建亭、榭、廊和水边小路,近观俯视
山水有机组合	桂林山水、长江三峡	乘船沿水路观两岸风景

拓展知识

旅游景观的雄、奇、险、秀、幽、旷、野带给人们的心理感受雄——即旅游景观相对高度与气势之美，形象高大壮观，气势磅礴。

代表景观："五岳之尊"泰山。

雄伟之美可使游人产生仰慕，甚至敬畏之情，增加人们的豪情壮志，催人奋进。

奇——即旅游景观具有的形态幻怪离奇的特点，给人千变万化、出人意料之感。

代表景观："天下第一奇山"黄山。

奇特之美能给人以特殊的愉悦感，具有特殊的吸引力，它可以启迪人们的想象力，激励人们勇于追求和探索。

险——指旅游景观形态陡峭、气势险峻、坡度大，山脊高而窄。

代表景观：华山——"削成而四方，其高五千仞。"

险峻之美可以激励人们不畏险阻，百折不挠，奋力前进。

秀——指旅游景观具有良好的植被覆盖地表，山水交融，色彩葱茏，生机盎然，形态别致丰满，轮廓线条柔和优美。

代表景观："天下之秀"的峨眉山，"如情似梦"的桂林山水，"淡妆浓抹总相宜"的杭州西湖。

秀美给人一种自然柔和、恬静顺性的情趣，能使人悠然自在，心绪平和，利于怡情养神。

幽——指旅游景观以丛山深谷、山间盆地为地形基础，辅以铺天盖地的高大乔木，构成封闭或半封闭的空间环境景观，清净幽深。

代表景观："天下之幽"青城山。

幽境能使人超然世外，助人潜心静思，最宜养性怡情。

旷——指视野广阔开朗的旅游景观。旷远把人的视线放平放宽，欣赏宽阔高远的山水美景。

代表景观：辽阔的水域、草原、空旷田野，登高远眺所及大面积景区。

旷景给人奔腾豪放，心旷神怡，心胸开阔，心情豁达之美感。

野——指未受人类干扰、雕饰破坏的原始自然景观。

代表景观：原始森林，九寨沟风景区。

天然野趣给人一种自在之情，苍凉之慨，悲壮之叹，能够使人坦率、真诚、光明磊落。

第四节　游客心理对旅游景观鉴赏的影响

旅游在本质上乃是一种精神文化活动，旅游景观鉴赏作为参与性动态观赏，是旅游主体——旅游者在游览观光现实而具体的旅游景观——旅游客体的活动中所进行的一种价值判断过程,最终目的是旅游主体获得美感享受。在这个过程中,通常伴随着旅游主体复杂微妙的心理活动。

旅游和人们的心理活动密不可分,人们从事旅游活动是在心理活动的驱使下进行的。旅游心理学,是研究与旅游现象有关的人的心理活动及其规律的学科,它研究的对象为旅游者的需要、旅游动机以及旅游者心理活动变化规律。旅游作为主体某种精神理念的实现方式,旅游活动的全部过程,即旅游审美、旅游交通、旅游食宿、旅游购物、旅游服务等是一个统一的整体,但这一整体过程的核心部分是在目的地的旅游审美,也就是获得旅游美感。本节将就旅游景观鉴赏中旅游者的心理活动进行分析。

一、旅游景观鉴赏的心理因素

旅游是人们在工作学习劳动之余的另外一种生活方式,是人们因各种愿望和目的离开居住地所进行的一项活动。而景观鉴赏即景观审美就是活动的目的。审美作为一种有别于生理趣味的高级心理活动,在科学高度发达的今天,我们认识到它不只是遗传和本能决定的,而是由个体后天的生活经验和心理能力的共同参与获得的,是人的生物本能融合了理性的时代精神的一种更加高级、更加复杂的感性直观活动。一个人的审美趣味是否发达,取决于他的文化修养和知识水平。

旅游者在旅游过程中发生的审美过程,主要涉及四种心理要素,即感知、想象、理解、情感。这些要素构成了审美经验的基石,它们之间的相互作用最终形成了审美经验。

(一)感知

感知,包括感觉和知觉。感觉,是客观事物的相应特征通过人的感觉器官的活动,在人脑中引起的反应,是人类最直接、最简单的心理过程。感知是审美活动的先导。

感觉是人的一切认识活动的基础,是客观事物在人的头脑中的主观映像。客观事物自身具有多种多样的感性状貌,如各种色彩、声音、形状、硬度、温度等。感觉就是对事物的这些个别属性的反映。列宁说:“不通过感觉,我们就不能知道实物的任何形式,也不能知道运动的任何形式。”旅游景观鉴赏也和其他形式的认识活动一样,必须以对旅游景观的感觉为基础;只有通过感觉,审美主体把握了景观的各种感性状貌,才可能引起审美感受。审美感受中其他一切更高级、更复杂的心理现象,如知觉、想象、情感、思维等,都是在通过感觉所获得的感性材料的基础上产生的。

在反映实物个别特性的感觉的基础上,形成了人们对现实中客观事物、对象和现象的知觉。知觉的主要特点在于它不只是反映事物的个别特性和属性,而是把感觉的材料联合为完整的形象。知觉以感觉为基础。例如,要知觉一朵红花,必须首先感受到花的颜色、形状、姿态等个别特征,感觉到的客观事物个别特征越丰富,对该事物的知觉也就越完整。人的审美感受,总要以知觉的形式反映客观事物。也就是说,客观事物是作为整体反映在审美主体意识之中的。在鉴赏旅游景观时,人通过大脑的作用,依靠多种分析器的共同参与,才能反映客观对象多种多样的特征和属性,并产生综合的、完整的知觉。

人的知觉是在社会条件的直接作用和影响下形成的。在某种程度上,知觉需要由以往的知识、经验来补充。人们过去的经验影响着知觉的内容,而不同的人的经验、知识、兴趣、需要都不同,这些因素都对知觉有着或大或小的作用和影响,因此不同的人对于同一旅游景观的知觉往往是不同的,甚至同一个人在不同时间的条件下,由于主观情绪状态的差异,对于同一对象的知觉也可能是不一样的。除此之外,审美中的知觉也具有特定的选择性,它经常会突出地选择、感知对象的某一方面而抑制对于对象其他方面的反映。正是由于知觉的有所选择,它才不是一种被动的感觉。

(二)理解

理解,是指对旅游景观表象、概念感知的基础上进行分析、综合、判断、推理等认识活动的过程。通过理解,人们对旅游景观的鉴赏就更深刻、全面,想象也更丰富,从旅游中获得的美感就更多。

马克思主义实践美学积极地肯定了理解在审美意识活动中的作用,认为理解是一种心理活动,是美感中不可缺少的要素。因为“感觉到了的东西,我们不能立刻理解它,只有理解了的东西才更深刻地感觉它”。但由于理解的深浅程度不同,可将旅游景观鉴赏活动中的“理解”概括为以下几层内容:

第一层“理解”指,要能够区分现实状态与虚幻的审美状态,体现在旅游景观鉴赏行为中,就是要意识到现实生活中的世界与由旅游景观营造的世界的区别,既能投入感情与鉴赏的对象产生共鸣,又能清醒地从景观世界中抽身而出,对其作理性分析,以客观的心态欣赏客观存在的美景。比如,在观看海市蜃楼时不能把虚幻的城市群当作实际的居住城市,在观看敦煌壁画时不能将壁画中的宗教环境当成生存的社会环境。

第二层“理解”,是对旅游景观的内容的领悟。旅游景观既有外在形式美,又有内在蕴含美,外在美可以通过感知欣赏,而内在美则需要通过理解去认识。比如,到莫高窟旅游,当看到“舍身饲虎”与“九色鹿”等壁画时,如果不了解其中所描绘的传奇故事,游客便会感到它们怪诞异常,不可思议。因此在出发到旅游目的地之前,旅游者应该掌握关于该景观的历史知识,以便在鉴赏过程获得较为充分的审美感受。

第三层“理解”是对深层内在的理解。人类的社会实践中，许多旅游景观被赋予了新的含义，这种含义寄理性于感性之中，融思索于想象和情感之中。这种理解的内容很难用确定的语言来表述，常常在无意识中发生作用，使美感不断得到深化。达到这种认识程度就要求旅游者要有较深刻的文化底蕴和思想内涵，能透过景观的表面明确地抓住它涵盖的意义。杜甫在《望岳》中所抒发的对泰山雄奇之美的深切感受，远远超出了感官所获得的感受。面对这一令人惊叹的自然景观，诗人所发出的赞叹、遐想、感慨、比兴就掺杂着复杂的理性思维。“会当凌绝顶，一览众山小”，不但描绘出泰山的巍峨雄奇，也表露出诗人伟大的个人抱负。可见，对旅游景观的这种审美理解是一种渗透着情感、想象和意志的高级心理活动。

（三）想象

人在反映客观事物时，不仅感知当时直接作用于主体的事物，而且还能在头脑中创造出新的形象，即没有直接感知过的事物形象。这种特殊的理解力就称为想象。按照想象内容的独立性、新颖性和创造性的不同，想象在心理学中一般分为联想、再现性想象和创造性想象。

联想是想象的基本形式，在审美感受的想象活动中，起着重要的作用。联想是指曾被一定对象引起过感情反应的审美主体，在类似或相关的条件刺激下回忆起过去有关的生活经验和思想感情。如我们常说的“爱屋及乌”、“瑞雪兆丰年”就属于联想。

表 10－2　颜色视觉的心理联想

颜色	象征	距离感	温度	兴奋度	主要联想
白色	清纯、神圣、死亡	远	冷	低	清洁、诚实、神圣
灰色	质朴、温和	近	温	中	平易近人、稳重、和气
黑色	罪恶、压抑、死亡	近	温	低	死亡、庄重、神秘、罪恶
红色	血、喜庆、恐怖、活动	近	热	高	喜庆、精力旺盛、好斗、愤怒、吉利、危险、张扬
绿色	植物、生命	近	温	中	平静、环保、生机、顺利
蓝色	天空、大海	远	冷	低	遥远、冷淡、朴素、寂寞
黄色	黄金、高贵、富裕	近	温	高	富裕、高贵、愉快、舒适
紫色	威严、优雅	近	温	中	优美、满意、希望、生机
青色	鬼火、恐怖、怪异	远	冷	低	恐怖、冰冷、神秘

再现性想象和创造性想象属于想象的高级形式,对审美感受的形成起着重要作用。

在旅游景观鉴赏行为中,再现性想象是在具有外在感性形象美的旅游景观展开的。当面对某处景观时,游人的脑海中便在经验记忆的基础上浮现出客观事物的表象。当然,这种形象并非景观原有的形象,而是人们通过想象赋予景观贴切的形象。到了黄山,望着眼前的"乌龟爬山"、"仙人晒靴"、"达摩画壁"等怪石,静静观赏,仿佛真的看到乌龟、晒鞋的仙人、画壁的达摩跃然而出。

创造性想象则不只是再现现成景观,而是凭借创造性的想象力在人们的内在情感上呈现出新的形象。游人往往根据自己的审美观点、审美能力,在脑海中经过筛选、借鉴,重新组合自己所观的景观,创造出一副新的景观画面。

(四)情感

情感,是人类特有的高级而复杂的体验,它与人的社会性需要有关,与人的立场、观点有关。

人是具有思想的感性动物,某种本能性的欲望、意向、要求、期待必然会出现在实践活动中。旅游景观鉴赏是一种参与性活动,在这个过程中,游人的心境、意志、愿望等主观情感移入景观中,同时也把景观的情调吸引到自身之中,于是主客融合,物我同一。在这种同一的状态中,游人经过对景观的感知、理解、想象过程,把隐含在心中的情感反映到景观中,达到特定的审美状态,形成特定的审美感受。当然这种审美感受是由游人日常的审美经验的积累决定的。对旅游景观的高质量欣赏,往往就是那种情化为景、景流于情、情景交融的"审美情绪力"的高度体验。

在旅游景观鉴赏中,感知、想象、理解、情感是彼此渗透、相互依赖、密不可分的。当这四种心理功能达到自由和谐状态时,审美愉悦感便油然而生了。

二、旅游景观鉴赏的心理活动过程

人们在旅游景观鉴赏中的心理过程,大致可概括为四个阶段:

第一阶段是印证阶段。旅游者选择某一旅游目的地,大多是因为事先了解了一些那里的景观概况,对其产生向往。当到达目的地面对真实景观时,先前想象的形象就会不自觉地出现在脑海中,与眼前的感性形象进行对比,验证自己的期望值,进行初级的审美判断活动。

第二阶段是评价阶段。利用上述的鉴赏心理四要素——感知、理解、想象、情感对旅游景观进行"由外及内"、"由表及里"的综合性鉴赏过程。

第三阶段是结论阶段。在评价的过程中,旅游者对旅游景观得出鉴赏或审美体验的结果,形成因人而异的审美感受。

第四阶段是反省阶段。当旅游活动接近尾声时,旅游者会整理思绪,自觉地重新调节自己对目的地的审美期望。不同的审美感受累积成不同旅游者的审美能力，这种审美能力随着旅游活动的增加是不断强化的，形成审美经验。审美经验在以后的旅游行为中对审美感受的影响颇大。

这四个阶段揭示了人们在旅游景观鉴赏行为中的心理活动过程，这四个阶段依次递升，所包含的心理因素层次也同样递升。

特别提示

中西方旅游审美心理差异

中西方在旅游审美文化上的差异亦即重人和重物美学思想的差异。中国人偏于抒情，重在意境的创构；西方人偏于写实，重在形式的塑造。中国人偏于理想美的寄托；西方人偏于现实美的享受。当然，随着中西文化的不断交流和相互渗透，这种差异有可能逐渐缩小或者发生某些变化，但那必将是一个相当漫长的过程。

1. 重人与重物美学思想的差异

中国人特别关注山水景观所附载的人文美，偏重于人，而西方则关注山水景观本身的自然美，偏重于物。中国曾有一句话："文因景成，景借文传。"可以说，在我们国家，大多数有名的山水景观都是因为有名人贤士与之发生关系，因而得到长久的称颂。如江南三大名楼，岳阳楼、黄鹤楼、滕王阁。

2. 重抒情与重写实审美旨趣方面的差异

中国人的旅游审美集中于抒情的印象重现，而西方人的旅游审美则集中于风景的对象描写。中国人偏重于抒情，西方人偏重于写实。

3. 重理想美与重现实美审美目的性方面的差异

在审美目的性方面，中国人的风景审美目的在于舒适精神、怡乐性情，偏于理想美的寄托；西方人的目的在于追求形式美的享受以及光感、色彩、空间感的真实性，偏于现实美的享受。

探讨中西审美文化的差异是有现实意义的。准确地把握这些差异，有助于组织对路的旅游产品，提供恰如其分的服务，从而有利于我国旅游业的健康发展。

知识拓展

旅游者的心理差异

旅游者的心理，在不同性别之间、不同年龄之间、不同职业之间和不同地域之间存在着较大差异，这些心理因素会影响到景观的鉴赏效果。

在性别上，男性游客独立、坚定、务实、粗犷阔达，好表现。男性的性格特征决定了男性游客在旅游鉴赏中喜欢独立思考、自主决策，敢于迎难而上，遇到挫折不易气馁，具有较强的自我控制能力，但往往考虑问题不周，观察问题不细。而女性游客心细、感情丰富、主意变化快、胆怯、气量狭窄、固执，在鉴赏中常常联想丰富，善于思考，在旅游过程中，导游人员富有表现力的解说，能激发其强烈的爱憎，即便是美丽的自然风光也易使其动情。

处于不同年龄阶段的人，会表现出不同的心理特征。十一岁以下的儿童，在旅游活动中从纯生理性需要逐渐发展为带有社会内容的需要，情绪从不稳定发展到稳定。11 岁到 15 岁的少年，有成人感，行为趋向稳定。而青年旅游者，喜欢追求时尚，表现时代；追求个性，表现自我；追求实用，表现成熟；追求档次，表现享受。中年旅游者注重实用和理性。老年旅游者习惯性和自尊心强，怀古忆旧强烈，注重方便和实用。

不同职业的人在旅游鉴赏中的心理和行为也有较大差异。职业地位较高的旅游者追求旅游鉴赏的高品位，在旅游活动中显示成熟感和成就感，喜欢购买艺术品和古玩。职业地位处于中等的旅游者，重视旅游的质量，追求情趣和格调，看重的多是“经历”，关注自我形象和留下典型记忆的美好过程。职业地位较低的旅游者，他们热爱生活，但因收入较低，很少外出旅游，因此在旅游中获得满足的愿望十分迫切。

来自不同地域、民族的旅游者，由于生存的自然条件和所处的文化背景不同，在心理特征方面表现出来的差异，称为地域心理。这些来自“五湖四海”的旅游者在景观鉴赏中也会表现出个性化的差异。

思考与练习

泰山的自然美和人文美

泰山被评为世界自然与文化双遗产，这不仅因为泰山极其丰富的自然资源，更因为泰山已经同黄河、长城、长江一道，成为中华民族的一个象征，几千年来深入到整个民族亿万人的心中。泰山不只是一座文化山，同时也是一种自然美的山，是自然美和人文美的结合。泰山的一松一石，皆有自己的个性。

北京大学哲学系杨辛教授曾多次考察泰山，著有《泰山美学考察》，开创了泰山现代美学的研究，通过对泰山美学的考察，总结泰山主要自然特征以及历史文化对泰山整体的艺术构思和多方面的渗透影响，使美的感受不断推向高峰。对泰山的审美，历史上曾经历过“自然崇拜”、“比德”和“畅神”三个阶段，随着时代的发展，审美和科学的结合是必然的。在风景欣赏中结合智势。杨辛的泰山诗：“高而可登，雄而可亲。松石为骨，清泉为心。呼吸宇宙，吐纳风云。海天为怀，华夏之魂。”可说是对泰山美学的高度概括。

泰山历经几千年的开发建设,形成了中国山岳风景的典型代表:以富有美感的自然景观为基础,渗透着区域综合性的人文景观,根据中国传统的山水观,把富有美学价值和科学价值的自然景观同悠久的历史文化有机地结合起来,从而形成了内容丰富的自然与人文浑然一体的泰山风景美的特点。

鉴赏测试

请结合本章所讲述的旅游景观内在美和外在美的鉴赏方法及构成要素,从自然美和人文美两方面分析泰山之美。

参考文献

[1]中山陵园管理局，南京孝陵博物馆编．明孝陵志(新编)．哈尔滨：黑龙江人民出版社，2002.

[2]李开然．景观纪念性导论．北京：中国建筑工业出版社，2005.

[3]丁奇．纪念性景观研究．南京：南京林业大学，2003.

[4]邱明慧，张稳．西柏坡革命纪念地旅游开发系统研究．地理学与国土研究，1995 (2)：48－51.

[5]陆林，曾纪洁．井冈山旅游市场开发规划研究．安徽师范大学学报，1999 (1)：59－64.

[6]黄雅峰．从南阳解放广场规划设计谈城市纪念广场建设．城乡建设 1999 (1)：34－35 .

[7]白霄霞，李志斌．保定市狼牙山五勇士游园广场设计．中国城市林业，2009 (3)：46.

[8] 杨宏烈．广州近代历史街区的保护性开发//张复合．中国近代建筑研究与保护(二)．北京：清华大学出版社，2001：192－195，286.

[9]张群，刘建平．红色旅游的特色分析及其发展研究．长沙大学学报，2006 (6) ： 49－51.

[10]马进甫，宋振美．简析红色旅游资源的特征及其开发策略．北京第二外国语学院学报，2006 (1)：111－114.

[11]毕剑．红色旅游开发模式研究．特区经济，2006 (8)： 229－231.

[12]程霏，肖东．革命纪念建筑物的历史文化场景保护——以甘肃省哈达铺红军长征旧址保护为例．华中建筑，2005(S1)

[13] George F. Thompson，Frederick R. Steiner. Ecological design and planning. London：John Wiley&Sons，1997.

[14]李小龙．纪念性建筑的文化内涵与文化取向．合肥工业大学，2003.

[15]芦建国，孟国忠．纪念性景观的植物配置——以南京市雨花台烈士陵园为例．南京林业大学学报(人文社会科学版)，2007(2).

[16]吴正平，阎刚．旅游心理学．北京：旅游教育出版社，2003.

[17]麻益军，卢爱英．旅游心理原理与实务．北京：旅游教育出版社，2005.

[18]闫立杰,崔莉.旅游景观鉴赏.北京:旅游教育出版社,2007.

[19]王柯平.旅游美学新编.北京:旅游教育出版社,2000.

[20]王连喜,李琪,陈书涛,等.生态气象导论.北京:气象出版社,2010.

[21]孙卫国.气候资源学.北京:气象出版社,2008.

[22]张鲲.气候与建筑形式解析.成都:四川大学出版社,2010.

[23]气象信息员知识读本编委会.气象信息员知识读本.北京:气象出版社,2009.

[24]李红林.气象探秘.北京:气象出版社,2011.

[25]梁朝信.中国旅游地理.北京:旅游教育出版社,2010.

[26]金传达.海市蜃楼.北京:气象出版社,2002.

[27]H.r.车尔尼雪夫斯基,生活与美学.北京:人民文学出版社,1957.

[28]王景富.世界五千年冰雪文化大观.哈尔滨:黑龙江人民出版社,2007.

[29]齐子忠,杨殿嘉,等.山东旅游综览.济南:山东省地图出版社,2002.

[30]尹德娟,王景华.山东旅游一本通.济南:山东友谊出版社,2004.

[31]冯陵.峨眉景观探源.成都:成都科技大学出版社,1992.

[32]张兆干,赵宁曦.自然景观鉴赏.北京:旅游教育出版社,2007.

[33]吕连琴.中国旅游地理.郑州:郑州大学出版社,2006.

[34]陈俊愉,程绪珂.中国花经.上海:上海文化出版社,1990.

[35]关继东.森林景观与动植物观赏.北京:中国旅游出版社,2009.

[36]陈晓丹.植物世界.北京:中国戏剧出版社,2009.

[37]金煜.园林植物景观设计.沈阳:辽宁科学技术出版社,2008.

[38]李笑红.旅游地理.北京:中国铁道出版社,2003.

[39]王兴中.旅游资源景观论.西安:陕西科学技术出版社,1990.

[40]张兆干,赵宁曦.自然景观鉴赏.北京:旅游教育出版社,2005.

[41]肖星.中外旅游地理.广州:华南理工大学出版社,2005.

[42]王勇.中国旅游地理.北京:对外经济贸易大学出版社,2006.

[43]李鑫泽.冰雪雕塑艺术.哈尔滨:哈尔滨工业大学出版社,2008.

[44]冯陵.峨眉景观探源.成都:成都科技大学出版社,1996.

[45]子冈,吴桂清.哈尔滨冰雪旅游指南.哈尔滨:东北林业大学出版社,2001.

[46]宗普和,周小霞.吉林陨石雨.长春:吉林科学技术出版社,1990.

[47]余新晓,牛健值,关文彬,冯仲科.景观生态学.北京:高等教育出版社,2006.

[48]沙润,等.旅游景观审美.南京:南京师范大学出版社,2005.

[49]庄志民. 旅游美学新编. 上海:格致出版社,2011.
[50]黄祥康. 旅游文化赏析 景观赏析基础. 上海:上海科学普及出版社,2006.
[51]任国玉. 气候变化与中国水资源. 北京:气象出版社,2007.
[52]裘晓雯. 森林景观植物. 北京:中国林业出版社,2005.
[53]张启胜. 艺术鉴赏学. 安徽:安徽人民出版社,2005.
[54]姚永正. 园林植物及其景观. 北京:农业出版社,1991.
[55]吴必虎,刘筱娟. 中国景观史. 上海:上海人民出版社,2004.
[56]李娟文,游长江. 中国旅游地理. 沈阳:东北财经大学出版社,1999.
[57]储九志. 中国旅游景观概论. 北京:中国林业出版社,1995.
[58]任荣荣. 中国森林地理景观概貌. 北京:中国农业出版社,2002.
[59]嘉禾. 中国古典建筑常识问答. 北京:新世界出版社,2009.
[60]王珂平. 旅游美学导论. 北京:旅游教育出版社,2011.
[61]赵书彬. 中外园林史. 北京:机械工业出版社,2011.
[62]李辉. 旅游景观鉴赏. 北京: 民族出版社, 2005.
[63]李维能,方贤铨. 地貌学. 北京: 测绘出版社,1983.
[64]陆景冈,等. 旅游地质学. 北京: 中国环境科学出版社,2003.
[65]吕惠进. 自然景观赏析. 杭州: 浙江大学出版社,2009.
[66]史兴民. 旅游地貌学. 天津: 南开大学出版社,2009.
[67]辛建荣,杜远生,冯庆来. 旅游地学. 天津: 天津大学出版社. 1996.
[68]左建. 地质地貌学. 北京: 中国水利水电出版社,2001.

责任编辑：郭珍宏

图书在版编目（CIP）数据

旅游景观鉴赏 / 范德华主编. --北京：旅游教育出版社，2013.4

新编高职高专旅游管理类专业规划教材

ISBN 978-7-5637-2577-9

Ⅰ. ①旅… Ⅱ. ①范… Ⅲ. ①旅游—景观美学—高等职业教育—教材 Ⅳ. ①F590 ②P901

中国版本图书馆CIP数据核字（2013）第059092号

新编高职高专旅游管理类专业规划教材

谢彦君　总主编

旅游景观鉴赏

范德华　主编

出版单位	旅游教育出版社
地　　址	北京市朝阳区定福庄南里1号
邮　　编	100024
发行电话	（010）65778403 65728372 65767462（传真）
本社网址	www.tepcb.com
E-mail	tepfx@163.com
印刷单位	北京甜水彩色印刷有限公司
经销单位	新华书店
开　　本	787mm×960mm　1/16
印　　张	15.75
字　　数	244千字
版　　次	2013年8月第1版
印　　次	2013年8月第1次印刷
定　　价	28.00元

（图书如有装订差错请与发行部联系）